Rita Hausen

Theaterblut

Historischer Roman

www.tredition.de

© 2016 Rita Hausen

Verlag: tredition GmbH, Hamburg

ISBN
Paperback: 978-3-7345-5218-2
Hardcover: 978-3-7345-5219-9
e-Book: 978-3-7345-5220-5

Printed in Germany

Das Werk, einschließlich seiner Teile, ist urheberrechtlich geschützt. Jede Verwertung ist ohne Zustimmung des Verlages und des Autors unzulässig. Dies gilt insbesondere für die elektronische oder sonstige Vervielfältigung, Übersetzung, Verbreitung und öffentliche Zugänglichmachung.

**"Quod me nutrit me destruit."**

**(Was mich ernährt, zerstört mich.)**

Lebensmotto in der oberen linken Ecke des Marlowe-Porträts aus dem Jahr 1585

## 1. Teil: Ermordung

**Die Sternkammer**

In London herrschte der Schwarze Tod. Mit einem Schiff, das von Indien zurückkehrte, soll die Pest nach England gekommen sein. Es waren nur noch Sterbende und Tote an Bord, keiner mehr am Steuer. Das Schiff wurde von der Flut an die Küste getrieben und lief auf. Nur Ratten verließen das Wrack, huschten scharenweise an Land, schienen zugleich aus Kellern, Schuppen, Verliesen hervorzuquellen, Ratten mit Krusten an den Augen, Schorf an den Ohren, Blut an Nase und Maul, mit kahlen Stellen im stumpfen Fell. Sie brachten Tod und Verderben und gleich darauf lagen sie verendet im Dreck.

Claes von Visscher, London Bridge

Bald vernahm man aus Häusern lautes Beten und Klagen. Wanderprediger erhoben ihre Stimmen und stellten die Pest als gerechte Strafe Gottes für die allgemeine Sündhaftigkeit dar. Quacksalber priesen wirkungslose Wundermittel an. Leichen wurden von Balkonen und Fenstern mit Seilen herabgelassen, um von Totenträgern des Nachts aufs Pestfeld gefahren zu werden.

Viele Londoner flohen aufs Land, in der Hoffnung, so der Ansteckung zu entgehen. Die ganze Stadt war ein Leichenhaus, es starben bis zum Ende des Jahres 1592 sechzehntausendfünfhundert Menschen.

Die Theater waren wegen der Pest geschlossen worden.

Der Dichter Christopher Marlowe führte auf dem Gut seines Freundes und Gönners Thomas Walsingham in Scadbury ein angenehmes Leben als Hauspoet. Sein Freund war großzügig und witzig, doch sein Blick erinnerte Marlowe manchmal an dessen Onkel, den Herrn des Geheimdienstes, der bis vor Kurzem die Spinne im Zentrum eines Netzes aus Intrigen und Spitzelei gewesen war. Er ahnte, dass sein Gönner zum Teil das Handwerk des alten Mannes geerbt hatte. Jedenfalls war sein Verhältnis zu Tom unbefangener und inniger gewesen, als Sir Francis noch lebte.

Als er in seinem Zimmer das Hufklappern auf dem Kopfsteinpflaster des Hofes hörte, hatte er böse Vorahnungen; und als er erfuhr, dass ein Kurier des Kronrates gekommen war, drehte sich ihm eine Faust im Magen um. Der Bote forderte ihn auf, unverzüglich nach London mitzukommen. Das Schriftstück, das er vorwies, kam direkt vom Kronrat, den mächtigsten Männern im

Lande. Männern, die zu Tod oder Folter verurteilen konnten. Marlowe fragte den Boten, ob er den Grund für seine Festnahme kenne, er antwortete mit einem Achselzucken.

Er wurde vor die Sternkammer bestellt. Schlimmer konnte es nicht kommen. Dieses Gericht war für Anschläge auf die Verfassung von Staat und Kirche zuständig. Die Prozedur des Verfahrens wurde von Fall zu Fall ganz nach Belieben festgelegt oder geändert und, wie sich herumgesprochen hatte, immer zum Nachteil des Angeklagten. Verteidiger, Protokolle, Anklageschriften waren unbekannt.

„Ich bin so gut wie tot", sagte er zu seinem Freund.

„Das glaube ich nicht", antwortete Tom.

„Wie denn nicht?"

„Das erkläre ich dir, wenn du zurück bist."

„Zurück?", rief Marlowe, „du träumst ja wohl."

Er umarmte Tom, stieg auf das bereitgestellte Pferd und machte sich mit dem Abgesandten auf den Weg. Ihm war schlecht vor Angst. Was würde auf ihn zukommen?

Lange bevor sie die Stadt erreichten, tauchte in der Ferne ein Gewirr aus roten Dächern auf, inmitten von hohen Kirchtürmen und rauchenden Schornsteinen. Im Licht der Sonne sah die Stadt frisch aus, überhaupt nicht wie ein Ort, an dem die Pest wütete. Sie passierten das Stadttor und Marlowe kam es so vor, als habe sich seit seinem Fortgang vor drei Wochen nichts geändert. Die Straßen waren an beiden Seiten von aufragenden Holzgebäuden gesäumt, die das Licht aussperrten. Hier lebten Arm und Reich dicht gedrängt beisammen. Markthändler priesen ihre Waren an – Milchmädchen,

Quacksalber, Fischverkäufer. Hammerschläge von Zimmerleuten hallten durch die Gassen; Sänften, Fuhrwerke und Kutschen drängten sich durch das Gewimmel der Leute. Über allem hing der Gestank der Ausscheidungen von Mensch und Vieh, was Marlowe nach den Wochen auf dem Land besonders auffiel. Auch am Flussufer empfing sie fauliger Geruch. An einer Straßenecke stießen sie auf zwei Totenträger, die dabei waren, mehrere Pestleichen auf einen Karren zu heben. Marlowe wandte sich angewidert ab, hielt sich Mund und Nase mit der Hand zu und eilte schnell vorbei.

Wenig später stand er vor dem Kronrat, der in einem Raum tagte, der Sternkammer genannt wurde. Durch zwei Fenster schien die Maisonne herein und machte Streifen von gerade aufgewirbeltem Staub sichtbar. Dennoch kam Marlowe der Saal sehr düster vor. Er war rundum mit dunkler Eiche getäfelt, die Rückwand bedeckte ein Gobelin, der eine königliche Jagd zeigte. An der Decke befanden sich vergoldete Sterne auf kobaltblauem Grund.

Achtzehn Männer saßen hinter einem langen Tisch, elegant und nach spanischer Mode dunkel gekleidet mit einem dazu passenden Gesichtsausdruck. Ihre großen Halskrausen wirkten, als wären ihre Köpfe abgeschnitten und würden auf einem weißen Tablett präsentiert. Unter ihnen war Robert Cecil, der nach dem Tod von Francis Walsingham dessen Funktionen übernommen hatte und nun der Erste Staatssekretär war. Am anderen Ende saß der Erzbischof von Canterbury. Einer der Herren war Ferdinando Stanley, ihm gut bekannt als Lord Strange, ein weiterer war Robert Devereux, der Earl von Essex. Der Präsident der Sternkammer, Lord Puckering, saß in der Mitte. Er fragte Marlowe: „Wissen Sie, warum Sie hier sind?"

Marlowe, um eine aufrechte Haltung bemüht, antwortete: „Vielleicht verlangt die Königin nach meinen Diensten." Diese Antwort schien kühn, doch nicht so weit hergeholt, denn er war schon mehrfach sowohl in Frankreich als auch in Schottland in geheimer Mission unterwegs gewesen. Lord Puckering warf einen Blick auf die vor ihm liegenden Papiere, richtete dann einen düsteren Blick auf Marlowe und entgegnete: „Ihre Loyalität der Königin gegenüber steht in Frage, Mr. Marlowe."

Er erschrak, doch er beherrschte die Kunst des Schauspielerns und ließ sich nichts anmerken. Der Erzbischof von Canterbury, ein kleiner vierschrötiger Mann, ergriff nun das Wort: „Was wissen Sie über den Bühnendichter Thomas Kyd?"

Marlowe antwortete kühl: „Wir kennen uns gut, haben uns sogar zwei Jahre eine Wohnung geteilt."

„Kyd behauptet, Sie seien enge Freunde."

„Ich würde ihn als Bekannten bezeichnen. Wir haben uns in letzter Zeit nicht sehr häufig gesehen, besonders seit die Theater geschlossen sind."

„Hat er jemals Abschriften für Sie angefertigt?"

„Er ist ein Lohnschreiber und fertigt gute Abschriften. Kann sein, dass ich ihn einmal gebeten habe, etwas für mich zu kopieren. Ich erinnere mich nicht."

Marlowe starrte auf den Spitzensaum seines Ärmels, zwang sich dann jedoch, den Blick wieder den Amtsträgern zuzuwenden.

Der Präsident fragte mit einem gefährlichen Unterton in der Stimme:

„Dann bestreiten Sie also, dass Sie der Verfasser einer von Kyds Hand verfertigten, ketzerischen Abhandlung sind?"

„Ja, das bestreite ich. Ich weiß gar nicht, was das für ein Traktat sein soll. Ich bin verantwortlich für meine eigenen Schriften, nicht aber für Ketzereien anderer Leute."

Blitzschnell schob der Erzbischof nach: „Dann übernehmen Sie die Verantwortung für Ihre eigenen ketzerischen Schriften?"

Marlowe erschrak erneut, suchte in seiner Verwirrung Blickkontakt zu Lord Strange, der mit der Andeutung eines Lächelns antwortete, und sagte mit sicherer Stimme: „Ich verfasse keine ketzerischen Abhandlungen, Eure Lord-schaften."

„Aber es gibt verschiedene Personen, die Sie des Atheismus und der Ketzerei beschuldigen."

„Dann lügen diese Personen."

Lord Puckering beugte sich zu Robert Cecil hinüber und sie flüsterten eine Weile miteinander.

Dann erklärte Puckering mit monotoner Stimme: „Der Rat wird weitere Untersuchungen durchführen. Wir werden Klage gegen Sie wegen Ketzerei und Atheismus erheben."

Marlowe zitterten die Knie. Das war das Ende. Man würde ihn ins Gefängnis bringen, unter Folter ein Geständnis erzwingen und hinrichten. Wie aus weiter Ferne hörte er die Stimme des Alten, der verkündete: „Unterdessen sind Sie ein freier Mann, haben sich aber dem Kronrat zur Verfügung zu halten bis zu dem Zeitpunkt, an dem Sie Nachricht erhalten über weitere Maßnahmen."

Der Lord setzte ein behäbiges Lächeln auf und nickte zum Zeichen, dass Marlowe gehen könne. Der so unverhofft auf freien Fuß Gesetzte verbeugte sich und taumelte hinaus. Vor der Tür stieß er auf Baines, der offensichtlich darauf wartete, eingelassen zu werden. Sein Erzfeind. Spion des Erzbischofs. Wahrscheinlich steckte er hinter der Denunziation. Marlowe fühlte sich so schwach auf den Beinen, dass er sich nicht zu einer Bemerkung ihm gegenüber aufraffen konnte. Er ging grußlos und verwirrt an ihm vorbei. Die Welt um ihn herum war ins Schlingern geraten und er musste sich erst einmal fassen. Ihm war schwindlig vor Erleichterung und atmete tief durch. Erst nach und nach wurde ihm klar: Er war vor den Kronrat gerufen und freigelassen worden. Das geschah selten, denn Verdachtsmomente wogen ebenso schwer wie nachgewiesene Fakten, wenn jemand vor dieses Gremium bestellt wurde. Während er in den Strom der Menschen eintauchte, fragte er sich, ob und wie er die Ankläger von seiner Unschuld überzeugen konnte. Kyds Verhalten schmerzte ihn. Wie kam er dazu, ihn derart zu belasten? Sie hatten sich doch immer gut verstanden. Man hatte offensichtlich sein Zimmer durchsucht und etwas Verdächtiges gefunden. Und Kyd hatte es ihm in die Schuhe geschoben. Ohne Not hatte er das sicher nicht getan. War er womöglich gefoltert worden? Marlowe kamen Schreckensbilder von Streckbank, Daumenschrauben und glühenden Zangen in den Sinn. Ihm wurde übel und Tränen schossen ihm in die Augen. Er blieb stehen und stützte sich an einer Hauswand ab. Genau das hätte ihm auch widerfahren können. Viel hatte da nicht gefehlt.

Tief beunruhigt ritt Marlowe nach Scadbury zurück und die Szene vor dem Kronrat zog vor seinem inneren Auge immer wieder vorbei, bis sie ihm schließlich vorkam wie eine Szene auf der Bühne. Beinahe war er versucht zu glauben, dass das alles gar nicht wirklich geschehen war. Als er beim Abendessen mit Tom Walsingham zusammensaß, erzählte er ihm den Verlauf des Verhörs.

„Ich fürchte, demnächst werde ich verhaftet. Sie graben allerlei aus, Ketzerei und Verrat. Wie kann es sein, dass ich eine solche Aufmerksamkeit errege? Ich bin doch nur ein kleiner Fisch und meine Stücke wurden nie durch die Zensur beanstandet. Andererseits - ich habe Baines gesehen, wie er mit Papieren in der Hand nach mir hineinging. Seit der Geschichte in Vlissingen weiß ich, dass er mir übel will und ihm alles zuzutrauen ist."

Nachdenklich antwortete Walsingham: „Ich habe Gerüchte gehört, dass es eine Intrige gegen Raleigh gibt. Ihm wollen sie ans Leder. Bis zum letzten Sommer war er erklärter Favorit der Königin, wurde von ihr mit Reichtümern und Ehrungen überschüttet. Doch durch seine heimliche Heirat mit einer ihrer Hofdamen hat er ihre Gunst verloren und sich ihren Unmut zugezogen."

„Ich habe gehört, dass er im Tower sitzt", sagte Marlowe bedrückt.

„Er ist inzwischen freigelassen worden. Vom Hof verbannt lebt er zurückgezogen auf seinem Landschloss Sherbourne in Dorset. Er hofft, dass der königliche Groll sich wieder legt, aber es gib etliche Leute bei Hofe, die das verhindern wollen. Es gibt einige, die ihm seine Bevorzugung neideten und sich über seine Demütigung schadenfroh die Hände reiben. Man hasst ihn für seine grenzenlose

Überheblichkeit, und er ist bei niemandem beliebt, weder bei Hofe noch beim Volk. Er will nun einen Sitz im Unterhaus einnehmen, wenn das Parlament wieder einberufen wird. Ich habe gehört, dass er sich keineswegs geschlagen gibt, sondern mit unvermindertem Stolz auftritt. Er muss sich vorsehen, er hat mächtige Feinde."

„Wieso warst du dir so sicher, dass ich zurückkommen würde?"

Tom lächelte geheimnisvoll. „Du hast doch bestimmt einige hohe Herren gesehen, die dir bekannt waren. Ich weiß, wer Mitglied im Kronrat ist. Da gibt es gewiss einige, die dir helfen wollen."

„Ja. Lord Strange war da."

„Inzwischen neugekürter Earl von Derby. Robert Cecil und Robert Devereux stehen auch auf deiner Seite."

„Woher willst du das wissen?"

„Robert Cecil ist unser oberster Auftraggeber. Er kennt deine Loyalität und die Verdienste, die du dir erworben hast."

„Aber Cecil und Devereux sind doch Rivalen. Sie können sich nicht ausstehen", rief Marlowe.

„Allerdings sind beide sich darin einig, Raleigh nicht wieder nach oben kommen zu lassen. Sie haben dich vielleicht als Bauernopfer erkoren, um Raleigh in Schach zu halten. Ich reite morgen nach London, um mich zu erkundigen, was los ist."

Als Walsingham sich in sein Zimmer zurückzog, nahm Marlowe seinen Tabaksbeutel und zündete sich eine Pfeife an. Im Gegensatz zu ihm mochte Thomas den Geruch des Tabakqualms nicht. Die

Angewohnheit, Rauch zu trinken, hatte er durch Raleigh kennengelernt. Der Duft des Tabaks entführte ihn in die Zeit, als er in London in seine seltsame Abendgesellschaft eingeführt wurde.

Durham House

**Die Schule der Nacht**

Das Durham-Haus, die Stadtresidenz Raleighs, thronte düster über der Themse. Die abergläubischen Bewohner in der Umgebung munkelten, es werde von seltsamen Leuten besucht, darunter dem Satan selbst. Doch Marlowe wusste, dass hier Menschen über die tiefsten Geheimnisse der Welt diskutierten, angeregt vom Qualm der Tabakspfeifen. Dabei machten sie sich frei von Regeln, die Staat und Religion aufgestellt hatten. Einer der Besucher der Abendgesellschaften war der Earl von Northumberland, der auch der Wizard-Earl genannt wurde, weil er ein Nekromant und Alchemist war. Der Mathematiker und Astronom Thomas Harriot gehörte ebenfalls dazu.

Er rechnete mit Koeffizienten und Wurzeln, hatte die Oberflächenformen des Mondes und die Jupitermonde erforscht sowie den gesamten Himmel kartografiert, so dass Raleighs Kapitäne sich selbst auf den fernsten Ozeanen niemals verirrten. Zudem Dr. Dee, der Hofastronom der Königin, und der berühmte Francis Drake.

Marlowe erinnerte sich daran, als er das erste Mal das Haus betrat. Sobald das Tor hinter ihm ins Schloss gefallen war, fühlte er sich wie in einer Festung. Die Korridore führten zu zahllosen, ineinander verschachtelten Räumen.

Die erste Begegnung mit Raleigh löste bei ihm zwiespältige Gefühle aus. Neben seine Bewunderung trat mit der Zeit auch eine gewisse Abneigung dagegen, wie Sir Walther sich in Szene setzte. Denn er war manchmal unnachgiebig und demonstrierte seine Macht. Er hatte dunkles Haar, seine Augen waren grün und von einer beunruhigenden Direktheit. Seine Stimme war hoch und klang eigentümlich gepresst. Er trug ein dunkelgrünes eng tailliertes und stark wattiertes Schoßwams mit steifer Hemdkrause, abgesteppt, mit goldenen Borten und engen Ärmeln. Darunter war der gefältelte Kragen seines Leinenhemdes zu sehen. Über den engen Trikothosen trug er eine Hose in kugeliger Form, die bis zu den Knien reichte. Er wirkte sehr elegant. Doch auch die anderen Herren standen ihm darin nicht nach, während Marlowe noch immer seine Studentenkleidung trug, die aus mausgrauen Kniehosen und einem einfachen schwarzen Wams bestand.

Beim Essen sprachen sie zunächst über die unruhige Kolonie Irland und die unerforschten Gebiete der Neuen Welt. Nach dem

Hauptgang kam Harriot auf die Lehren von Giordano Bruno zu sprechen.

„Die Gegenwart Gottes in allem, was lebt und existiert, ist ein schöner Gedanke. Das genügt doch. Die Sonne ist sein Symbol. Sie ist ein unbewegter Ball, um den wir uns, ebenso wie die anderen Planeten drehen. Allerdings wollen viele das nicht wahrhaben. Sie denken, der Mensch werde herabgesetzt, wenn er nicht mehr im Mittelpunkt steht."

„Aber Bruno verleugnet Jesus Christus und versteckt Gottvater unauffindbar im unendlichen Weltall", warf Raleigh ein.

Der Wizard-Earl meinte: „Dass Gott auf die Erde herabsteigt, ist ein großartiges Gedicht. Es verdeutlicht, dass der Geist zu Fleisch werden kann."

„Aber der Geist wird Fleisch durch ein Wunder. Wir brauchen keine Wunder. Oder zumindest eine neue Vorstellung davon. Etwas kann wunderbar sein und gleichwohl mit der Vernunft zu erklären", wandte der Dichter Walter Warner ein.

An dieser Stelle nahm Marlowe seinen Mut zusammen und sagte: „Ich würde sagen, es gibt einen unbewegten Beweger. Dieser ist jedoch nicht notwendig von einer für uns begreiflichen Beschaffenheit, kein Urbild von uns selbst. Was man Gott nennt, kann sehr wohl eine unmenschliche Energie wie die Sonne sein, der es gleichgültig ist, ob sie uns einen wärmenden Segen oder einen sengenden Fluch spendet. Es kann eine Kraft sein, die durch Wandel fortschreitet, deren Möglichkeiten in ihrem Wesen enthalten sind und die durch Umwandlung der Materie in Geist am Ende zur

Verwirklichung dessen gelangt, was sie ist. Am Ende der Zeit kann Gott verwirklicht werden, doch bis dahin ist er nur ein menschliches Konstrukt."

Alle wandten sich erstaunt Marlowe zu, einige nickten, andere wiegten bedenklich den Kopf.

Matthew Royden, der ebenfalls Dichter war, rief aus: „Hört den Verfasser des Tamerlan!"

Sir Walter fragte: „Hat Gott denn einen Gegenspieler?"

„Wenn Gott existiert, muss er ihn haben", antwortete Marlowe, „denn das Universum wird ja eigentlich nur durch die Wirkung von gegensätzlichen Kräften zusammengehalten. Die Lehre Brunos lautet: Aller Wandel ist Zusammenprall von Gegensätzen."

Der Wizard-Earl meinte: „Diese Antagonismen sind jedoch nicht nur chemischer oder physikalischer Natur, sondern es sind auch moralische Gegensätze."

„Ach was", wandte Harriot ein, „die Moral können wir aus dem Spiel lassen. Sie ist von Menschen gemacht."

„Genauer gesagt: Die Obrigkeit bestimmt, was gut und böse, recht und unrecht ist. Und dann benutzen sie Gott zu ihrer Rechtfertigung. Gott wird bemüht, um die Erlasse des Staates abzusegnen", führte Warner aus.

„Die Versöhnung der Gegensätze geschieht nur durch die Zahlen", ereiferte sich nun Harriot. „Der Schlüssel zu allem ist die Mathematik. Sie erlaubt uns, die beiden Welten auszumessen, die als einander entgegengesetzt gelten, das unendliche Große und das unendlich Kleine. Ich hoffe nicht, dass man meine Logarithmentafeln als Werke teuflischen Ursprungs verbrennen wird."

„Was sind Logarithmen?", fragte Marlowe.

„Ein Logarithmus", antwortete Raleigh, „ist die Angabe der Potenz, in die eine Zahl, die Basis, erhoben werden muss, um eine andere Zahl, den Numerus, zu erzielen."

„Versteh ich nicht", sagte Marlowe.

„Ich auch nicht", gab Sir Walter behaglich schmauchend zurück, woraufhin alle lachten. Raleigh fuhr fort: „Unser neuer Freund hier erfüllt jedenfalls Londons Ohren mit der Raserei seines Tamerlan."

Daraufhin zitierte Marlowe eine Stelle, die er seinem Helden in den Mund gelegt hatte:

„Natur, von der wir all erschaffen sind,

Aus Elementen vier, die sich bekriegen,

Belehrt uns, hoch und weit hinaus zu trachten;

Und unsre Seele, fähig zu begreifen

Den wundersamen Aufbau dieser Welt

Und jedes Wandelsternes Bahn zu messen,

Nachjagend der Unendlichkeit des Wissens

In rastloser Bewegung wie die Sphären,

Gebietet uns, nicht Ruh zu geben, bis

Die schönste aller Früchte nicht geerntet:

Der reine Segen und das höchste Glück,

Die reife Süße einer Erdenkrone."

Die Anwesenden applaudierten und Marlowe fuhr fort:

„Kritiker werfen mir vor, mein Held stehe außerhalb der Welt christlicher Werte und göttlicher Ordnung. Dabei zeige ich nur konsequent auf, wohin ungehemmtes Machtstreben führt. Ganz so, wie Machiavelli es dargestellt hat."

„Die Tatsache, dass Sie einen heidnischen Protagonisten ohne jede Geringschätzung präsentieren, ist ein Beweis für Ihre Unabhängigkeit von bestehenden Konventionen und Traditionen. Das gefällt mir. Wir hier", Raleigh zeigte in die Runde, „ widmen uns genau einer solchen Haltung." Das war ein großes Lob für einen Neuankömmling.

„Und er kennt den Machiavelli, eine Lektüre, die eigentlich verboten ist", ergänzte Warner.

„Man muss sich fragen, warum er verboten ist. Die Leute sollen die Politik der Mächtigen nicht verstehen und nicht durchschauen", sagte Harriot.

Walter Raleigh

**Raleigh**

Nicht nur Marlowe, alle Welt war unterrichtet über den sagenhaften Aufstieg Walter Raleighs. Er war der Spross eines alten Seefahrer- und Bauerngeschlechts aus Devonshire und gehörte nicht zum Adel. Er war Reservist der königlichen Leibgarde, hatte militärische

Erfahrung, Kenntnisse der Seefahrt, zwei Studiensemester in Oxford absolviert.

Mit einer Hundertschaft zog er gegen die rebellischen Iren, vom spanischen König Philipp mit Söldnern unterstützt. Seine Operation war erfolgreich und er erhoffte sich nun eine Beförderung zum Offizier der Leibwache.

Gut sah er aus: groß gewachsen mit dunklem Haar und Bart, zudem mit gepflegten Umgangsformen. Kein Wunder, dass die Frauen ihm zugetan waren. Selbstbewusst fühlte er das Zeug zum Feldherrn in sich, war ehrgeizig und auf der Suche nach Möglichkeiten des Aufstiegs.

Hin und wieder ging er zu einem der Theater in Shoreditch. Dann stand er in dem runden offenen Zuschauerraum Kopf an Kopf mit Tagelöhnern, Marktweibern und Handwerksburschen. Sein Blick schweifte zu den überdachten Galerien der drei Ränge, auf denen sich Kaufleute, Handwerker und Adlige drängten. Das Theater war für alle da. Jeder wollte spannende Geschichten sehen, Neues erfahren, sich unterhalten. Der ehrlose Stand der Schauspieler hatte an Ansehen gewonnen, nachdem hohe Adlige sich zu Patronen für eine Truppe gemacht hatten. Bei der Aufführung eines neuen Stücks saß der Intendant der königlichen Hoflustbarkeiten unter den Zuschauern, und wenn es ihm gefiel, forderte er die Schauspieler auf, es vor der Königin zu zeigen.

Raleigh erzählte bei einer der Abendrunden, wie es ihm gelungen war, Elisabeth auf sich aufmerksam zu machen.

„Ich überquerte den Hof in Whitehall, der Regen hatte soeben nachgelassen. Ich dachte: Der Sitz der Königin ist bei weitem nicht so prächtig, wie ich es in Erinnerung habe. Mir fiel auf, dass die Wasserspeier an der Dachtraufe der großen Halle defekt waren, sodass das Wasser am Mauerwerk herabrann und dort hässliche dunkle Spuren hinterließ. Der Park wirkte trostlos um diese Jahreszeit. Regentropfen hingen an den kahlen Sträuchern und Bäumen. Der Rasen war grau und feucht, die Rosenstöcke eingebunden in Stroh und Sackleinen.

Jemand hatte mir den Tipp gegeben, mit etwas Glück würde ich die Königin hier antreffen, aber ich machte mir wenig Hoffnung. Doch dann sah ich sie in einiger Entfernung mit einem kleinen Gefolge den breiten Weg herankommen, der zu dem lang gestreckten See im Park führte. Keine Wache ging voraus, denn das duldete Elisabeth bei ihren Spaziergängen nicht, sehr zum Leidwesen Walsinghams, der auf stärkere Sicherheitsvorkehrungen drängte. Doch gewiss lauerten seine Leute hinter den Hecken, um den Weg zu beobachten. An ihrer Seite befand sich der Hofastronom Dr. Dee und in gebührendem Abstand Männer der Leibwache und Hofdamen. Die Königin bog in einen Seitenpfad. Ich nahm einen Weg, der den Pfad kreuzte, und richtete es so ein, dass ich fast gleichzeitig mit ihr an den Schnittpunkt kam. Die Königin blieb einige Schritte vor der Kreuzung stehen, weil eine Pfütze sie am Weitergehen hinderte. Sie suchte nach einer Möglichkeit, das Hindernis zu umgehen. Ich riss meinen Mantel von der Schulter, den ich ganz neu gekauft hatte, und bedeckte mit ihm die Pfütze, sodass sie trockenen Fußes darübergehen konnte. Elisabeth lächelte mich überrascht und freundlich an. Bevor ich das Knie beugte, trafen sich kurz unsere Blicke. Sie nickte mir wohlwollend zu, erkundigte sich nach meinem Namen und versprach: »Ich werde Ihnen den Mantel ersetzen."

Wenig später erhielt ich die Einladung zu einer Audienz. Sie empfing mich nicht im offiziellen Audienzsaal, sondern in einem kleinen, mit Gobelins behängten und mit Teppichen ausgelegten behaglichen Zimmer, das zu ihren Privatgemächern gehörte. Ein Spinett und die an der Wand hängende Laute verrieten, dass die Königin hier musizierte.

Elisabeth trug ein rotes Samtkleid ohne Reifrock, kostbar mit Spitzenborten und Perlenbesatz ausgestattet. Im Kamin brannte ein Feuer, und die Kerzen reichten gerade aus, das Zimmer in mattes Licht zu tauchen. Sie lehnte bequem im Sessel. Keiner ihrer hohen Herren war anwesend, nur ihre Kammerfrau.

Sie forderte mich auf, von meinem Einsatz in Irland zu erzählen. Ich vermutete, dass sie sicher keinen sachlichen Bericht hören wollte, sondern etwas Abenteuerliches. Später trug ich ihr selbst verfasste Gedichte vor und wir musizierten zusammen. Als die Königin falsche Töne spielte, lachten wir vergnügt."

Von da an führte sein Weg steil nach oben, er wurde der Favorit Elisabeths und wurde mit Ehren überhäuft. Er ritt bei der Jagd an ihrer Seite. Er tanzte mit ihr beim Ball in der Great Hall die ausgelassene Gagliarde, hob sie bei der Volte hoch und drehte sie in der Luft, sodass die königlichen Untergewänder zu sehen waren.

Raleigh erhielt zwei Güter als Lehen, wenig später das ausschließliche Recht, Lizenzen für den Weinhandel zu vergeben. In kürzester Zeit hatte er fünf Bedienstete, einen Sekretär, zwei Truhen voller Kleider, bewohnte in Whitehall vier Räume. Er wurde in den Adelsstand erhoben und ging an der Seite der Königin in Samt und Seide.

Doch es stellte sich bald Überdruss ein. Einem Freund gestand er: „Ich sitze an der Tafel, und während ich rede und lächle, zermartere ich mir mein Hirn nach witzigen Aussprüchen. Ich weiß nicht, was ich esse und welchen Wein ich trinke. Ich drechsle an Komplimenten für die Königin. Und dann schäme ich mich manchmal, wenn sie über meine banalen Wortspiele kichert. Was hab ich von diesem Degen, den Diamanten und all dem Kram? Ich will etwas tun, etwas leisten. Mir genügt es nicht, am Hof in den Tag hineinzuleben, ein Müßiggänger zu sein."

Er bat Elisabeth um einen Auftrag, doch sie schlug ihm alles ab. Sie ließ ihn nicht einen Tag von ihrer Seite. Raleighs Traum war eine Expedition in die Neue Welt, um an der nordamerikanischen Küste eine Basis für England zu errichten.

Nach zwei Attentatsversuchen verlangte die Königin seinen Rat in einer wichtigen Staatsangelegenheit, nämlich bei der Frage, wie sie mit der gefangenen Maria Stuart verfahren sollte. Raleigh sagte: „Lassen Eure Majestät Maria frei, wird sie sich an die Spitze des alten katholischen schottischen und englischen Adels stellen und mit Hilfe König Philipps und der katholischen Liga den englischen Thron erobern wollen. Bleibt sie ihre Gefangene, werden die Komplotte nicht aufhören. Man kann die Sache wenden, wie man will: Nur eine tote Maria ist England nicht mehr gefährlich."

Walsingham, der bei der Unterredung dabei war, gefiel diese Antwort, aber die Königin wandte ein: „Angenommen sie würde in einem Hochverratsprozess verurteilt, dann gäbe ihre Hinrichtung unserem spanischen Vetter vor aller Welt einen Vorwand, in unser Land einzufallen, und er würde in diesem Fall bestimmt nicht zögern."

„Wenn wir stark genug sind, wird es König Philipp nicht wagen, uns anzugreifen", trumpfte Raleigh auf. „Aber um es mit Spanien aufnehmen zu können, müsste vor allem die Flotte schlagkräftiger und besser gerüstet sein."

Daraufhin ernannte die Königin ihn zum stellvertretenden Marineschatzmeister, was bedeutete, dass er auf Inspektionsreisen gehen musste. Das verschaffte ihm ein wenig Distanz zum Hof. Vor allem, er konnte endlich etwas Sinnvolles tun.

Gespräche mit Francis Drake fachten seine Amerikaträume wieder an, aber Drake war für das Vorhaben nicht zu begeistern. Er kaperte lieber spanische Schiffe und brachte das Erbeutete nach England.

Nach und nach gewann Raleigh die Königin dafür, eine Expedition zu unterstützen, um eine Kolonie in Amerika zu gründen. Sie sollte nach der jungfräulichen Königin »Virginia« heißen. Doch als die Zurüstungen dafür so weit gediehen waren, dass die Schiffe auslaufen konnten, wollte Elisabeth Raleigh nicht ziehen lassen. Mit der Begründung, dass sie ihn in England brauche, zur Verteidigung der Küsten gegen die Spanier.

Zu dieser Zeit tauchte der junge Essex am Hof auf und Raleigh fürchtete nicht ohne Grund, dass Elisabeth ihre Gunst nun ihm zuwenden würde. Seine Stellung am Hof war allerdings so gefestigt, dass er die Hinwendung der Königin zu Essex mit Gelassenheit betrachtete.

Gefahr drohte von einer ganz anderen Seite. Er lernte eine Hofdame kennen, Bess Throckmorton, und verliebte sich in sie. Sie wurde schwanger und sie heirateten heimlich. Als die Königin davon erfuhr, stellte sie Raleigh zunächst unter Hausarrest, dann wurde er im Tower gefangen gesetzt. Ebenso seine Frau.

Einige Lords, denen der Aufstieg Raleighs ein Dorn im Auge war, empfanden es als Genugtuung, dass nun das Ende seiner Karriere gekommen war.

Nach drei Monaten konnten Raleigh und Bess den Tower verlassen, wurden aber vom Hof verbannt und durften nicht in London wohnen. Sie lebten danach auf dem Landgut Sherborn.

Raleigh engagierte sich als Abgeordneter im Unterhaus. Der Sitzungsort des Parlaments befand sich in Westminster. Der alte Palast beherbergte Regierungsbehörden und Gerichte. Die Kapelle St. Stephan diente als Sitzungssaal des Unterhauses. Hier saßen die Vertreter der Grafschaften, Städte und Marktflecken dicht gedrängt auf den harten Chorbänken, mit den Schreibtafeln auf den Knien. Sie behielten Mäntel und Pelze an, denn es war kalt und es gab keinen Kamin.

Hier traf Raleigh auf Francis Bacon. Der elegante Anwalt erging sich in geschliffenen Wendungen. Das Unterhaus bewunderte seine Redekunst und seine scharfsinnigen Argumente. Raleigh war häufig nicht seiner Meinung, aber er hatte es schwer, sich gegen ihn durchzusetzen.

Londoner Theater im 16. Jhd.

**Theater**

Marlowe ging zu Bett, doch er konnte nicht schlafen, seine Gedanken schweiften erneut in die Vergangenheit.

Als er nach seinem Studium nach London gegangen war, fand er im Obergeschoss eines unscheinbaren Häuschens in der Bischopsgade Street eine Unterkunft, die zudem nicht weit weg war von der Behausung Tom Watsons, mit dem er befreundet war. Hier war der Bezirk der Schauspieler. Es gab ganze Straßen, in denen hauptsächlich Schauspieler wohnten. Die Theater waren nicht weit entfernt. Diese wiederum lockten Gasthäuser und Bordelle an. Bühnenautoren und Schauspieler trafen in den Quartieren und Tavernen häufig zusammen. Das Theaterviertel von Shoreditch war der städtischen Gerichtsbarkeit entzogen und so trieben sich hier auch abgerissene, arme Scholaren und Soldaten in Hintergassen und finsteren Winkeln herum, gemeinsam mit Schnapsverkäufern, Strumpfflickern und Dirnen, die von der französischen Krankheit gezeichnet waren. Hier tummelten sich Wahrsager, Flickschuster und Bürger, die zechen wollten.

Als die größte Sensation galt gerade die „Spanische Tragödie" von Thomas Kyd.

In diesem Stück ging es durchgängig um Rache und Vergeltung, drastisch dargestellt, sodass dem Publikum ein Schauer nach dem anderen über den Rücken lief. Die Sprache war wuchtig und mitreißend. Es gab Verse, die schon bald zu stehenden Redewendungen und von anderen Dramatikern aufgenommen wurden. Kyd war sechs Jahre älter als Marlowe und verdiente sich sein Geld als Amtsschreiber.

Marlowe grübelte darüber nach, warum ausgerechnet Kyds Zimmer durchsucht worden war. Ihm war es am allerwenigsten zuzutrauen, das Pamphlet gegen die Hugenotten verfasst zu haben. Wenn das der Grund war! Oder womit sonst hatte er die Aufmerksamkeit der Untersuchungsbehörden erregt? Thomas Kyd war eher zurückhaltend und unscheinbar. Er führte in den Schenken nie das große Wort. Vielleicht hatte er das unselige Talent, sich in Missgeschicke zu verstricken. War er einfach ein Pechvogel? Seiner Erinnerung nach konnte Kyd sich selbst über seinen Riesenerfolg nicht richtig freuen. Alle lobten sein Trauerspiel, es machte beim Publikum den größten Eindruck, aber es gelang ihm danach nicht mehr, etwas Vergleichbares zu schreiben. Er konnte wohl selbst nicht an sein Glück glauben. Er sah nicht die Anerkennung, sondern ärgerte sich über die zahlreichen Parodien seines Stücks. Seine Selbstzweifel wurden nachgerade so groß, dass er nichts mehr zustande brachte.

Marlowe hatte zwei Jahre mit Kyd in einem Zimmer gewohnt und sein Ringen mitverfolgt. Gelegentlich arbeiteten sie zusammen, vor allem war Kyd ihm bei der Abfassung von Edward II. zur Hand gegangen. Er erinnerte sich an seine makellose Schönschrift. Kyd hatte schließlich die Stellung eines Sekretärs bei Robert Radcliffe, dem Earl von Sussex, angenommen. Marlowe seufzte. Wieder grübelte er darüber nach, warum Kyd ihn beschuldigt hatte. Er machte sich klar, dass er noch lange nicht aus dem Schneider war. Es geschah äußerst selten, dass jemand, der in die Mühlen der Justiz geriet, einfach so davonkam. Angst machte sich erneut in ihm breit, und um sich abzulenken, ließ er weitere Erinnerungen in sich aufsteigen.

Als Marlowe nach London kam, ging es gerade mit dem *Curtain* abwärts und Henslowe baute ein neues Haus auf der anderen Seite der Themse. An der Stelle des Gebäudes hatten wilde Rosen gestanden, deshalb wurde das neue Theater *Rose* genannt. In der Nähe gab es eine Bären- und Stiergrube, von wo Brüllen und Knurren herüberdrang. Dort wurde wesentlich mehr Blut vergossen als im Theater, wo das Blut von geschlachteten Schweinen in Blasen unter den Kleidern der Spieler versteckt wurde, um dann hervorzuquellen, wenn jemand auf der Bühne erstochen wurde. Das *Rose* war ein zweckmäßig erdachtes Gebäude. Die Anordnung war etwa die gleiche wie der Plan der Innenhöfe von Gasthäusern, worin noch vor einiger Zeit Theaterstücke aufgeführt worden waren. Es gab eine obere und eine untere Galerie ringsum mit Bänken für das Publikum. Die Bühne hatte ebenfalls eine obere Galerie, die Terrasse genannt, über der sich ein Turm erhob. Die Bühne reichte unten weit in die Zuschauer auf den Stehplätzen hinein. Es gab eine Falltür, die in den Keller führte, der die Hölle oder die Unterwelt darstellte. Im Hintergrund war der Raum, in dem die Schauspieler agierten und der durch einen Vorhang abgetrennt werden konnte.

Hier wurde alsbald sein Tamerlan aufgeführt, den er während der letzten Monate seines Theologiestudiums geschrieben hatte. Tamerlan, der unbedeutende Stammesführer, der aus innerem Drang die Weltmacht anstrebte und sich von niemandem aufhalten ließ. Eroberung und Erfolg waren die Hauptthemen des Stücks:

*In Eisenketten halte ich die Parzen gefangen - mit eigner Hand dreht ich Fortunens Rad - und eher soll die Sonn' aus ihrer Sphäre taumeln als Tamerlan geschlagen oder überwältigt sein.*

Solche Zeilen erregten das Publikum, denn hier spiegelten sich zielgerichteter Ehrgeiz und kühner Individualismus, was dem Zeitgeist entsprach. Die Zuschauer hörten fremde, wohlklingende Namen von Fürsten, Königen und Feldherren. Es war die Rede von riesigen Heeren und Schlachten, von Leichen, zu Bergen getürmt, von Eroberungen und unermesslichen Schätzen. Alles geriet zu Prahlerei und maßloser Übertreibung, doch von einer Kraft, wie man sie selten aus Worten vernommen hatte.

Marlowe sah vor seinem inneren Auge den Schauspieler Ned Alleyn, der die Hauptrolle spielte, wie er ein Ale trank, um sich die Kehle zu schmieren und dann als Tamerlan Persien, Afrika, Europa etc. eroberte, durch Persepolis ritt und die Babylonier abschlachtete.

Tamerlan stieg auf seinen Thron und sprach: „Ich bin die Sonne. Mild erhebe ich mich im Osten, nun aber, da ich hoch im Mittag stehe, borgt das Taggestirn sein Licht von mir. Unsere Schwerter, unsere Lanzen und Granaten füllen die Luft mit feurigen Meteoren. So wird man, wenn der Himmel sich blutrot färbt, sagen, dass ich ihn selbst so rot gemacht, damit kein anderer Gedanke sei als an Blut und Krieg!"

Am liebsten hätte der Held auch Sonne und Mond an die Kette gelegt. Frauen nahm er sich im Vorbeigehen, hastete von einer zur anderen, solange bis er sich in eine unsterblich verliebte. Das war dann auch die große Wende im Leben des Helden.

Das Werk hatte einen riesigen Erfolg und machte ihn berühmt.

Seine Kritiker jedoch sprachen davon, dass sich Tamerlan der Hybris schuldig mache, und das Stück voller Rohheit, Gewaltexzesse und Geschmacklosigkeit sei. In einer Szene fordert Tamerlan dazu auf, Menschenfleisch zu essen, das fanden viele abscheulich. Sein ärgster Kritiker war Robert Greene, den er von Cambridge her kannte. Er bezeichnete das Stück als atheistisch und ohne Moral. Robert Greene war ein paar Jahre älter als er, hatte ebenfalls seinen Magister in Cambridge gemacht, einige populäre Stücke geschrieben, die als Kassenschlager galten. Er war aber auf Erfolge anderer Autoren extrem neidisch. Greene tat sich mit einem anderen Kritiker zusammen, der Nash hieß. Er war frisch aus Cambridge gekommen und hatte ähnlich wie Marlowe beschlossen, sich als freier Schriftsteller durchzuschlagen. Er war von Ehrgeiz zerfressen, weswegen er andere gerne herabsetzte.

**Rettungspläne**

Marlowe schlief schlecht und fühlte sich am nächsten Morgen zerschlagen. Er schleppte sich zum Frühstück. Ein Diener brachte ihm Tee und Butterbrote und richtete ihm aus, dass Sir Tom ausgeritten war. Marlowe drehte eine Runde im Park, setzte sich dann an den Schreibtisch und rekapitulierte: Der Ketzerei oder des Atheismus bezichtigt zu werden, war extrem gefährlich. Es ging dabei ja nicht nur um Glaube oder Unglaube, es bedeutete zugleich, die Hoheit von Englands Kirche zu bestreiten und damit das Recht der Königin, Kirche und Reich zu regieren. Das war Hochverrat. Und Hochverrat wurde mit einer grausamen Hinrichtung bestraft.

Er hatte Beziehungen zu einflussreichen Personen, doch würde ihn das letztendlich schützen? Was hatte der Kronrat gegen ihn in der Hand? Was stand in der Schrift, die man bei Kyd gefunden hatte? Er grübelte vor sich hin und war nicht fähig, eine einzige Zeile zu schreiben. Erst am Nachmittag hörte er Hufschlag, bald darauf verschiedene Stimmen. Er eilte in den Hof und sah, dass Tom zurückgekommen war. Tom unterhielt sich mit Frizer und Skeres, die beide für Francis Walsingham gearbeitet hatten und nun im Dienst von Tom standen.

Tom nahm Marlowe beiseite und erklärte: „Ich habe in London über meine Mittelsmänner einiges in Erfahrung bringen können. Die Sache ist tatsächlich sehr ernst."

„Was wirft man mir denn vor?", rief Marlowe verzweifelt.

„Verschiedenes. Einmal geht es um die Abschrift, die bei Kyd gefunden wurde. Sie enthält die Lehren des Arianismus. Zum Zweiten geht es um das Pamphlet gegen die holländischen Einwanderer, das mit Tamerlan unterschrieben ist und dir angedichtet wird."

Marlowe war bleich geworden, Tom nahm ihn in die Arme und flüsterte: „Keine Angst, Kit, ich arbeite an einem Plan, dich da rauszuhauen." Er küsste ihn und strich ihm durch das Haar. Marlowe seufzte. Schon im April war diese Hetzschrift gegen eingewanderte protestantische Kaufleute aus Holland und Frankreich aufgetaucht. Sie war in Blankversen und in seiner stilistischen Manier verfasst, enthielt Bezüge zu seinen Werken. Es sollte der Eindruck erweckt werden, dass er dahinter stand.

Tom riss ihn aus seinen Gedanken: „Kyd wurde auf der Streckbank verhört und hat dich unter der Folter belastet."

„O nein! Wie furchtbar", rief Marlowe aus, legte seinen Kopf auf Toms Schulter und begann zu weinen.

„Beruhige dich. Man hat ihn inzwischen freigelassen."

„Wie kann ich mich beruhigen!"

„Die Cecils stehen auf unserer Seite. Der mächtige Lord Burghley und sein Sohn", flüsterte Tom, „aber niemand darf es wissen. Es muss alles geheim bleiben. Sie wollen natürlich nicht offiziell mit einem Fall von Ketzerei in Verbindung gebracht werden.

Ich habe noch etwas mit Skeres und Frizer zu bereden. Es ist besser, ich halte dich aus den Plänen zunächst einmal raus. Wenn es so weit ist, werde ich alles mit dir besprechen."

Marlowe löste sich von Tom, nickte und ging ins Haus.

Die Lehren des Arius! Auch darüber hatten sie bei den Abendgesellschaften gesprochen. Und in seinem Theologiestudium war es ein Diskussionsthema gewesen. Die Auffassung war bei vielen beliebt, da sie ein Dilemma löste. Denn wenn man annimmt, dass Vater und Sohn von gleichem Wesen sind, dann hat man zwei Götter. Und das verstößt gegen das Monotheismusgebot. War Jesus aber einfach nur ein von Gott inspirierter Mensch, ist dieser Widerspruch bereinigt. Arius hatte allerdings noch eine abgewandelte Position entwickelt: Christus wird die Göttlichkeit nicht abgesprochen, ist aber von Gott geschaffen, wenn auch vor Anbeginn der Welt. Alles andere widerspräche der Einmaligkeit Gottes. Zudem kann nur ein Mensch leidend am Kreuz sterben, kein Gott. Die menschliche Natur war in Christus also dominant.

Die Lehre des Arius war zu Beginn des Christentums sehr verbreitet, bis sie auf mehreren Konzilen verurteilt worden war. Im Glaubensbekenntnis hieß es von da an über Christus: „Gezeugt, nicht geschaffen, eines Wesens mit dem Vater."

Durchaus möglich, dass er eine Schrift über den Arianismus zwischen seinen Papieren gehabt hatte – und Kyd wohnte ja noch in dem Zimmer, das er mit ihm geteilt hatte. Es war bei der Durchsuchung gefunden worden und Kyd hatte unter der Folter ausgesagt, dass es von ihm sei.


**Geheimagent (1584-86)**


Marlowe lernte Tom Watson zufällig in einer Schenke in Cambridge kennen. Er war auf der Durchreise nach Newmarket, als seinem Pferd ein Eisen losging und er gezwungen war zu warten. Er kam an seinen Tisch und stellte sich vor: „Tom Watson, Doktor beider Rechte." Er war elegant gekleidet, trug ein dunkelrotes besticktes Wams, eine dazu passende kugelige Hose und eine spanische Capa, die ihm bis zur Hüfte reichte und deren Kanten mit reich bestickter

Borte versehen war. Marlowe dagegen trug eine schwarze abgewetzte Scholarenkutte.

Marlowe antwortete interessiert: „Ihren Namen habe ich schon gehört. Sie übersetzen griechische Werke?"

„Ja, die Antigone von Sophokles habe ich übersetzt. Und wer sind Sie?"

„Ich heiße Christopher Marlowe. Ich studiere an der King´s School, mit dem Priesteramt als Aussicht. Ein Gönner zahlt mir ein Stipendium. Mein Vater ist Schuhmacher."

Die dunklen Augen Watsons ruhten mitfühlend auf Marlowe. Er erzählte ihm von den Theatern in London: „Das Theater bietet Zerstreuung, den Gewaschenen wie den Ungewaschenen. Ich schreibe Possen für die Bühne. – Lockt Sie das Leben eines Landpfarrers?"

Marlowe zuckte mit den Schultern: „Was anderes bleibt mir nicht. Mein Ehrgeiz gilt der Poesie, aber davon kann kein Mensch leben."

„Kommen Sie mich doch in den Ferien besuchen. Sie können in meinem Haus wohnen. Im Freibezirk Norton Folgate, nicht weit vom Curtain-Theater, in der Bishopsgate."

Marlowe nahm die Einladung an und wenige Wochen später saß er mit Watson in Burbages Theater und bewunderte den Schauspieler Ned Alleyn. Er war sehr groß gewachsen und überragte alle um mehr als eine Haupteslänge. Er verstand es, eindrucksvoll einherzuschreiten und beeindruckte durch seine furiose Stimmkraft. Er sprach pathetisch und untermalte seine Worte mit wirkungsvollen Gesten. Marlowe war wie gebannt.

Da Tom Watson die Schauspieler kannte, begrüßte er sie nach der Aufführung hinter der Bühne. In der Garderobe war es heiß, die Schauspieler fluchten und schimpften wild durcheinander, während sie sich ihrer Kostüme entledigten. Ned Alleyn wischte sich die angemalten Altersfalten aus dem jungen glatten Gesicht und lächelte ihm zu. Danach gingen sie in eine Schankstube, wo sie auf Henslowe, den Theatermanager, trafen, der ihnen eine Runde Bier spendierte und davon sprach, ein neues Theater zu bauen.

Watson begann, Marlowe die Tätigkeit für den Geheimdienst schmackhaft zu machen. Vor allem stellte er ihm in Aussicht, Ansehen zu gewinnen und gut bezahlt zu werden. Marlowe war davon gar nicht sehr angetan, erklärte sich aber schließlich bereit, Sir Francis Walsingham aufzusuchen, und Watson vermittelte ihm ein Gespräch.

Francis Walsingham

Sir Francis war ein schmächtiger Mann, von Kopf bis Fuß schwarz gekleidet. Deshalb wurde er von der Königin trotz seines weißen Teints der Mohr genannt. Er hatte einen Geheimdienst aufgebaut und bezahlte weitgehend aus seiner eigenen Schatulle nicht weniger als dreiundfünfzig Schnüffelagenten von Calais bis Konstantinopel. Nach einigen einleitenden Worten schob er Marlowe ein Schriftstück über seinen mit Akten und Notizen beladenen Tisch. Darin stand etwas über Eid, Verschwiegenheit und lebenslange Treue. Walsingham ergänzte: „Pflicht und Diskretion sind das Wichtigste in unserem Dienst. Unterschreiben Sie hier!"

„Augenblick, dies sollte ein erstes Gespräch sein. Ich möchte eine solche Verpflichtung nicht eingehen. Ich bin Student und habe noch etliche Studienjahre vor mir. Ich dachte, Mister Watson hat Ihnen meine Lage erklärt."

Walsingham heftete zwei strenge Augen auf Marlowe und antwortete: „Wir können niemanden brauchen, der schwankend in seinen Entschlüssen ist. Die Unterschrift dient der Befestigung in einer allerhöchsten Treuepflicht. Wir dulden kein Schwanken."

Marlowe starrte auf die handgemalte Karte von Europa, die an der Wand hing, mit rotköpfigen Nadeln besteckt, die die Orte bezeichneten, an denen Spione für England tätig waren.

„Erklären Sie mir zuerst einmal, was ich zu tun hätte, würde ich den Vertrag unterschreiben."

„Sie werden Poley kennenlernen. Er wird Ihr Helfer und Leiter sein, nächst mir Ihr Vorgesetzter. Zurzeit befindet er sich im Gefängnis, allerdings nur wegen eines fiktiven Verbrechens, denn er soll dort Priester ausschnüffeln. Er wird in Kürze wieder draußen sein. Sie werden ihn in Dover treffen, bei Ihren ersten Schritten in Europa wird er Sie begleiten."

„Ich soll auf den Kontinent!", rief Marlowe aus.

„Ja, und zwar bald. Ich sende Sie nach Reims. Dort ist ein Zentrum katholischer Verräter entstanden, wo Teufeleien gegen unsere Königin ausgebrütet werden, für deren Vereitelung wir beten müssen. Und nicht nur das. Wir müssen etwas unternehmen."

„Was hätte ich da zu tun?"

„Spähen, lauschen, lernen! In Erfahrung bringen, was für Absichten bestehen, horchen, wo von Mordanschlägen und Aufruhr die Rede ist. Die Namen der Verräter herausfinden, die zum Verrat auffordern. Sprechen Sie Französisch?"

„Ich habe es von den Hugenottenkindern auf der Straße gelernt, aber auch Unterricht genommen, den ein hugenottischer Lehrer mir kostenlos gab. Ich komme aus Canterbury, dort wohnen viele Hugenotten. Sie sind allerdings nicht sehr beliebt. Die Stadt ist voll von ihnen, sie nehmen den ganzen Fluss in Anspruch, weil sie Wasser für ihre Webereien brauchen. Sie leben in einer Welt für sich und sprechen ihre eigene Sprache."

„Sie sind reformierten Glaubens und unsere Waffenbrüder! Als ich Gesandter in Paris war, standen unsere Türen allen Protestanten offen, die in Furcht vor den Messern und Keulen der Katholiken lebten. Ich habe das Massaker in der Bartholomäusnacht erlebt. Eine ungeheure Wut und Gewalt richtete sich gegen unsere Brüder in einem unglaublichen Gemetzel. Es gab keine Gasse, nicht die allerkleinste, in der nicht einer den Tod fand und das Blut floss in Strömen über die Straßen. Die Seine war mit Leichen bedeckt und rot von Blut."

Die Stimme des alten Mannes hatte zu zittern begonnen, doch er fasste sich schnell wieder. „Haben Sie noch Fragen?"

„Wann und wie lange müsste ich nach Reims. Jetzt sind Ferien, aber sie dauern nicht ewig."

„Sie sollten am 6. Juli in Dover sein. Weitere Details erst, wenn Sie unterschrieben haben."

Walsingham tunkte die Feder in ein Tintenfass und reichte sie Marlowe.

Noch immer zweifelnd unterschrieb er; die Tinte glänzte tiefschwarz, als er den Vertrag über den Schreibtisch zurückreichte. Walsingham hob nun an, ihm weitere Instruktionen zu geben, da flog die Tür auf und jemand trat ein.

„Warte bitte einen Moment. Wir sind gleich fertig", sagte der Staatssekretär mit einer guten Portion Ärger in der Stimme. Marlowe sah auf und erblickte einen jungen Mann, etwa im gleichen Alter wie er selbst, mit kastanienbraunen Locken, ovalem Gesicht, in dem große blaue Augen leuchteten. Er war elegant aber nachlässig gekleidet. Der Kragen seines Hemdes stand offen und die gefälteten Manschetten sahen ziemlich unordentlich aus. Das Wams war bestickt und die Ärmel geschlitzt. Diese und weitere Details drangen in wenigen Sekunden in Marlowes Bewusstsein und es war, als ob ihn ein Sonnenstrahl nach langer Dunkelheit treffe. Doch der Sonnenstrahl ging hinaus und die Tür schloss sich hinter ihm. Wie aus weiter Ferne hörte er die Erläuterungen Walsinghams. Dann war er entlassen. Als er in den Flur trat, stand dort der junge Mann, ungeduldig mit den Füßen wippend, und lächelte ihn an, bevor er das Zimmer des Staatssekretärs betrat.

Watson hatte auf Marlowe gewartet und erkundigte sich, wie es gelaufen sei, doch er gab nur fahrige und einsilbige Antworten.

„Wer war das", fragte er Watson verwirrt.

„Der junge Mann, der in Walsinghams Büro gestürmt ist? Sein Neffe. Was ist mit ihm?"

„Ach nichts", antwortete Marlowe und lenkte unvermittelt zu Watsons zuvor gestellten Frage über: „Ich war nicht darauf gefasst, gleich einen Vertrag zu unterschreiben, der zudem auch noch lebenslang gelten soll. Kommt mir vor wie ein Teufelspakt. Walsingham sieht zudem genau so aus."

Watson lachte und Marlowe fuhr fort:

„In Canterbury habe ich einmal ein Volkstheaterstück über den Doktor Faustus gesehen. Mephostophilis, der Abgesandte der Hölle, trug schwarze Kleidung, eine schwarze, eng anliegende Kappe, sein Gesicht war weiß und seine Miene düster. Der ehrwürdige Staatssekretär hat große Ähnlichkeiten mit ihm."

„Seine Majestät nennt ihn Mohr, eben weil er immer dunkle Kleidung trägt", meinte Watson amüsiert.

**Zwischen Engel und Teufel**

In der folgenden Nacht schlief Marlowe denkbar schlecht und hatte beunruhigende Träume. In einem Traum wurde er von Mephostophilis genötigt, einen Pakt mit seinem Blut zu unterschreiben, doch als er sich in den Finger stach, floss kein Blut heraus. Eine Stimme rief ihm zu: „Flieh!" Dann erschien ihm ein Engel, der die Züge von Sir Walsinghams Neffen hatte.

Er stand spät auf, Watson war schon weggegangen. Er streifte durch die Straßen Londons, zunächst ziemlich ziellos, schließlich entschloss er sich, zu Walsinghams Haus zu gehen und den Neffen aufzusuchen. Er musste ihn kennenlernen. Zuvor ging er in eine Schenke und trank sich Mut an.

Er hatte Glück. Der junge Walsingham war zuhause und bereit, ihn zu empfangen.

„Was führt Sie zu mir?", fragte er höflich. „Waren Sie nicht gestern bei meinem Onkel?"

Marlowe merkte, dass sich seine Stimme belegt hatte, und räusperte sich. „Sind Sie auch beim Dienst, wie er das nennt?"

„Sind Sie deshalb hier? Das kann ich mir nicht denken. Mein Onkel hat gelegentlich Verwendung für mich. Ich bin gar nichts, der unnützeste aller Walsinghams."

Er schenkte sich und Marlowe Wein ein.

„Hüten Sie sich vor meinem Onkel, er zieht sie rein in seine Intrigen und Geschäfte."

„Die Warnung kommt zu spät. Ich habe gestern einen Vertrag unterschrieben."

„Sie haben geheimdienstliche Ambitionen?"

„Nicht wirklich. Eher poetische, vielleicht auch fürs Theater."

„Aha. Ich mag London nicht, ich reite morgen zurück nach Scadbury. Wie sind Sie auf die Idee gekommen, sich meinem Onkel anzudienen."

„Durch Tom Watson. Ich wohne bei ihm."

„Er hat Sie angeworben?"

„Kann man so sagen."

„Warum sind Sie zu mir gekommen?"

„Ich wollte Sie wiedersehen."

Thomas Walsingham sah Marlowe in die Augen und lächelte.

„So sollten wir Freunde werden." Er erhob sein Glas und sagte: „Ich heiße Tom."

„Ich heiße Christopher."

„Ich werde dich Kit nennen."

Tom stand auf, beugte sich über Kit und küsste ihn.

Auf dem Nachhauseweg schwebte Marlowe wie auf Wolken und begann zu dichten:

*Hätt ich mehr Seelen als da Sterne leuchten,*
*Ich gäb sie alle dem Geliebten.*
*Durch ihn werd ich der Erde großer Kaiser*
*Und baue Brücken durch die leichte Luft.*
*Ich habe nun, was stets mein Herz ersehnt.*


**Einsatz in Frankreich**


Walsingham hatte Marlowe an seinen Sekretär Phelippes verwiesen, um letzte Instruktionen und Geld für die Reise zu erhalten. Von

Watson wusste Marlowe bereits, dass dieser Schreiber unbezahlbar war, sein scharfer Verstand vermochte jeden Geheimcode zu knacken. Stunden und Tage konnte er damit zubringen, über einer neuen Chiffre zu brüten. Er besaß außerdem die Fähigkeit, jede Handschrift zu fälschen.

Marlowe ging also zu Phelippes. Er hatte ein größeres Arbeitszimmer als Walsingham, saß an seinem Katheder, von zwei Männern flankiert, die emsig mit quietschenden Federkielen schrieben. Er war klein und dünn, mit Brille, strohblondem Haar und Bart. Sein Gesicht war von Pockennarben übersät.

„Ah, der Neuling", sagte er.

„Ich bin Christopher Marlowe."

„Weiß ich, weiß ich." Er nahm einen großen Schlüssel und öffnete damit einen eisernen Kasten, daraus holte er einen kleinen Lederbeutel und hielt ihn Marlowe hin.

In diesem Beutel befand sich genügend Geld, um sich neu einkleiden zu können. Er konnte endlich seinen Studentenkittel ablegen und kaufte sich ein elegantes schwarzes Wams mit orangefarbenen Streifen.

Am 2. Juli ritt er nach Canterbury, wo er seine Eltern und Geschwister besuchte. Dann ging es am 6. Juli weiter nach Dover, wo er im Gasthof namens Luce nach Robert Poley fragte. Der kam alsbald aus dem hinteren Teil des Gastraumes und stellte sich vor. Sein Händedruck war kraftvoll. Der blonde Bart gestutzt, das Wams von gutem Schnitt. Der Ausdruck des Gesichts freundlich und heiter.

Am Tisch saß ein weiterer Mann, der ihm als Nicholas Skeres vorgestellt wurde. Dieser war so ziemlich das genaue Gegenteil von Poley. Schwarzhaarig, ungekämmt, schmutzig und finster blickend. Sie aßen zusammen und Poley erklärte: „Morgen früh setzen wir mit der ersten Flut über. Skeres und ich reisen dann weiter nach Paris, Sie nach Reims."

„Kann ich nicht mit nach Paris kommen?", bat Marlowe.

„Sie haben einen Auftrag in Reims zu erledigen."

„Sir Francis hat mir gesagt, dass Sie im Gefängnis waren, um Priester auszuhorchen."

„Ja, sie reden in ihrer Not, viele Geheimnisse werden im Gefängnis verraten. Mit mir reden sie, ich spreche ihre Sprache, und sie denken, ich bin ihr Verbündeter. Aber ich bin froh wieder draußen zu sein und die Seeluft zu genießen. Ich wurde geboren, als die Bloody Mary, wie man sie nennt, Philipp von Spanien heiratete. Daher wurde ich im alten Glauben erzogen. Manche meinen, ich würde ihn heute noch praktizieren. Doch das tue ich nur zum Schein. Ich habe übrigens ein wenig Geld für Sie. Ich gebe es Ihnen morgen. Und Anweisungen: Sie schreiben sich am Kolleg ein und sagen, dass Sie für unsere Kirche studieren, aber Zweifel hätten. Unschlüssige sind ihnen dort willkommen."

„Soll ich nicht den alten Glauben vortäuschen?"

„Nein, es ist besser, wenn Sie einer sind, der im Glauben schwankt und nach Klarheit sucht. In Wirklichkeit suchen Sie nach denen, die über den Kanal kommen, um ihre teuflischen Ränke ins Werk zu setzen. Man will unsere Königin verjagen und eine andere Königin einsetzen. Welche können Sie sich ja denken."

„Meinen Sie, es werden Mordanschläge auf Königin Elisabeth geplant?"

„Ja. Manche sprechen auch heuchlerisch davon, sie zu entfernen oder ihr den trübseligen Ruhesitz auf Fortheringay zu überlassen, in dem jetzt noch die Rivalin schmachtet."

„Und ich soll Leute aufspüren, die solche Pläne hegen?"

„Ja, versuchen Sie, Namen in Erfahrung zu bringen."

„Wie lange soll ich in Reims bleiben?"

„Etwa einen Monat. Sie schreiben sich als Student der Theologie im Kolleg ein. Sie sind sehr gastfreundlich. Halten Sie die Ohren offen. Am meisten erfährt man in der Nähe der Beichtstühle, in Schenken oder in den Schlafräumen."

Marlowe war verwundert, dass man ihm diese Mission ganz allein anvertraute, einem jugendlichen Anfänger.

Wie besprochen begab er sich nach der Überfahrt unverzüglich nach Reims, erhielt dort einen Platz im Kolleg und machte erste Bekanntschaften. Als er nach drei Tagen in einer Schenke einkehrte, stutzte er. Da saß Thomas Walsingham zusammen mit einem weiteren Mann. Marlowe klopfte das Herz bis zum Hals, als er zu seinem Tisch ging und ihn begrüßte.

„Wie kommst du jetzt so schnell hierher", fragte er ihn und setzte sich. Tom lächelte ihn an und legte ihm die Hand auf die Schulter.

„Wir können dich doch hier nicht völlig allein auf einsamem Posten lassen. Die Mission ist zu wichtig."

Er stellte ihm Frizer vor, der ebenfalls im Dienst von Francis Walsingham stand.

„Poley sprach vom Kolleg als dem Mittelpunkt der Verschwörung", sagte Marlowe.

„Die Schottenkönigin soll auf den Thron gelangen, und dann werden die Spanier und Franzosen eingeladen, uns wieder unter Roms Fittiche zu bringen. Wenn wir den Nachweis erbringen können, dass es eine Verschwörung gibt, dann geht es Maria Stuart an den Kragen. Es wurde nämlich im Kronrat ein Beschluss verabschiedet, dass sie hingerichtet werden soll, sobald ein Komplott aufgedeckt wird, ganz gleich, ob sie davon Kenntnis hat oder nicht."

„Das scheint mir nicht gerecht zu sein", wandte Marlowe ein.

„Gerecht oder nicht, das ist Staatskunst. Ich dachte, du kennst den Machiavell."

Marlowe überlegte kurz und antwortete: „Der Herrscher, der dem Staat dient, muss die Gesetze der traditionellen Moral verletzen. Schreckt er davor zurück, geht er zusammen mit seinem Staat unter, dessen elementare Bedürfnisse er falsch verstanden hat. Für einen Herrscher ist es nach Machiavelli egal, ob er als gut oder als böse gilt. Wichtig ist nur, ob er Erfolg hat oder scheitert. Damit der Herrscher nicht scheitert, darf er vom Volk nicht gehasst werden.

Der perfekte Fürst muss die traditionellen Moralvorstellungen vorspielen können, das heißt, er muss den Schein der Tugendhaftigkeit wahren."

Tom klatschte ihm Beifall: „Richtig, mein Lieber. Genau daran orientieren sich Elisabeth und ihre Ratgeber."

Tom Walsingham hatte ein Zimmer in einem Gasthaus genommen und als Frizer weggegangen war, nahm er zärtlich Marlowes Hand, küsste sie und bat ihn, am Abend zu ihm zu kommen.

Marlowe ging in eine Nachmittagsvorlesung, doch er war wie von einem Fieber gepackt und konnte sich nicht auf die Ausführungen konzentrieren. Stattdessen grübelte er über den Begriff der Liebe nach. War Liebe mehr als der poetische Schrei des Verlangens und das Glück der Befriedigung? War es der Ausdruck für den Einklang der Seelen? Ihm fiel der Mythos von Plato ein, dem zufolge die Menschen ursprünglich kugelförmige Rümpfe hatten mit vier Händen und Füßen, zwei Gesichtern mit je zwei Ohren auf einem Kopf, den ein kreisrunder Hals trug. Die Gesichter blickten in entgegengesetzte Richtungen. Mit ihren acht Gliedmaßen konnten sich die Kugelmenschen schnell fortbewegen, nicht nur aufrecht, sondern auch so wie ein Turner, der ein Rad schlägt. Es gab nicht nur zwei Geschlechter, sondern drei: Manche Kugelmenschen waren rein männlich, andere rein weiblich, wiederum andere hatten eine männliche und eine weibliche Hälfte. Die Kugelmenschen verfügten über gewaltige Kraft und großen Wagemut. In ihrem Übermut wollten sie sich einen Weg zum Himmel bahnen und die Götter angreifen. Daher entschied sich Zeus, die Kugelmenschen zu schwächen, indem er jeden von ihnen in zwei Hälften zerschnitt. Diese Hälften sind die heutigen zweibeinigen Menschen. Diese jedoch leiden schwer unter der Trennung von ihren anderen Hälften. Sie umschlingen einander in der Hoffnung, zusammenwachsen und so ihre Einheit wiedergewinnen zu können. Durch die sexuelle Begegnung können sie ihr Einheitsbedürfnis vorübergehend befriedigen und so die Sehnsucht zeitweilig stillen. Sie leiden aber weiterhin unter ihrer Unvollständigkeit; jeder sucht die verlorene andere Hälfte. Die Sehnsucht nach der verlorenen Ganzheit zeigt sich in Gestalt des erotischen Begehrens, das auf Vereinigung abzielt. Die Art des Vereinigungsstrebens der Zweibeiner hängt davon ab, zu welchem der drei Geschlechter sie einst gehört hatten: zu den rein männlichen Kugelmenschen, zu den rein weiblichen oder zu denen mit einer männlichen und einer weiblichen Hälfte. Je nach dieser ursprünglichen Beschaffenheit eines Kugelmenschen suchen dessen getrennte Hälften jetzt einen Menschen des anderen oder einen Menschen des gleichen Geschlechts. Damit erklärt Platon die Unterschiede in der sexuellen Neigung. Marlowe seufzte. Er hatte seine andere Hälfte gefunden. Das war ein großes Wunder und ein ungeheures Glück.

Für die Kirche aber war die Liebe zwischen zwei Männern eine schwere Sünde. Darauf stand die Todesstrafe. Sie mussten sehr vorsichtig sein. Marlowe seufzte erneut, sein Banknachbar grinste ihn anzüglich an.

Die Stunden schlichen dahin, doch endlich kam der Abend und Marlowe ging in den besagten Gasthof und wurde dort von Tom herzlich und zärtlich willkommen geheißen. Es folgte eine wundervolle Nacht der Erfüllung und der Lust. Sie schenkten sich einander und gaben sich vollkommen hin. Müde und glücklich schliefen sie eng aneinandergeschmiegt ein.

Chiffrierscheibe von Alberti

Am nächsten Tag gab ihnen Frizer eine Lektion in Kryptologie, worin er ein Experte war. „Die erste Methode funktioniert mithilfe einer Chiffrier-Doppelscheibe. Die Klartext-Buchstaben stehen am Außenrand der Scheibe, die Chiffrier-Buchstaben am Rand der kleineren Innenscheibe. Die zweite funktioniert ähnlich mit einer Pappschablone, die man entsprechend hin- und herschiebt. Ich gebe jedoch zu bedenken, dass die Mitnahme einer Scheibe oder Schablone, selbst bei gutem Versteck viel zu gefährlich ist.

Unauffälliger ist die Verschlüsselung mittels eines Buches, beispielsweise eines medizinischen Fachbuches, das in zwei identischen Exemplaren vorliegen muss. Als Grundlage der Verschlüsselung einigt man sich auf eine bestimmte Seite. Für die Mitteilung „Ich brauche einen Kurier", sucht man für den Buchstaben „I" die entsprechende Position auf dieser Seite, also zum Beispiel Zeile 2, Buchstabe 8, abgekürzt: 2/8 und so weiter. Der Empfänger der Nachricht kann nun, da er das gleiche Exemplar des Buches hat, die Botschaft entschlüsseln.

Ich warne trotzdem davor, eine Nachricht per Briefpost nach London zu schicken. Denn auch sorgfältig versiegelte Briefe werden geöffnet, besonders wenn sie ins „feindliche" Ausland adressiert sind. Siegel können vorsichtig abgeschmolzen und so originalgetreu kopiert werden, dass selbst ein kundiges Auge keinerlei Zeichen eines Eingriffs erkennen kann. Wenn sich dann in dem Brief ein verschlüsseltes Schreiben befindet, wird es sofort konfisziert. Man kann aber einen Trick anwenden: Man schreibt belangloses Zeug über Familie, Wetter, persönliche Erlebnisse und trägt auf der Rückseite mit Geheimtinte die Zahlenfolge ein. Geheimtinte stellt man nach folgendem Verfahren her: Das Briefpapier wird 24 Stunden in Wasser mit Alaun und Ammoniak eingeweicht, dann beschrieben. Die Schrift ist unsichtbar. Der Adressat macht das Geschriebene lesbar durch die gleiche Alaun- und Ammoniaklösung. Diese Chemikalien lassen sich mitnehmen in Glasfläschchen, die als Medikamente getarnt sind, damit sie bei einer Kontrolle des Gepäcks nicht auffallen.

Trotz all dieser Vorsichtsmaßnahmen ist es am besten, einen verlässlichen Boten zu schicken, wenn man einen Bericht oder eine Nachricht an den Geheimdienst senden möchte."

Thomas Walsingham blieb nur wenige Tage. Er hatte einen Auftrag seines Onkels in Paris zu erledigen. Der Abschied fiel Marlowe sehr schwer, aber er wusste ja, dass er Tom in London oder Scadbury wiedersehen würde. Frizer blieb in Reims, um ihn zu unterstützen.

In einer Schenke lernte er einen Hauptmann mit Namen Fortescue kennen, der ihn wiederum mit einem Gilbert Gifford und einem John Savage bekannt machte. Als Gifford hörte, dass Marlowe Engländer war, begann er zu lamentieren: „Meine Familie lebte seit grauer Vorzeit in Staffordshire und diente dem Gott, der Henry dem Siebten gut genug war. Auch seinem Sohn, bis die Hure Anne Boleyn ihm mit ihren schwarzen Augen den Kopf verdrehte. Wieso sind wir auf einmal Verräter?" Gifford trank einen tiefen Zug aus seinem Becher und schaute Marlowe verbittert an.

„Doch hier in Reims können wir ganz ohne Groll beim Wein zusammensitzen. Ich studiere Theologie in Cambridge. Was mich hierher zieht, ist der Wunsch, meine Zweifel zu zerstreuen. Und sie zerstreuen sich in der Erkenntnis, dass religiöse Änderungen niemals wirklich religiös sind, sondern Staatsangelegenheiten", antwortete Marlowe.

„Allerdings", geiferte Gifford, „und wenn Philipp von Spanien sein Reich ausdehnt, könnte er wieder einen katholischen Monarchen auf den englischen Thron setzen. Vielleicht bekämen die Giffords dann ihren Stammsitz in Staffordshire zurück. Von Spaniens Gnaden."

„Lassen wir doch die Staatsaffären ruhen", rief Fortescue aus. „Wir wollen lieber trinken. Und singen." Er stimmte mit hoher einschmeichelnder Stimme ein Lied an, in das Marlowe einstimmte.

So tranken sie und sangen zusammen fröhliche Lieder und verabschiedeten sich schließlich vor der Schenke. Marlowe war nicht so betrunken, wie er die drei glauben gemacht hatte. Er schlich ihnen nach, um sie zu belauschen. Fortescue sagte zu Gifford: „Sei ein bisschen zurückhaltender in deinen Äußerungen. Vielleicht ist er ein englischer Spitzel." Gifford machte eine wegwerfende Handbewegung und sagte „Ach wenn schon!" Wenige Straßen weiter verabschiedete sich Fortescue von den beiden anderen, die darauf kurz stehen blieben. „Ballard will bald nach London, um sich mit Babington zu treffen", teilte Gifford Savage mit.

Am nächsten Tag sprach Marlowe mit Frizer darüber. Dieser erklärte: „Dachte ich's mir doch. Dieser Fortescue, der damit prahlt, er habe in den Niederlanden gegen die Spanier gekämpft, ist in Wirklichkeit Pater Ballard, ein Jesuit. Ein gefährlicher Mann."

„Und wer ist Babington?"

„Er stammt aus einer wohlhabenden katholischen Familie in Dethick, Derbyshire. Es ist allgemein bekannt, dass er ein Parteigänger der Stuart ist. Als der Earl von Shrewsbury für Marias Gefangenschaft verantwortlich war, ging Babington ihm zur Hand. Er hat vermutlich oft mit ihr gesprochen. Soll auch ihr Bote gewesen sein."

„Wenn Babington und Ballard sich treffen, liegt der Verdacht nahe, dass sich die Verschwörer in Reims mit Katholiken in England zusammentun wollen", konstatierte Marlowe.

Wenige Wochen später war Marlowe zurück in England und nahm sein Studium wieder auf, zumindest dem Schein nach. Denn seine Hauptbeschäftigung bestand darin, ein Drama über den skythischen Herrscher Tamerlan zu verfassen. Tom kam ihn besuchen und las, was er geschrieben hatte.

„Das ist aber ziemlich blutrünstig, was du da schreibst!
*Die Straßen voll von abgetrennten Gliedern*
*Und blut'gen Leibern, wo noch Leben keucht."*
„Ich zeige Tamerlans unaufhaltsamen Aufstieg zur Macht. Er hat dabei keinerlei moralische Skrupel und behandelt die Besiegten mit ausgeklügelter Grausamkeit. Er verliebt sich schließlich in die Tochter des ägyptischen Sultans. Bei seiner Vermählung mit ihr schließt er Waffenstillstand mit der ganzen Welt."

Tom umarmte und küsste ihn, er flüsterte: „Das tun wir jetzt auch."

„Ja", antwortete Marlowe mit sehnsüchtigem Seufzen. „Wir vereinigen uns und schließen dabei Frieden mit der ganzen Welt."


Eines Tages kam ein Bote, der ihn aufforderte, mit nach London zu kommen. Er solle sich dort mit Poley treffen.

Der Agent eröffnete ihm: „Mir fehlt es an Kurieren. Du musst nach Frankreich und Kontakt zu Gifford aufnehmen. Er wird in London gebraucht. Vermutlich ist er auf dem Weg nach Paris, um sich mit Thomas Morgan zu treffen, der ein enger Vertrauter der schottischen Königin ist. Gifford muss diesen Brief erhalten."

Poley überreichte Marlowe einen versiegelten Brief.

„Wieso an Gifford? Was haben wir mit dem zu schaffen?"

Poley grinste breit. „Bist wohl nicht auf dem neuesten Stand? Der arbeitet inzwischen auch für uns. Walsingham konnte ihn davon überzeugen."

„Kann man ihm denn trauen?"

„Trauen kann man in unserem Geschäft niemandem. Du solltest übrigens eine Waffe tragen. Paris ist eine Stadt voller Gefahren. Und dich erwartet übles Wetter für die Überfahrt. Mach dich gefasst auf einen stürmischen Kanal."

Es wurde in der Tat eine sehr unangenehme Überfahrt. Das Schiff schaukelte furchtbar und Marlowe klammerte sich verkrampft am Geländer fest. Über ihm flatterten die riesigen Segel lautstark im Wind, der salzige Gischt durch die Luft trieb. Das Deck war belebt von geschäftig hin und her eilenden Männern, die Kommandos brüllten oder Befehle ausführten. Marlowe sah kraftlos und bleich in die grüne See tief unter sich und wartete darauf, dass sich ihm der Magen erneut umdrehte.

Paris war eine Stadt von solcher Größe, dass London dagegen wie ein Marktflecken erschien. Sie bestand aus einem Gewirr von gewundenen Straßen, voller Gestank und Unrat. Bettler und Kuppler, Beutel- und Halsabschneider sowie Huren, die ihren Busen unbedeckt dem Wind und dem Regen darboten, säumten den Weg. Er ritt zu dem Haus, das ihm als sichere Zuflucht bezeichnet worden war. Die Tür zur Straße stand offen. Er zögerte einzutreten, doch dann tauchte ein Stallknecht auf, der das Pferd zu einem Stall führte. Der Hausherr erschien an der Haustür und musterte ihn misstrauisch, bat ihn aber schließlich mürrisch hinein. Während des Essens, an dem noch zwei schweigsame Männer in Schwarz teilnahmen, stellte er sich als Mister Beard vor, Hauptagent Walsinghams in Paris. Nachdem auch Marlowe sich vorgestellt hatte, fragte er ihn, hinter wem er her sei. Marlowe antwortete: „Hinter Mister Gifford."

„O der ist störrisch, geht seiner eigenen Wege und ist schwer ausfindig zu machen. Er wird irgendwann herkommen, um seine Londoner Post abzuholen."

„Aber der Brief ist dringend."

Beard machte eine wegwerfende Handbewegung.

„Für London ist immer alles dringend."

Am nächsten Tag sah sich Marlowe die Stadt an. Der Regen hatte nachgelassen, aber die Straßen waren aufgeweicht. Er versank an einigen Stellen bis zu den Knöcheln in Schlamm und Unrat. Die Häuser erschienen ihm baufällig, waren schief und krumm. In die engen Gassen drangen kaum Licht und Luft. In ihnen staute sich ein infernalischer Gestank. Es war ein Kunststück, sich nicht zu verirren. Ihm begegneten zwielichtige Gestalten und er war froh, einen Dolch unter dem Mantel zu wissen. Er kam zu einem großen Platz vor dem Stadthaus, wo das bunteste Treiben herrschte. Pasteten und andere Backwaren wurden angeboten, Gaukler turnten herum, Straßenmusiker spielten auf, eine Wanderbühne wurde aufgebaut.

Als er zu dem Haus des Agenten zurückkam, fand er dort Gifford vor.

„Sind Sie der Mann, der mir eine Nachricht aus London bringt?"

Marlowe nickte und holte den Brief aus einem Beutel, den er an der Brust trug.

„Wir kennen uns aus Reims, oder?", meinte Gifford, erbrach das Siegel und las. Dann seufzte er. „Ich werde zurückbeordert. Sofort, schreibt er, ohne Säumen." Und zu Marlowe gewandt: „Sie sollen mich zurückbegleiten."

Also ritten sie nach Calais und gingen am nächsten Morgen auf die Fähre. Die See war ungewöhnlich glatt, durch die Wolken drang ein wenig Sonnenlicht. Marlowe wurde aus Gifford nicht schlau und fragte ihn: „Sie arbeiten für beide Seiten? Wie kann man das?" Gifford grinste: „Mir geht England über alles, ein katholisches wär mir lieber. Aber da das nicht möglich ist, setze ich mich für ein halbwegs friedliches England unter protestantischer Herrschaft ein. Ich möchte nicht den alten Glauben von Spaniens oder Frankreichs Gnaden restauriert sehen. England soll nicht von anderen Ländern abhängig sein."

„Aber so friedlich wird das Unternehmen nicht abgehen, fürchte ich. Immerhin plant man die Tötung einer Unschuldigen."

„Ach was, unschuldig!", rief Gifford aus. „Die katholische Liga trifft Kriegsvorbereitungen, eine Invasion französischer, italienischer und spanischer Truppen. Und solange Maria Stuart lebt, bleibt sie Dreh- und Angelpunkt aller papistischen Verschwörungen und Intrigen, ganz gleich, ob sie sich selbst an ihnen beteiligt oder nicht. Elisabeths Anrecht auf den englischen Thron bleibt anfechtbar, solange mit Maria eine Urenkelin Heinrichs VII. als Thronfolgerin zur Verfügung steht. Aus katholischer Sicht war die Ehe Heinrichs

VIII. mit Anne Boleyn nicht gültig und somit wäre Elisabeth unehelich gezeugt. Fest steht, und davon konnte mich Walsingham überzeugen, als Gegenstand der Politik bleibt die Schottenkönigin auch eingemauert eine Gefahr."

Der Staatssekretär war zufrieden, dass Marlowe den Auftrag so prompt erledigt hatte. Er schickte ihn nach Cambridge zurück, damit er sein Studium abschließen und sein Master-Examen machen konnte. Walsinghams Pläne wurden nun ohne Marlowes Zutun weiter vorangetrieben.

Elisabeth I. mit Sir William Cecil (links) und Sir Francis Walsingham

**Die Verschwörung**

Sir Francis verfolgte nur ein Ziel: Die Bedrohung von Königin Elisabeth ein für alle Mal zu beseitigen. Dazu gab es nur einen Weg: Maria Stuart musste vernichtet werden. Denn wenn es sie nicht mehr gab, würde niemand mehr die Rechtmäßigkeit Elisabeths in Frage stellen und keiner mehr wagen, eine Invasion Englands vorzubereiten. Um sein Ziel zu erreichen, war ihm jedes Mittel recht. Der Schottenkönigin musste zweifelsfrei nachgewiesen werden, dass sie mit Verschwörern gemeinsame Sache machte. Dann würde Elisabeth ihre Skrupel überwinden und sie als Hochverräterin hinrichten lassen.

In dieser Angelegenheit war ihm Phelippes eine große Hilfe. Er vermochte es, im Handumdrehen die Illusion einer Konspiration zu erzeugen. Er benutzte Fälschungen und andere kriminelle Methoden, um Babington in die Falle zu locken.

Auch Gilbert Gifford war für Walsingham ein Glücksfang. Er genoss das Vertrauen von Thomas Morgan, dem Agenten Maria Stuarts, und war versehen mit Empfehlungsschreiben, die ihm auch das Vertrauen der Stuart verschaffen würden. Doch die wurde auf Walsinghams eignes Betreiben hin inzwischen so stark bewacht, dass es schwierig wurde, ihr Nachrichten zukommen zu lassen. Ihre Korrespondenz wurde in einem Maße verhindert, dass sie keine Verbindung zur Außenwelt mehr hatte und ein politisches Agieren völlig unmöglich war. Nun wollte Walsingham ihr nach monatelanger Postsperre eine Möglichkeit eröffnen, ihre Briefe mit Hilfe Giffords an ihren Aufpassern vorbeizuschmuggeln. Dadurch könnte er Maria dazu bringen, ihre geheimsten Gedanken zu offenbaren. Als Vehikel für Marias Geheimpost wurden Bierfässer erkoren, die ein Brauer aus dem Nachbarort allwöchentlich nach Chartley-House lieferte, wo Maria inzwischen festgesetzt war. Im Spundloch der Fässer sollten in Röhrchen versteckte Briefe hinein- und hinausgelangen.

Gifford vertraute dem französischen Gesandten an, dass es eine Möglichkeit gebe, Maria Stuart unbemerkt Nachrichten zukommen zu lassen. Wenige Tage später machte er sich mit der ersten Sendung auf den Weg. Sie enthielt nichts anderes als zwei ihn selbst betreffende Empfehlungsschreiben, in denen Morgan und Chateauneuf für die absolute Zuverlässigkeit des Überbringers Gifford bürgten. Für Maria war es unmöglich, den Betrug zu durchschauen. Die lange Isolation und die bedrückenden Umstände ihrer Internierung hatten sie ohnehin zermürbt.

Ehe Babington im Juli 1586 aus der Hand eines Botenjungen den Brief der gefangenen Königin empfing, waren schon ein gutes Dutzend geheimer Sendungen ihren Weg durch die Fässer geschleust worden, von Walsinghams Schreiber Phelippes ohne große Mühe dechiffriert und von seinem Auftraggeber gelesen. Um sicherzugehen, dass der Brauer ihn nicht betrog, ließ der Staatssekretär jede Sendung zweimal auf ihre Vollständigkeit überprüfen. Schon bald fiel ihm auf diese Weise ein Schreiben Marias in die Hände, in dem sie die Invasionspläne der katholischen Liga, von denen man ihr aus Paris berichtet hatte, unmissverständlich guthieß und sich damit des Hochverrats schuldig machte. Aber Walsingham genügte das nicht. Er sah voraus, dass die vorsichtige Elisabeth ihrer Rivalin niemals nur aufgrund solcher Äußerungen den Prozess machen würde, und wartete also ab. Wenige Zeit später sollte ihm Babington unfreiwillig weitere Beweise liefern. Morgan machte die schottische Königin auf den jungen Mann aufmerksam und empfahl ihr, Babington ein Zeichen ihrer Gunst zukommen zu lassen. So schrieb sie an ihn, ermutigte ihn und dankte ihm für seine Bereitschaft, ihr zu dienen. Sie bat ihn, ein Bündel an sie adressierter Briefe, die der französische Gesandte verwahrte, an sie weiterzuleiten. Babington fühlte sich hoch geehrt, tat wie ihm geheißen und fügte der Sendung außerdem noch einen eigenen Brief bei, in dem er der Stuart den Plan der Verschwörung in allen Einzelheiten darlegte und ihre Zustimmung erbat.

Pater Ballard gehörte zu den Verbündeten Babingtons und war im Auftrag Morgans unterwegs, um unter den Katholiken in England eine Streitmacht anzuwerben. Dazu hielt er sich schon seit einiger Zeit in den nördlichen Grafschaften auf, um die beim alten Bekenntnis gebliebenen Familien für seine Sache zu mobilisieren. Morgans Vorstellung war, Elisabeth von zwei Seiten in die Zange zu nehmen. Er wollte den katholischen Adel in einen heiligen Krieg treiben, an dem sich auch Frankreich und Spanien beteiligen würden.

Am 17. Juli 1586 nahm der von Curll, Marias schottischem Sekretär, verschlüsselte Brief seinen Weg durch das Bierfass in die Hände ihrer Bewacher. Er enthielt die Antwort, dass Maria den Plan der Verschwörer in allen wesentlichen Punkten guthieß. Nur die Ermordung Elisabeths erwähnte sie nicht ausdrücklich.

Als Walsingham die von Phelippes entschlüsselten Zeilen las, sprang er vom Stuhl und es hatte fast den Anschein, als wolle er seinen Schreiber umarmen. Was er dann aber doch unterließ. Er atmete tief durch und frohlockte innerlich.

Babington saß im White-Hall-Inn, als ihn der Brief Marias erreichte. Es blieb ihm jedoch keine Zeit, sich über die Gunst seiner Königin zu freuen. John Savage betrat den Raum und berichtete ihm, dass ein gewisser Mawde, der Ballard auf seiner Mission in Lancashire begleitet hatte, ein Spitzel war. Niemand hatte Gifford im Verdacht, der sich um den 20. Juli nach Frankreich absetzte und damit beiden

Seiten ein Schnippchen schlug. Ihm waren wohl Bedenken gekommen, ob der Staatssekretär ihn bei der großen Abrechnung am Ende wirklich zu den Guten zählen würde, obgleich er ihm unschätzbare Dienste erwiesen hatte.

An die Stelle von Gifford trat nun Poley, der häufig an den Beratungen der Verschwörer teilnahm. Daran konnte man erkennen, dass ihnen die Kontrolle über die Situation entglitt, da sie selber nicht mehr überblickten, wer in den Plan eingeweiht war und wer nicht.

Am 25. Juli ritt Poley zum Palast von Richmond, wohin der königliche Hof verlegt worden war. Er meldete dem Staatssekretär, dass ein Anschlag auf das Leben der Königin geplant sei. Doch Walsingham wollte noch die Antwort Babingtons abwarten, die ihm die Namen von sechs Verschwörern einbringen würde. Auch wollte er der Königin die Gefahr, der sie dank der Wachsamkeit ihres Dieners Walsingham gerade noch entronnen war, in möglichst grellem Licht erscheinen lassen. Schon jetzt ließ er seine Neuigkeiten in wohldosierten Hiobsbotschaften auf die Königin niedergehen. Und Elisabeth reagierte höchst beunruhigt. Walsinghams Meldungen bestätigten ihre schlimmsten Alpträume: der Feind im Innern im Bund mit den mächtigsten Gegnern auf dem Kontinent und in der Mitte des teuflischen Komplotts die Erzrivalin Maria Stuart.

Die Antwort Babingtons, die die Namen der sechs Mitverschwörer verraten sollte, ließ auf sich warten. Deshalb beschloss Sir Francis Walsingham am 2. August, die Festnahme des Hochverräters und seiner Komplizen nicht länger hinauszuschieben. Doch Babington war unauffindbar. Alle bekannten Aufenthaltsorte der Verschwörer wurden abgesucht, ohne Erfolg. Walsingham verfluchte sich selbst, dass er nicht früher zugegriffen hatte. Wenig später wurde Ballard festgenommen, Babington konnte fliehen, versteckte sich mit einigen seiner Gefährten bei einer katholischen Familie im Norden. Doch bereits am 30. August wurden sie ergriffen. Tilney, Savage und Tychborne waren zuvor schon verhaftet worden.

Der Oberrichter verhörte die Verschwörer drei Tage lang. Sie gestanden die Tat vollumfänglich; bis auf Ballard wurde keiner gefoltert. Sie schoben sich gegenseitig die Schuld zu. Am 16. September wurde der Prozess eröffnet. Die Richter befanden alle des Hochverrates schuldig. Babington, Ballard, Savage und vier weitere Verschwörer wurden am 20. September 1586 hingerichtet. Babington, Ballard und Savage wurden gehängt und gevierteilt. Bei dieser Hinrichtungsart wurde der Verurteilte auf einem Holzrost zum Richtplatz gezerrt, am Hals aufgehängt und, kurz bevor er starb, heruntergenommen. Dann wurden ihm die Gedärme aus dem Leib herausgezogen und die Genitalien abgeschnitten. Zuletzt wurde ihm das Herz herausgerissen. Dann wurde er geköpft und der Körper in vier Teile zerhackt. Als Abschreckung wurden ihre Köpfe auf Lanzenspitzen über der London Bridge zur Schau gestellt.

Dabei waren doch alle nur Figuren in Walsinghams großem Plan gewesen, denn er hatte mindestens ebenso eifrig für das Zustandekommen des Komplotts gesorgt wie für dessen Entdeckung. Aber nun war er am Ziel: Maria Stuart wurde zum Tod durch das Beil verurteilt. Elisabeth zögerte, das Urteil vollstrecken zu lassen, doch ihre Berater drängten sie dazu. Maria Stuart sollte am 8.

Februar 1587 geköpft werden. Staatssekretär Lord Burghley entwarf Skizzen für ein Bühnenbild und die Sitzordnung bei Maria Stuarts Hinrichtung. Die große Halle in Schloss Fotheringhay wurde zur Plattform ihres letzten Auftritts. In der Mitte des Saales war ein Podest errichtet und mit schwarzer Leinwand überdeckt worden. Rechts und links des Hinrichtungsblocks standen die Sessel für die Grafen Shrewsbury und Kent, an der Wand postierten sich in schwarzen Samt gekleidet und mit schwarzen Masken vor dem Gesicht der Henker und sein Gehilfe. Im hinteren Teil des Saales drängten sich die Zuschauer, etwa zweihundert Edelleute. Maria spielte die Rolle der katholischen Märtyrerin und erklärte ihren Richtern: „Das Theater der Welt ist größer als das englische Reich". Sie erschien kostümiert in zwei Kleiderschichten in symbolischen Farben, rückte sich den Henkersblock zurecht, sprach Christi letzte Worte am Kreuz auf Lateinisch und war bedacht auf die Wirkung ihrer Selbstinszenierung. Elisabeth fiel die undankbare Rolle der bösen Regentin zu, die zum ersten Mal in der Geschichte eine gesalbte Königin hinrichten ließ. Nur der Henker hatte seinen Part nicht gut eingeübt, denn er musste dreimal mit dem Beil zuschlagen, bis sich das Haupt Marias vom Rumpf trennte.

Während dieser welthistorischen Ereignisse büffelte Marlowe in Cambridge für sein Magister-Examen, zu dem die Universitätsleitung ihn zuerst nicht zulassen wollte, da er zu oft abwesend gewesen sei. Doch ein Schreiben allerhöchster Persönlichkeiten bescheinigte ihr, dass Marlowe zum Wohl des Landes unterwegs gewesen sei und ihm deshalb der Magister-Titel nicht verwehrt werden dürfe.

Nur bruchstückhaft erfuhr Marlowe von den Festnahmen der Verschwörer und den Gerichtsurteilen. Er wollte nichts davon wissen.

Viele Lehrer und Studenten ritten nach London, um die Hinrichtungen mit anzusehen, aber Marlowe dachte nicht daran, sich dieses widerwärtige Schauspiel anzuschauen. Sein Reich war das Theater, wo aus den unter den Gewändern versteckten Blasen nur Schweineblut strömte, wo die Schwerter aus Holzlatten und die Äxte aus Pappmaschee waren. Eine reine Vorspiegelung und weniger gefährlich.

Kurz vor seinem Examen, stürmte Tom in sein Zimmer und zog ihn in eine innige Umarmung. Marlowes Zimmergenosse war ausgegangen.

„Ich wäre eher gekommen, aber ich hatte zu tun. Mein Onkel hatte die eine oder andere Verwendung für mich."

„Ich denke, es gibt nichts mehr zu tun, nachdem alle Verräter hingerichtet sind und eine Königin umgebracht wurde."

„Was glaubst du, wie man in Frankreich und Spanien tobt wegen der Hinrichtung Marias! Die Spanier wetzen ihre Messer und kalfatern ihre Kriegsschiffe. Es gibt nach wie vor viel zu tun. Du musst mit mir nach London kommen."

„Ich muss?"

„Du bist doch immer noch beim Dienst, oder nicht?"

„Ist das der Grund deines Besuches?"

„Nein", sagte Tom und schaute den Freund lächelnd an.

„Dann sag deinem blutrünstigen Onkel, dass ich nicht kommen werde. Er hat selbst gesagt, ich solle zuerst mein Studium beenden."

„Ich glaube nicht, dass es ratsam ist, sich ihm zu widersetzen."

„Genau das tue ich aber! Bei erneutem Blutvergießen mach ich nicht mit. Schlimm genug, dass ich bei dem bisherigen mitgewirkt habe."

„Diesmal geht es um eine Invasion. Wir müssen herausfinden, ob die Spanier tatsächlich ihre Armada schicken."

Marlowe war nicht zu bewegen. Thomas Walsingham musste unverrichteter Dinge abziehen und seinem Onkel mit diplomatischem Geschick die Absage überbringen. Er nahm es widerwillig hin, als sein Neffe ihm darlegte, dass Marlowe mitten im Examen sei. Auch die nächsten Jahre blieb er von Aufträgen verschont.

Titelblatt von Dr. Faustus

**Der Dichter**

Marlowe verkündete in einer Versammlung von Schauspielern und Kollegen:

„Ich habe ein Buch über das Leben des deutschen Schwarzkünstlers Johann Faust gelesen. Es war nicht übersetzt, aber der Wizard-Earl hat es mir aus dem Stegreif wiedergegeben. Das lass ich jetzt auf die Bühne los. Faust beschwört den Teufel herauf und schließt einen Pakt mit ihm: Für ein paar Jahre Lebensgenuss und tiefere Erkenntnis vermacht er ihm seine Seele."

„Gib acht, was du schreibst, Kit!", sagte Ned Alleyn, der schon einige Szenen gelesen hatte. „Es ist ein schönes Stück, aber das Thema ist gefährlich."

„Gefährlicher als der Tamerlan? Das glaube ich nicht."

„Du bringst einen Mann auf die Bühne, der den Teufel beschwört und seine Seele verkauft. Es ist eine gute Rolle, versteh mich nicht falsch. Aber du verurteilst es nicht."

Marlowe zog ein Blatt aus seiner Tasche und sagte: „Hier habe ich einen Monolog, in dem Faust Gott anruft und der nur so trieft vor Reue. Das Stück wird als grimmige Warnung an alle verstanden werden, die ihre Nase in verbotene Dinge stecken."

„Es gibt Leute, die das von dir behaupten. Bradley zum Beispiel hat dich als Atheist bezeichnet."

„Dieser Raufbold", rief Marlowe mit einer wegwerfenden Handbewegung.

Kyd meinte: „Greene behauptet das auch. Er nennt den Tamerlan einen Atheisten."

„Den Tamerlan, nicht mich! Außerdem hat das Stück der argwöhnischen Musterung durch die Obrigkeit standgehalten. Man sollte nicht die Meinung der Figuren mit der Meinung des Schreibers gleichsetzen. Das Theater wäre sterbenslangweilig, wenn wir nur moralisch einwandfreie Personen darstellen würden", ereiferte sich Marlowe.

„Nun lies uns schon den Monolog vor, von dem du gesprochen hast", drängte Ned.

Marlowe faltete das Blatt auseinander und las:

*O Faustus,*
*jetzt hast du nur ein Stündlein noch zu leben,*
*Und dann bist du verdammt in Ewigkeit.*
*Steht still, ihr nimmermüden Himmelssphären,*
*Und hemmt den Lauf der Zeit, eh zwölf sie schlägt!*
*Natur, schlag wieder auf dein schönes Aug´ und gib*
*Uns ew'gen Tag! O lass zum Jahr die Stunde werden,*
*Zum Mond, zur Woche, nur zu einem Tag.*
*Dass Faust bereu und seine Seele rette!*
*Fort gehn die Stern´, es rinnt die Zeit, der Pendel schwingt,*
*Der Teufel naht, die Hölle tut sich auf.*
*O auf zum Himmel, Faust! - Wer reißt mich nieder?*
*Sieh, dort strömet Christi Blut im Abendlicht.*
*Ein Tropfen kann mich retten - o mein Gott!*

Wenige Wochen später stand Ned Alleyn als Faust auf der Bühne und beschwor Mephostophilis im dämmrigen Hain. Da die Beschwörungsformeln auf Latein waren, machten sie bei dem gemeinen Volk gehörigen Eindruck. In der unteren Galerie schrie eine Frau laut auf und fiel in Ohnmacht, als einer der Schauspieler als Teufel erschien. In der Folgezeit wurden überall Teufel gesichtet, auch außerhalb des Theaters und außerhalb der Stadt. Und Marlowe galt als einer, der mit seinem Latein den Teufel beschwören konnte und mit Griechisch die schöne Helena von den Toten zurückzurufen vermochte. Es blieb auch nicht unbemerkt, dass er weiterhin häufig zum Durham-Haus ging, wo man aus dem Turmzimmer schwarze Dünste aufsteigen sah. Doch dort sprach und diskutierte man unter der Schirmherrschaft von Sir Walter Raleigh wie zuvor darüber, welche unsterblichen Wahrheiten ein neues Zeitalter begeistern könnten, das die Ketten des Aberglaubens abgelegt hatte.

Kaum hatten sich die Turbulenzen um den Faust gelegt, stellte sich Marlowe der nächsten Gefahr. Er wollte noch lebende Personen auf die Bühne zu bringen, Zeitgenossen sozusagen. Er schrieb ein Drama über den Herzog von Guise und das Gemetzel an den Hugenotten in Paris. Ein Stück, das jeder Diskretion entbehrte. Der Herzog von Guise war einer der Hauptverantwortlichen für das Blutbad an den Hugenotten im Jahr 1572 gewesen und kämpfte jahrelang gegen sie in der „Heiligen Allianz". Als 1584 der letzte Bruder von König Heinrich III. starb, rückte der Hugenotte Heinrich von Navarra an die erste Stelle der Thronfolge. Der Herzog von Guise machte zweifelhafte eigene Ansprüche geltend. Der König bestimmte daraufhin Karl von Bourbon als Thronerben. Guise eroberte die

Städte Toul und Verdun und zog unter der Zustimmung der Bevölkerung in Paris ein. Der König floh aus der Stadt. Doch er gewann schnell Verbündete und kehrte nach einem halben Jahr zurück. Er ließ den Herzog vor seinen Augen von der Leibwache ermorden.

Marlowe schrieb eine Szene, in der der König dem Toten wieder und wieder gegen den Kopf tritt und dann über die Blutflecken an seinen Schuhen schimpft. Allen war klar: Sollte dieses Stück aufgeführt werden, würde der französische Gesandte Zeter und Mordio schreien und bei der Königin Klage führen.

Marlowe fuhr hin und wieder mit einem Boot nach Deptford, um dort herumzulaufen und etwas zu trinken, in Gedanken nicht nur in sein Stück über das Pariser Massaker vertieft, sondern auch in Gedichte und weitere Stoffe für das Theater. Er hatte die Macht des Eroberers gezeigt, die Macht des Wissensdrangs, nun fehlte noch ein Drama über die Macht des Geldes. Er lauschte dem wohltuenden Lärm der Uferschenken, wo die Zimmerleute, Kalfaterer und Segelmacher tüchtig am Zechen waren, denn hier befanden sich die Werften der Marine, wo die Schiffe der Kaufleute und die Kriegsschiffe gebaut wurden. Der Palast von Greenwich war nur eine Meile entfernt. Und so verirrten sich auch Leute aus dem königlichen Gefolge hierher.

Gelegentlich kam er mit jemandem ins Gespräch, aber meistens saß er für sich allein, dachte nach und schrieb ein paar Zeilen.

Eines Tages drückte Kyd ihm ein Heftchen mit dem Titel »Der Jude« in die Hand.

„Du willst doch ein Stück über die Macht des Geldes schreiben. Vielleicht ist das was für dich."

Marlowe drehte das schmale Büchlein in der Hand und fragte: „Von wem?"

„Keine Ahnung."

Mithilfe von Kyd und diesem von einem anonymen Autor verfassten Stück entwickelte Marlowe in den folgenden Wochen die Handlung eines Juden in Malta, der einen Racheakt nach dem anderen verübte, nachdem ihm sein Hab und Gut genommen worden war.

Die Türken schicken ihre Flotte nach Malta, um den ausstehenden Tribut einzutreiben. Der Gouverneur der Insel fordert das Geld von den reichen Juden Maltas. Einer von ihnen, Barabas, widersetzt sich dem Befehl, woraufhin sein Vermögen eingezogen und in seinem Haus ein Kloster eingerichtet wird. Von nun an ist es sein Bestreben, sich fürchterlich zu rächen. Während eines Banketts lässt er ein Großteil seiner Gäste niedermetzeln. Ein Diener verrät ihn, und er wird ins Gefängnis geworfen. Die Wärter halten den mit einem Schlafmittel betäubten Juden für tot und werfen ihn über die Stadtmauer. Als Barabas erwacht, eilt er ins Lager der Türken und führt sie in die Stadt, die sie bisher vergeblich zu erobern suchten. Zum Dank ernennen sie ihn zum neuen Gouverneur. Nun ist es ihm möglich, auch an ihnen, die er für sein Unglück verantwortlich macht, Rache zu nehmen. Er lockt die türkischen Hauptleute in sein Haus, um sie zu töten. Da sie aber von seinem Plan erfahren haben, kommen sie ihm zuvor und lassen ihn selbst in das Verlies hinabstürzen, das ihnen zugedacht war.

## Schottland

Den nächsten Auftrag erhielt Marlowe nicht von Walsingham, sondern von Poley, der ihm erklärte:

„Dieser Brief muss an Fowler in Edinburgh überbracht werden. Darin wird der papistische Adel zu einer Versammlung in Berwick aufgerufen. Der Brief ist von jemand unterschrieben, den sie kennen", erklärte er

„Natürlich eine Fälschung", bemerkte Marlowe sarkastisch.

„In Berwick betreten sie englischen Boden. Wenn sich die katholischen Earls also verlocken lassen zu kommen, werden sie festgenommen. Es folgt eine Gerichtsverhandlung, dann die Hinrichtung", fuhr Poley ungerührt fort.

„Jedes Mittel ist recht, um zu einem guten Ziel zu gelangen." Marlowe betonte übertrieben das Wort „guten" und ergänzte: „Das ist Machiavelli folgerichtig angewandt. Und was geschieht, wenn die Schotten dann wutschnaubend über die Grenze kommen?"

Poley blickte Marlowe mit schiefem Grinsen an und antwortete: „Machiavelli sagt auch, dass man nie die blutigeren Folgen des eigenen Tuns bedenken sollte, denn diese zermürben den

Mannesmut. Also sei nicht so verdrießlich. Du reist morgen mit dem Schiff von Deptford. Hier hast du das nötige Geld."

Widerwillig nahm Marlowe Geld und Brief und segelte am nächsten Tag die Ostküste hinauf. Er arbeitete währenddessen an seinem Gedicht Hero und Leander. Er träumte sich hinweg in freundlichere Gewässer.

*Indes Apollos gold´ne Harf´ begann*
*Wohllaut zu tönen übern Ozean,*
*Und Hesperus, kaum dass er es hört, erwacht,*
*Lenkt seinen Wagen taghell in die Nacht.*
*Des Lichts Ankündiger, voraus er eilt*
*Und seine Strahlen in das Dunkel keilt,*
*Bis Nacht, die hässliche, vor Scham erblasst*
*Zur Hölle fährt mit ihrer finstern Last.*


Das Schiff schlingerte, allein und zusammengekauert saß Marlowe auf der Windschattenseite und hatte viel Mühe mit dem flatternden Papier und dem Eintauchen der Feder ins Tintenfass.

Leander achtet sein Leben für nichts, wenn er es nicht jede Nacht einsetzt. Er schwimmt über die Meerenge zu Heros Turm, von ihrem Licht geleitet. Doch eines Tages bläst der Sturm die Lampe aus, als Leander schon weit hinaus-geschwommen ist. Er schwimmt weiter in der Finsternis, der Schub der Wellen bestimmt die Richtung. Und hinter jeder Woge hofft er, das Licht auftauchen zu sehen. Der Sturm nimmt zu und Leander ertrinkt.

Einmal kam Marlowe der verrückte Gedanke, den versiegelten, gefälschten Brief in die salzigen Fluten zu werfen, in Scarborough von Bord zu gehen und sich in York zu verstecken. Aber natürlich verwarf er die Idee gleich wieder. Er wünschte sich, als ihm im schweren Stampfen des Schiffs vor der schottischen Küste die Seekrankheit einholte, dass er in jenem verblichenen Griechentraum leben könnte, den er in Reimversen nacherzählte. Das Leben dort ist von einer großen Einfachheit und Klarheit, ohne Ablenkung. Leander sitzt im Olivenhain, den Blick auf die andere Küste gerichtet, wo Hero wartet.

Das Schiff ging vor Anker und ein kurzer Ritt auf einem gemieteten Pferd brachte Marlowe nach Edinburgh. Es roch nach Torffeuern und der Wind wehte scharf. Er nahm Quartier in einem Gasthof in der Spittle Street und suchte dann Fowler auf, der am Grassmarket wohnte. Dieser begrüßte den Londoner Besucher mit spöttischer Ehrerbietigkeit, ließ ihn Platz nehmen und stellte ihm einen Krug schottisches Ale hin.

Am nächsten Tag gingen sie zusammen zum Haus des Earls von Huntly. Ein Diener empfing sie in der Vorhalle und Fowler sagte: „Wir möchten seiner Lordschaft einen Brief überbringen."

Der Diener führte sie in den Salon und meldete Huntly den Besuch. Wenig später erschien der Earl, und Marlowe übergab ihm den Brief. Mit breiten, schwerfälligen Händen riss der Earl den äußeren Umschlag auf und konstatierte: „Aha, von Poley." Er sprach den Namen aus, als sei damit eine besondere Beglaubigung verbunden. Er ging zum Fenster, um das Schreiben zu lesen. Dann trat er wieder zu den Besuchern und bat sie, einen Augenblick zu warten. Er zog sich in sein Arbeitszimmer zurück und kam mit einem dreifach versiegelten Brief zurück, den er Marlowe übergab. Dabei musterte er ihn mit traurigen grauen Augen unter struppigen Brauen.

Damit war Marlowes Mission erledigt. Er wünschte sich, einfach alles abschütteln und vergessen zu können. Doch war das nicht möglich. Er ging mit Fowler in eine Schenke, um den üblen Geschmack aus seinem Mund zu spülen.

„Der Auftrag scheint dir nicht besonders zu schmecken", bemerkte Fowler hellsichtig. Marlowe zuckte die Achseln. „Spielt das eine Rolle?"

„Du musst dir klarmachen, welche Gefahr von Schottland für England ausgeht. Dann kannst du vielleicht besser verstehen, warum dieser Hinterhalt notwendig ist. Hier sitzen nämlich sowohl Kalvinisten als auch Katholiken, ein Knäuel von Feinden. Und König James ist mit von der Partie."

„Ich denke, er hat mit England ein Bündnis geschlossen und sich gegen die Katholiken erklärt."

„Weil ihm nichts anderes übrig blieb. Aber du darfst nicht vergessen, dass die Engländer seine Mutter ermordet haben."

„Du sagst so offen, dass es Mord war? Ich dachte, es gab eine Verschwörung, ein Gerichtsurteil und eine Hinrichtung."

„Natürlich war es Mord, aber welche andere Möglichkeit gab es denn?"

Marlowe schwieg und Fowler fuhr fort: „König James paktiert in Wirklichkeit mit den Spaniern. Parma soll Truppen von den Niederlanden herüberschicken, die mit einem Heer der schottischen Katholiken vereinigt von Norden in England einmarschieren würden."

„Diese ewigen Befürchtungen. Hört das nie auf? Es hieß doch immer, sobald Maria Stuart aus dem Weg geräumt wäre, wäre die Gefahr vorbei."

„So einfach ist es leider nicht. Elisabeth wird älter. Sie hat bislang keinen Thronfolger benannt. Was ist, wenn James auf den Thron kommt und dort weitermacht, wo die blutige Maria aufgehört hat? Er verhält sich taktisch klug und hofft auf billige Weise zum Ziel zukommen. Man muss einen englischen Anwärter für den englischen Thron suchen. James ist ein Säufer, ein Sodomit und ein Feigling. Da nutzt es auch nichts, dass er beabsichtigt die dänische Prinzessin Anne zu heiraten."

Um den Kopf wieder ein wenig frei zu bekommen, entschloss sich Marlowe am nächsten Morgen zu einem Ausritt in die Umgebung. Er war neugierig auf die schottische Landschaft. Er setzte in Queensferry über auf die andere Seite des Meeresarmes und ritt in Richtung Perth. Nach einigen Stunden kam er an einen See; von einem Schafhirten, dessen Sprache er kaum verstand, erfuhr er, dass der See Loch Leven hieß. Er trabte weiter am rechten Ufer entlang und schaute über das Wasser. Er gewahrte im Dunst verschwommen eine kleine Insel, auf der ein Castle stand. Gegen Abend zog dichter Nebel auf, waberte über dem See, verfing sich in den Büschen und legte sich wie ein feuchtes Tuch auf das Gras. Marlowe dachte erneut darüber nach, auf welch eine furchtbare Mission er sich eingelassen hatte und in ihm formten sich Verse: „Fair is foul and foul is fair. Hover through the fog and filthy air." Mit Müh und Not fand er nach einigem Umherirren ein kleines Dorf, wo er in einer Scheune übernachtete.

## Sein und Schein

Zurück in London wurde ihm die Ehre zuteil, dass sein *Doktor Faustus* bei Hofe aufgeführt wurde. Das hatte insofern große Bedeutung, als Schauspieler eigentlich zum herumstreunenden Gesindel gezählt wurden und Theaterleute nicht sehr angesehen waren. Das Theater befriedigte den Geschmack der breiten Masse und diente der Unterhaltung und der Flucht aus dem bedrückenden Alltag. Es wurde vom protestantisch-puritanischen Bürgertum, das den Londoner Magistrat stellte, hartnäckig verfolgt. Es galt als Stätte des gottlosen Müßiggangs, als Brutstätte der Unzucht und als Herd von aufrührerischen Gedanken. Man sah darin eine sittliche und soziale Gefahr - und natürlich eine religiöse. Denn die Leute gingen lieber ins Theater als in die puritanischen Gottesdienste, in denen sie die weißgetünchten Wände anstarren mussten. Je mehr man die Kirche ihrer sakralen Aura, ihrer Kerzen und Heiligenbilder beraubte, desto mehr suchte die Gesellschaft andere Rituale und Spektakel. Die gesamte Stadt wurde in ein großes Theater verwandelt, in dem alle ihre Rollen spielten. Viele entwickelten die Ansicht, dass das ganze Leben ein Spiel sei. Die Theater wurden

Konkurrenten der Kanzel. Folgerichtig wurde von der Kanzel gewettert:

„Wenn du heucheln lernen willst, wenn du betrügen lernen willst, wenn du lernen willst, wie man den Scheinheiligen spielt, wie man hintergeht, lügt, fälscht und täuscht, wie man witzelt, Fratzen schneidet und Zoten reißt, wenn du lernen willst, wie man Zuhälter wird und Frauen schändet, wenn du lernen willst, wie man mordet, raubt und stiehlt, wenn du lernen willst, gegen Fürsten zu rebellieren und wie man Gott und seine Gebote missachtet, brauchst du in keine andere Schule zu gehen, denn alle diese schönen Beispiele kannst du in Schauspielen vor deinen Augen ausgemalt sehen."

Vor dem Gesetz wurden Schauspieler mit Vagabunden gleichgesetzt und als solche konnten sie ausgepeitscht, gebrandmarkt oder ins Gefängnis geworfen werden. Deshalb scharten sich die Theaterleute notgedrungen um einen kleinen Kreis wohlhabender Gönner und suchten für ihre Aufführungen feste Spielstätten. Nur die Schirmherrschaft eines hohen Adligen konnte sie vor der Verfolgung durch die städtischen Behörden bewahren.

Marlowe gehörte zu den Lord Strange's Men. Ferdinando Stanley, der spätere Earl von Derby, galt als einer der reichsten und einflussreichsten englischen Adligen. Er verfügte über eine eigene Hofhaltung, ein eigenes Gefolge und seine eigenen Schauspieler. Er liebte das Theater über alles und verkehrte mit den Gelehrten der „School of Nigth" im Durham House. Er stand auch in dem Ruf, heimlich dem katholischen Glauben anzuhängen.

Das Publikum, das in die Theater strömte, entstammte vor allem dem Adel und der Unterschicht, am wenigsten vertreten waren die Bürgerlichen. Die Leute der Unterschicht konnten weder lesen und schreiben, so liebten sie das gesprochene Wort auf der Bühne als eine wichtige Informationsquelle. Das Theater war bezahlbar und bot spannende Unterhaltung. Die einfachen Leute gingen also in die Vorstellungen und brachten das Geld. Und die Königin blockierte durch ihr Wohlwollen den protestantischen Eifer und rettete das Theater vor den Puritanern.

Das alltägliche Leben in London war eine Bühne der Eitelkeiten, Maskenspiele und Huldigungszeremonien, ein Laufsteg der Kleidermoden, ein Paradeplatz der Selbstdarstellung. Für die bombastischen Prunkumzüge der Königin wurden Skizzen angefertigt, um die theatralische Wirkung zu überprüfen. Die theatralisierte Alltagswelt schärfte das Bewusstsein für den Unterschied von äußerem Schein und wahrhaftem Sein, für das verwirrende Ineinandergreifen von Illusion und Wirklichkeit. In der höfischen Salonkultur wurde die Selbstinszenierung zum Kult. Dabei ging es nicht darum, sich so darzustellen, wie man tatsächlich war, sondern man stilisierte sich gezielt so, wie man gesehen werden wollte. Die eigene Pose war sorgfältig geplanter Selbstentwurf zum einzigen Zweck, auf den Betrachter eine bewusst gewählte, fast schon manipulative Wirkung auszuüben. Dabei gestaltete man sein Gehabe so, dass es wirkte, als sei es natürlich. Die höchste Vollendung des höfischen Ideals bestand demnach darin, sein äußeres Verhalten mit Leichtigkeit so zu inszenieren, als sei es ungekünstelt. Da jeder sich verstellte und jeder wusste, dass der andere sich verstellt, musste man sein eigenes Selbst noch besser verstellen, um dem anderen auf die Schliche zu kommen. Sich verstellen und den anderen beim Verstellen zu beobachten, bis man ihn in einem unbedachten Moment erwischte, das schien die Maxime der Hof-Welt zu sein. Wenn aber alle Masken vor sich hertragen, was ist das Selbst hinter der Maske?

Marlowe durchschaute diese Mechanismen und er kannte die Notwendigkeit der Verstellung, obwohl er manchmal unvorsichtig gewesen war, indem er aus seiner Meinung zu Glaubensdingen keinen Hehl gemacht hatte. Wie sollte man sonst seinem eigenen Selbst treu bleiben?

Die Aussicht, dass *Doktor Faustus* am Hof in Szene gesetzt werden sollte, erfüllte Marlowe mit freudiger Erregung. Er würde zum ersten Mal am englischen Hof sein und vielleicht der Königin vorgestellt werden. Marlowe ließ sich zusammen mit Watson und Kyd mit einer Barke zum Whitehall-Palast rudern. Sie stiegen an der Privy-Bridge aus, die eine Art Landungssteg, ein auf Pfählen stehender überdachter Fußweg war. Sie wurden einen Verbindungsweg entlang und dann quer über einen weitläufigen gepflasterten Hof geführt, der an allen vier Seiten von Gebäudereihen aus roten Ziegeln mit Balustraden an den Dächern gesäumt wurde. An jedem Eingang und im Schatten der Kreuzgänge standen bewaffnete Männer, die in Wappenröcke gekleidet waren. Aus der offenen Tür der großen Halle wehten Stimmengewirr und Musik herüber, und der Wohlgeruch brennenden süßlichen Duftöls stieg ihnen in die Nase.

Der obere Teil der Wände in der Halle schien nur aus durch die Buntglasfenster fallendem Licht zu bestehen und lenkte den Blick nach oben zu dem dunklen Holz der Stichbalken der Decke mit kunstvollem Schnitzwerk und vergoldeten Spandrillen. An jeder Wand hing ein buntes, mit den königlichen Insignien in Gold, Karminrot und Blau besticktes Banner. Der untere Teil der langen Wände war mit kostbaren flämischen Wandbehängen geschmückt, die Szenen aus dem Alten Testament zeigten.

Marlowe trug eine Weste, die aus edlem weichen Leder geschneidert war. Den breiten Kragen hatte er über das Wams drapiert. Seine Beine steckten in Seidenstrümpfen und mehrfarbigen Lederschuhen mit Absätzen aus Kork. Den Umhang hatte er, wie es Mode war, über die Schulter geworfen. Höflinge in Samt und Seide in allen Farben scharten sich zu Gruppen zusammen oder schritten durch den Raum und stellten ihre prunkvolle Kleidung zur Schau. Die Männer trugen bauschige Kniehosen mit weißen Seidenstrümpfen, Wämser mit geschlitzten Ärmeln sowie gestärkte Halskrausen. Sie führten Schwerter in aufwändig bestickten Scheiden mit sich. Die Damen waren in enge Mieder über ausladenden Reifröcken gezwängt.

Die Musik verstummte und in die darauffolgende Stille hinein ertönte ein klarer Ton aus acht Trompeten. Wie auf einen unausgesprochenen Befehl hin teilte sich die Menge, um eine Gasse von der Tür bis zu dem Podest zu schaffen. Ein Raunen lief durch die Halle, die Trompeten erschallten erneut und die mächtigen Flügeltüren wurden aufgestoßen. Die Höflinge sanken auf die Knie. Marlowe reckte kniend den Kopf und sah zum ersten Mal die Königin von England. Er dachte, dass sich hinter ihrem huldvollen Lächeln ein eiserner Wille befinden musste, denn sonst hätte sie sicher nicht so lange in einer Männerwelt regieren können.

Elisabeth schritt langsam durch die Halle. Sie trug ein kostbares Gewand mit Röcken aus dickem scharlachrot-goldenem Brokat und ein mit Perlen besticktes Mieder. Um den Hals trug sie eine kleine Krause aus gestärkter Spitze mit einem steifen Kragen, einem zarten Gebilde aus Draht und feiner Spitze, das hinter ihrem Nacken aufragte. Daran waren zu beiden Seiten lange Perlenschnüre befestigt. Ihr dunkelrotes Haar war kunstvoll frisiert, hoch aufgesteckt und mit Perlen sowie einem Diadem geschmückt. Hinter einer Schicht weißer Schminke war ihre Miene so undurchdringlich wie eine Maske. In einer Hand hielt sie einen Fächer aus langen roten Federn mit einem Perlmuttgriff. Auch ihre Hofdamen, die alle in lange weiße Seidengewänder gekleidet waren, schwenkten Fächer.

Die Königin stieg die Stufen des Podestes empor und setzte sich auf ihren Thron. Die Hofdamen versammelten sich um sie. Die Staatsmänner des Kronrates, ernst blickende silberbärtige Männer in Schwarz, nahmen ihre Plätze zu beiden Seiten des Podestes ein.

Der Königin gegenüber war die Bühne aufgebaut, auf der nun Marlowes Stück aufgeführt wurde. Die Hauptrolle spielte Ned Alleyn. Es herrschte gespannte Stille, manchmal ging auch ein Raunen durch den Saal.

Nach der Vorstellung ließ die Königin gegenüber ihren Höflingen verlauten, dass die Aufführung und besonders die Parade der sieben Todsünden ihr sehr gefallen habe. Das habe sie an den verstorbenen Tarleton erinnert, der mit einem Stück gleichen Namens durchs Land gereist sei.

„Der Neid sagt: Ich kann nicht lesen und darum wünsche ich, dass alle Bücher verbrannt werden. Ich bin mager und sehe andere essen. Ich wünsche mir, dass eine Hungersnot über die ganze Welt kommt.

Der Zorn sagt: Ich sprang aus dem Rachen eines Löwen, als ich kaum eine Stunde alt war und seitdem fuchtele ich mit meinem Schwert herum, und wenn ich niemanden finde, der mit mir fechten will, so verwunde ich mich selbst.

Die Völlerei spricht: Meine Eltern sind beide gestorben und die ganze Barschaft, die sie mir hinterlassen haben, ist der Teufel. Der ist aber ein schlechter Kosthalter. Er gibt mir des Tages nur dreißig Mahlzeiten und zehn kleine Imbisse."

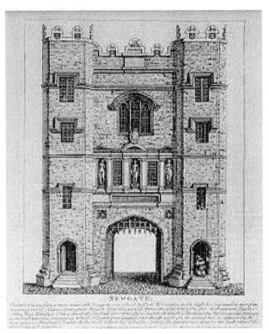

Old Newgate

**Newgate**

Marlowe wünschte sich, dass endlich sein Stück über den Herzog von Guise am Theater aufgeführt würde. Doch die Zensur war verschärft worden. Den Erzbischof von Canterbury schockierten die Exzesse in den Stücken Marlowes und auch der Bürgermeister war nicht bereit, dieses Drama zu billigen, obwohl es doch ein ganz und gar protestantisches Stück war. Am leichtesten würde es sein, den zuständigen Zensor am Hofe zu überreden.

Tom Watson saß in Marlowes Wohnung, in sicherer Entfernung von seiner streitsüchtigen Frau und seiner Hauslehrerstelle. Marlowe fuchtelte mit seinem Manuskript herum; es war voller Streichungen und Einfügungen, er hatte eine entsetzliche Handschrift.

„Zwölf Morde mit siebzehn Opfern!", rief Marlowe aus. "Das Theater wird ein Vermögen für Schweineblut ausgeben müssen."

„O, da wird der Bischof aber zetern. Na, ich werde das Stück zumindest mit ein paar komischen Szenen bereichern. Besorg uns mal was zu trinken."

Als Marlowe auf die Straße trat, sah er sich der schwankenden Gestalt William Bradleys gegenüber, dem Sohn eines Gastwirtes, bei dem sie häufig einkehrten. Er schien sehr betrunken und schrie: "Ich werd mir diesen Hundesohn Tom Watson vorknöpfen. Wo ist er?"

„Was willst du Blödmann von ihm?", antwortete Marlowe ebenso rüde. Bradley fuchtelte mit seinem Degen und lallte: „Zieh blank. Dich nehme ich mir zuerst vor, du atheistischer Schurke."

Marlowe zögerte, doch Bradley stach nach ihm, wenn auch unbeholfen. Da zog er ebenfalls seinen Degen. Es war wie im Theater. Im Nu sammelten sich Zuschauer um sie. Den Ausfall Marlowes parierte Bradley lässig. Doch dann traf Marlowe Bradleys Handgelenk. Wütend packte dieser nun den Degen mit beiden Händen und stieß nach der Brust Marlowes. Er sprang beiseite und sah zu seiner Erleichterung, wie Tom Watson aus dem Haus kam, im Hemd mit gezogenem Degen.

„Ah, da ist ja endlich das Schwein", rief Bradley und nahm seinen Dolch in die linke Hand. Damit zeichnete er Watson, kaum war er herangetreten, eine tiefe Schramme quer über die Stirn. Dem Verletzten rann das Blut aus der Wunde in die Augen. Er taumelte rückwärts und versuchte sich aus der Reichweite von Bradleys Waffen zu bringen. Der Angreifer sprang ihm sogleich nach, kaum hatte Watson Zeit, sich das Blut aus den Augen zu wischen. Bradley stocherte mit beiden Waffen nach seinem Gegner, doch dieser stieß nun mit gesammelter Kraft seinen Degen in Bradleys Brust. Dessen Gesicht nahm unverzüglich einen höchst verwunderten Ausdruck an. Er ließ den Dolch fallen, griff sich an die Wunde und starrte die blutverschmierte Hand an. Dann hieb er noch einmal kraftlos in die Luft und fiel um. Ein betrunkener Matrose, der sich unter die Zuschauer gereiht hatte, rief: „Muerto!" Watson stand wie erstarrt und konnte nicht fassen, was soeben geschehen war.

Marlowe trat hinzu, um nachzusehen. Das Blut quoll in Wellen aus Bradleys Brust hervor.

Tom keuchte: „Ich habe ihn umgebracht."

Inzwischen hatte jemand den Konstabler des Bezirks gerufen, der kam mit zwei Gehilfen, die Piken trugen. Der Konstabler beugte sich über Bradley und sah, wie das Blut aus der Wunde rann. Dann fiel sein Blick auf Watson, der noch immer mit gezogenem Degen dastand. Watson murmelte: „Es war Notwehr. Das haben alle hier Anwesenden gesehen."

Der Konstabler antwortete: „Ein Toter. Der Fall muss untersucht werden."

Einige der Umstehenden begannen auf den Konstabler einzureden, um Watsons Beteuerung zu bestätigen. Allerdings brachten sie auch Marlowe ins Spiel, der ebenfalls von dem Betrunkenen angegriffen worden sei. So wurden sie beide festgenommen und zum Kommandanten des Kastells gebracht. Der Friedensrichter war in seinem Garten und wässerte die Rosen. Sie gingen mit ihm ins Haus, und er bot ihnen ein Glas Wein an. Mit ernster Miene fertigte er den Haftbefehl aus. Tom Watson tropfte noch immer Blut von der Stirn.

„Ich muss euch nach Newgate bringen lassen, wegen Mordverdacht. Ein Untersuchungsrichter wird morgen die Leichenschau vornehmen und über den Fall befinden."

Der Konstabler nahm ihnen die Degen ab und geleitete sie zusammen mit den Gehilfen zum Gefängnis von Newgate. Dort angekommen wurden sie durch eine Falltür in eine fensterlose Zelle gestoßen. Eine Kerze, die auf einem Sims stand, beleuchtete Wände aus grobbehauenen Steinen, einen unebenen, schlammigen Fußboden und eine Holzbank. Der Wärter kettete sie an den Händen zusammen und zog die Kette durch einen Eisenring am Boden. Als er sich anschickte, den Raum zu verlassen, bat Watson: "Bitte, bringen Sie uns etwas Wasser."

„Morgen früh", antwortete er und schlug die schwere Tür zu. Der Schlüssel knirschte im Schloss.

„Lebendig begraben", keuchte Marlowe, "ich kriege schon jetzt keine Luft mehr."

Der Wärter hatte die Kerze dagelassen, aber sie war nahezu heruntergebrannt.

Marlowe sah zu Watson hinüber, dessen Wunde aufgehört hatte zu bluten. „Warum das Ganze? Warum hatte er eine solche Stinkwut auf dich?"

Watson schüttelte den Kopf. „Sag schon", insistierte Marlowe.

„Er lief rum und verbreitete ständig, dass du ein Atheist und Sodomit bist, da habe ich ihm gedroht."

„Womit?"

„Ich machte ihm klar, dass wir beide im Dienst der Krone stehen und ich Wege finden würde, ihn vors Krongericht zu bringen, wenn er nicht aufhören würde, dich zu denunzieren. Ich hätte das natürlich nicht getan, aber ich wollte ihm das Maul stopfen. Er fing ständig mit irgendwelchen Leuten Streit an, und er ging mir gewaltig auf die Nerven."

Marlowe legte den Kopf in den Nacken und fragte: „Wird man uns morgen hier rauslassen, wenn das Gericht getagt hat?"

„Ich glaube nicht. Obwohl das Urteil feststeht. Der Konstabler wird bezeugen, dass es Notwehr war. Wir werden sicher freigesprochen und entlassen."

„Wann?"

„Leider nicht vor der nächsten Gerichtssitzung. Das kann Monate dauern."

„Um Himmelswillen! Bis dahin sind wir in diesem Loch verreckt", fuhr Marlowe auf.

„Ich denke, morgen werden wir woanders hingebracht."

„Und wenn nicht?"

„Darüber solltest du nicht nachzugrübeln. Denn dadurch verschlimmerst du deinen Zustand nur. Stell dir etwas Schönes vor."

Marlowe stöhnte und zitierte mit einer kleinen Abwandlung aus seinem Faust:

„Mephisto komm und bring mir frohe Zeitung in die Hölle.
Hätt ich mehr Seelen, als da Sterne leuchten,
ich gäb sie alle hin, um dieser Botschaft nachzulauschen."

Die Kerze erlosch. Die Dunkelheit verstärkte das Geraschel der Ratten und das Klirren der Ketten bei jeder kleinsten Bewegung. Watson begann in die Schwärze ihres Gefängnisses hineinzureden, weil er Marlowe ablenken wollte. "Was wir Übel und Pein nennen, ist an sich selbst weder Pein noch Übel, sondern nur unsere Vorstellung gibt ihnen diese Eigenschaft. Wir können ihm einen anderen Geschmack geben. Kennst du die Geschichte von dem Mann, der schon auf der Leiter zum Galgen stand und dem man Gnade versprach, wenn er eine bestimmte Frau heirate? Ihm war es aber ein größeres Übel, zu heiraten als gehängt zu werden, denn er lehnte es ab, die Frau zu nehmen, da sie ihm als sehr hässlich erschien." Marlowe lachte leise. „Daran kannst du sehen, wie unterschiedlich das Schlimme eingestuft werden kann. Als König Ludwig XI. die Stadt Arras einnahm, wollten sich viele Bürger lieber hinrichten lassen als zu rufen: „Es lebe der König!" Findest du nicht, dass das eine Torheit ist?

Ich räume ein, dass es Situationen gibt, die sehr unangenehm sind, dennoch meine ich, dass es bei uns steht, ob wir das Unangenehme vermindern oder vermehren können. Deshalb ist es besser, sich mit Hilfe der Phantasie auf etwas Schönes zu konzentrieren, um dadurch das Üble zu verkleinern oder zu überwinden.

Es gibt viele Abenteurer, die die Annehmlichkeiten eines ruhigen Lebens hinter sich lassen, lieber in schaudervolle, menschenleere Wüsteneien gehen und sich dort wohl fühlen. Unsre Meinung bestimmt den Wert der Dinge. Jedem ist wohl oder weh, je nachdem er sich darin zu finden weiß. Auch Reichtum, Gesundheit und Ruhm bringen nur so viel Vergnügen und Behagen wie derjenige, der sie besitzt, hineinlegt. Die äußeren Zufälligkeiten nehmen Geschmack und Farbe an von der der inneren Beschaffenheit der Seele."

Marlowe nickte mit dem Kopf auf der Bank ein.

Am Morgen, nach kurzen Anfällen von Schlaf, aus denen Marlowe immer wieder auffuhr, kam ein anderer Wärter. Der Schlüssel knirschte und die Tür wurde hochgeklappt. „Habt ihr Kohle?"

Watson rappelte sich mit steifen Gliedern auf, tastete mühsam mit den zusammengeketteten Händen in seine Hosentasche und fischte ein Sixpence-Stück heraus. Der Aufseher nahm ihm die Münze ab, erlöste sie daraufhin von ihren Ketten und sagte: „Ihr kommt auf die Seite vom Kerkermeister. Der Mittelblock ist zu voll und in der Steinkammer sind alle vom Fieber befallen."

Sie folgten ihm in einen Trakt, in dem es, knapp bemessen zwar, Licht und Luft gab. Dort gab es offene Zellen mit Schlafkojen. Außerdem eine schmutzige Wirtsstube, in der man gegen Geld Speise und Trank erhalten konnte. Marlowe hatte noch einen Schilling in der Tasche, für den sie sich beide ein mit Wasser verdünntes Ale und eine altbackene Pastete leisten konnten. In dieser Kneipe saßen und standen Ganoven und Übeltäter jeder Couleur, dreckig, verlaust, manche schon am Morgen besoffen.

Gegen Mittag kam der Konstabler und teilte ihnen das Urteil des Untersuchungsrichters mit:

„Das Gericht befand, dass Bradley in Notwehr getötet wurde. Seine Leiche wurde von seinem Vater abgeholt und soll schnell begraben werden. Wegen der Hitze. Mister Watson kann seinen Freispruch bei der nächsten Sitzung des Königlichen Gerichtshofs erwarten."

„Warum nicht gleich?", fragte Marlowe.

„Das steht nicht im Ermessen des Untersuchungsrichters. Ihr, Mister Marlowe, seid sofort frei, wenn Ihr eine Sicherheit von vierzig Pfund entrichtet. Mit Rückerstattung, sobald das Gericht Euch freispricht."

„So viel Geld! Wo soll ich das hernehmen?", stöhnte Marlowe.

Watson wandte sich an den Konstabler mit der Bitte: „Erklärt alles meiner Frau, sie wird Geld für meine Privilegien während meiner Einkerkerung auftreiben und mir Braten, Pasteten und Wein bringen."

Der Polizist nickte und überreichte ihm eine Abschrift des Untersuchungsberichtes. „Ich werde sehen, was sich machen lässt."

Nachdem der Konstabler gegangen war, las Watson halblaut den Bericht: *Alsogleich attackierte William Bradley den Thomas Watson, verwundete ihn und setzte ihm so übel zu mit Degen und Dolch, dass derselbe um sein Leben fürchtete, weshalb er sich mit seinem Degen zur Wehr setzte und William Bradley so in die Brust traf, dass er verblutete und starb.*

Marlowe schrieb an Tom Walsingham und bat ihn um das Geld für die Kaution, Watson konnte über den Bruder seiner Frau, der Anwalt war, ebenfalls einen Kredit auftreiben. Außerdem erwirkte der Anwalt, dass er zusammen mit Marlowe am 1. Oktober freigelassen wurde.

Marlowe überließ den Freund seiner Frau und seinem Schwager, lief nach Hause, um sich frische Kleider zu holen und ging dann in ein Badehaus, wo er sich von Kopf bis Fuß abschrubben ließ. Doch der modrige Gefängnisgeruch wollte nicht weichen. Zurück in seiner Wohnung stopfte er seine Pfeife und paffte eine Weile vor sich hin. Endlich hatte er einen anderen Geruch in der Nase.

Am nächsten Tag kam Tom. Als der Freund ihn in die Arme nahm, begann Marlowe zu weinen, vor Freude, vor Erleichterung, aber auch wegen der furchtbaren Tage, die er in der Hölle von Newgate verbringen musste.

Die Liebe zwischen ihnen war nicht einfach, schon wegen des strengen Verbots und der Strafen, die darauf standen. Trotzdem hielten sie daran fest und ihre Verbindung war vielseitig. Es ging nicht nur um den Liebesgenuss, sondern auch um das Glück des Zwiegesprächs und der gemeinsamen Interessen. Marlowe überlegte, ob Tom nicht irgendwann genötigt sein würde zu heiraten, um den Fortbestand seines Geschlechtes zu sichern. Würde das dann das Ende ihrer Beziehung sein oder war es möglich, beides miteinander zu verbinden? Nach kirchlicher Vorstellung musste die Liebe auf das Gesetz der Fortpflanzung bezogen sein, etwas anderes kam nicht in Frage, da es der göttlichen Schöpfungsordnung widersprach.

Marlowe stand auf und setzte sich an den Schreibtisch. Seine Feder kratzte über das Papier. Tom lag auf dem Bett, blinzelte und sagte: „Hat dich die Muse geküsst? Fürchtest du nicht, ich könnte auf sie eifersüchtig werden?"

„Das wirst du nicht, wenn ich dir vorlese, was sie mir eingibt.

*Der große Alexander liebte Hephästion;*
*Der Sieger Herkules weinte um Hylas;*
*und um Patroklos war Achilles krank.*
*Und Könige nicht allein, auch weise Männer:*
*Der Römer Tullius liebte Octavius*
*und Sokrates den Alkibiades."*

Tom lachte. "Wird das eine Verteidigung unserer Liebe."

„Eher ein Hymnus darauf. Doch ich fürchte, ich werde künftig mehr Anlass zur Eifersucht haben wie du."

Tom richtete sich auf und fragte empört: „Wie kommst du darauf?"

„Ach, irgendwann in naher Zukunft wirst du gezwungen sein, ein Weib zu nehmen. Darin wirst du es halten, wie andere Adlige auch. Es geht um den Fortbestand deines Geschlechtes."

„O, sprich nicht so! Das will ich nicht", rief Tom heftig aus.

Einmal in seinem Kopf konnte Marlowe diesen Gedanken nicht mehr loswerden. Nach und nach reifte in ihm die Idee, ein Drama über König Edward II. zu schreiben, der zu Beginn des 14. Jahrhunderts den Thron bestieg und dem die leidenschaftliche Liebe zu einem Mann zum Verhängnis wurde.

Nachdem er einige Geschichtsbücher gewälzt hatte, entschloss er sich, die Geschichte der Herrschaft Edwards auf den Eklat seiner Beziehung zu Gaveston zu fokussieren.

Wenn Marlowe bei Tom in Scadbury war, lasen sie Teile der neuen Tragödie mit verteilten Rollen, unter vielen Scherzen und Umarmungen. Marlowe übernahm den Part des Gaveston und deklamierte:

*Welch größere Lust gäb es für Gaveston,*
*als leben und des Königs Günstling sein.*
*Ich komme, Prinz! Dies dein Liebesschreiben*
*hätt mich vermocht, von Frankreich herzuschwimmen,*
*mich wie Leander an den Strand zu werfen,*
*wenn du mir lächelst, mich dein Arm umfängt.*

Tom antwortete in der Rolle des Königs:

*Was, Gaveston, du bists! Nein nicht die Hand:*
*Küss mich, mein Gaveston, wie ich dich küsse.*
*Was kniest du hin, weißt du nicht, wer ich bin?*
*Dein Freund, du selbst, ein andrer Gaveston;*
*Nicht um den Hylas klagte Herkules*
*Wie ich um dich, seit man dich von hier verbannte.*

In diesem Augenblick betrat Ingram Frizer, noch in voller Reitmontur, den Raum und rief: „Es ist vorüber. Sir Francis ist verschieden."

Tom ließ sich auf einen Sessel fallen und sagte: „Es kommt ja nicht überraschend. Er hat lange genug mit dem Tod gerungen. Trauern wir um ihn. Er hat Großes für des Reiches Sicherheit geleistet und dafür wenig materielle Vergütung erhalten. Er hat sich nicht bereichert wie so viele, sondern riesige Summen eingesetzt, um das Netz von Agenten aufrecht zu halten. Er musste außerdem noch für Schulden seines Schwiegersohnes einstehen. Nun hinterlässt er selbst beträchtliche Schulden, für die ich aber glücklicherweise nicht geradestehen muss."

Er schenkte sich einen Becher Rotwein ein, stand auf und stellte sich vor das Bild seines Onkels, das bereits in die Ahnengalerie aufgenommen worden war.

„Ich bin der letzte der Walsinghams, solange bis ich geheiratet und einen Erben gezeugt habe, der seinerseits wieder Erben zeugen wird und so weiter."

In Marlowe wollte sich Eifersucht regen, aber dann dachte er: Lass ihn doch! Die Ehe ist bestimmt kein Vergnügen, sondern nur eine Verpflichtung für ihn. Und er richtete seine Gedanken erneut auf das grausame Ende König Edwards, dem die Liebe Gavetons wichtiger gewesen war als das gesamte Reich und der England um dieser Liebe willen ins Chaos gestürzt hatte. Das war ein guter Stoff für ein Stück.

**John Dee**

Dr. John Dee, Mathematiker, Astrologe und Alchemist, lebte in Mortlake, das eine Meile von der Innenstadt Londons entfernt lag.

Unter Maria I. war er der schwarzen Magie angeklagt worden, doch als Elisabeth auf den Thron stieg, wurde er Hofastrologe und königlicher Berater. Er hatte bei dem Kartographen Mercator studiert und war ein Experte in Navigation. Er erwarb sich auf dem Kontinent einen ausgezeichneten wissenschaftlichen Ruf und wurde von Elisabeth so sehr geschätzt, dass sie ihn sogar mehrfach in seinem Haus in Mortlake besuchte. Eine Zeitlang übte er einen großen Einfluss auf die Königin aus, die zum Leidwesen mancher Mitglieder des Kronrats kaum noch eine Entscheidung traf, ohne vorher eine Sternenkarte und das Horoskop zu Rate zu ziehen.

Dee war einigen hochrangigen Personen ein Dorn im Auge und wurde vor allem von Henry Howard angegriffen und der Hexerei bezichtigt. Als bekannt wurde, dass er Kontakt zu Engeln suchte und mit Edward Kelley, einem Medium zweifelhafter Herkunft, arbeitete, das diesen Kontakt herstellen sollte, schwand sein Einfluss bei Hofe. Er verließ daraufhin England im Jahre 1583 für sechs Jahre.

Marlowe hatte bei den Abendgesellschaften im Haus von Raleigh immer wieder von Dee gehört. Der Wizard-Earl berichtete eines Abends, dass Dee nach England zurückgekehrt sei und dass er vorhabe, ihn in Mortlake zu besuchen. Marlowe bat darum, mitkommen zu dürfen. Er wolle Dee unbedingt kennenlernen. „Selbstverständlich", antwortete der Earl und sie verabredeten Tag und Stunde.

Als sie im Boot saßen, das sie nach Mortlake bringen sollte, meinte der Earl:

„Dee verfügt über eine umfangreiche Bibliothek. Sie birgt vermutlich die größten Schätze dieser verregneten Insel. Sein Haus ist ein Wirrwarr aus Anbauten, neuen Flügeln und verborgenen Räumen.

Tief in diesem Labyrinth vergraben befindet sich die Bibliothek, eine Sammlung von Büchern und Manuskripten, die größer ist als die Universitätsbibliothek von Oxford. Die Werke sind nach keiner bestimmten Methode geordnet, es sei denn, es handelt sich um ein geheimnisvolles System, das nur in Dees Kopf existiert, denn er vermag die Hand ohne Zögern auf jedes beliebige Buch zu legen, das man ihm nennt."

Dee empfing sie an der Tür und hieß sie herzlich willkommen. Er war groß und schlank, gekleidet in einen Künstlerumhang mit hängenden geschlitzten Ärmeln. Seine Augen waren ausdrucksvoll und klar, sein Bart lang und weiß. Er trug ein goldenes Amulett mit geheimnisvollen Zeichen. Er stellte ihnen seine Frau Jane vor, die einen Säugling auf dem Arm in den Salon trat. Hinter ihr trippelte ein weiteres Kind hinein. Jane war um einiges jünger als Dee, etwa dreißig. Sie hatte ein freundliches, offenes Gesicht. Ihr Haar war unordentlich aufgesteckt. Sie setzte sich eine Weile zu ihnen, bis die Kinder unruhig wurden und sie mit ihnen den Raum verließ.

Nachdem der Tee serviert worden war, erzählte Dee von seinen Reisen nach Krakau und Prag.

Schließlich wandte er sich an Marlowe und sagte: „Ich habe Ihr Stück über *Doktor Faustus* gesehen. Der Arme wird für seinen Wissensdurst mit ewiger Verdammnis bestraft."

Marlowe widersprach: „Nein, nicht für seinen Wissensdurst, für seinen Frevel. Er übergibt seine Seele Luzifer und strebt - neben dem Wissen - auch nach Macht und Reichtum."

Dee lächelte und meinte spöttisch: „Er war ein Schwarzmagier und Alchemist, nicht wahr?"

Marlowe zuckte mit den Schultern. „Wahrscheinlich war er ein Gelehrter und ist bei einem alchemistischen Experiment umgekommen. Die Geistlichkeit hat das dann den Leuten so dargestellt, dass er vom Teufel geholt worden sei. Als warnendes Beispiel."

Dee führte seine Gäste in die Bibliothek. Marlowes Blick glitt ehrfürchtig über Regale mit alten, auf Holzspindeln aufgerollten und horizontal aufgestapelten Karten und Tabellen, über alte Pergamentmanuskripte mit Goldverzierungen und Bücher, die in kostbares braunes Kalbsleder gebunden und mit Messingklammern versehen waren. Dee deutete auf verschiedene Schriften und erklärte: „Diese Pergamente sind der Zerstörung von Englands Klosterbibliotheken entgangen. Manche Bücher haben mich ein Jahreseinkommen gekostet, für andere habe ich Kontinente überquert, um sie zu finden. Diese Werke dort würden mich in anderen Ländern auf den Scheiterhaufen bringen." Marlowe las einige Titel wie „*De Occulta Philosophia*" und „*Liber Experimentorum*". Dee fuhr fort: „Hier stehen die Schriften des Nikolaus Kopernikus und dort die Studien von Trithemius über Kryptografie. Ich habe Bücher über Mathematik, Metallurgie, Theologie, Botanik, Nautik, Musik, Astronomie, Rhetorik und so weiter. Die Globen in der Ecke dort sind ein Geschenk des Kartografen Mercator." Marlowe kam aus dem Staunen nicht mehr heraus, sein Blick glitt über die gewölbte Decke der höhlenähnlichen Bibliothek. Dee führte sie weiter in sein Alchemielabor. Draußen war es noch hell, aber in diesem Raum waren die Fensterläden geschlossen und es brannte eine Öllampe. Mehrere Feuer flackerten und das Zimmer schien ein pulsierendes Eigenleben zu führen. Destillierapparate mit damit verbundenen Gefäßen und Fläschchen aus Ton, Glas oder Kupfer blubberten und dampften vor sich hin, Dampfwolken stiegen zur Decke empor. Die Augen des Earls glänzten vor Begeisterung, als Dee begann, ihm seine alchemistischen Versuche zu erläutern. Dann führte Dee seine Gäste in sein Studierzimmer und sprach über seine astrologischen Erkenntnisse: „Ein Mal alle zwanzig Jahre bilden die beiden mächtigsten Planeten in unserem Kosmos, Jupiter und Saturn, eine gerade Linie und bewegen sich jedes Mal durch die zwölf Tierkreiszeichen. Alle zweihundert Jahre - mehr oder weniger - rückt diese Konjunktion in ein neues Trigon, das heißt in die Gruppe von drei Zeichen, die einem der vier Elemente zugeordnet sind. Und ein Mal alle neunhundertsechzig Jahre wird der Zyklus durch die vier Elemente vollendet und beginnt von neuem beim Feuer. Um die Jahrhundertwende werden sich Jupiter und Saturn mit dem Zeichen des Widders vereinen, die mächtigste Konjunktion, die seit fast tausend Jahren nicht mehr vorgekommen ist."

„Dann ist dies ein bedeutsames Ereignis am Himmel?", fragte der Earl.

„Mehr als bedeutsam. Der Anbruch des feurigen Trigons kündigt den Beginn einer neuen Epoche an."

Mit einem Mal verstummte Dee und beugte sich in seinem Stuhl nach vorne. Er starrte eine Weile vor sich ins Leere. Dann zupfte er an seinem Bart und sah seine Gäste an.

„Im Laufe der Jahre haben die Ignoranten und Neider immer wieder gegen mich gehetzt und behauptet, ich würde Dämonen beschwören, mit den Toten sprechen, alle möglichen verbotenen und scheußlichen Rituale mit tot geborenen Kindern zelebrieren und was weiß ich noch alles. Bislang hat Ihre Majestät diesen Unsinn nicht ernst genommen. Aber ich gebe mich keiner Illusion hin, dass diese Leute vielleicht irgendwann an Macht gewinnen. Menschen wie Sie, Sir Henry, und ich - wir bewegen uns auf sehr dünnem Eis. Wir arbeiten am äußersten Rand des Wissens, und das jagt vielen Leuten Angst ein. Wir können uns nie sicher sein, ob wir nicht bald einbrechen werden."

„Wir arbeiten am äußeren Rand des Wissens, weil wir nicht wissen, wer wir sind. Wir kennen nur das Paket mit dem Absender: die Eltern - und dem Empfänger: das Grab. Eine Paketsendung von unbekannt nach unbekannt. Was verstehen wir Pakete von dem Inhalt der Sendung? Vielleicht scheinen ganz andere Wesen durch uns hindurch", sagte Sir Henry.

Dee antwortete: „Wer wie ich, gelernt hat, den Sinn der Zeit zu erkennen und die Dinge in ihr nicht von außen, sondern von innen zu betrachten, wer von Träumen zu Schicksalen und von Schicksalen zur Allgegenwart der bildgewordenen Wirklichkeit vorgedrungen ist, der kann Zusammenhänge erfassen."

„Geheimnisse pflegt man zu verhüllen. Aber die Wirklichkeit ist nackt", konstatierte der Earl.

Marlowe lauschte mit wachem Interesse dem Schlagabtausch der beiden Magier und dachte an *Doktor Faustus*, dem er die Worte in den Mund gelegt hatte: „Meine Seele will ich aus allen Zweifeln befreien und vollbringen, was tollkühner Mut erdenkt. Gen Indien will ich fliegen, um Gold zu holen, des Orients Perlen aus dem Meer wühlen, die Winkel der neuen Welt durchspähen ..." Faust hatte sein Wissensdurst dazu getrieben, sich dem Teufel zu verschreiben und sein Seelenheil aufs Spiel zu setzen.

Dee verkündete feierlich: „Die Wirklichkeit ist Einbildung. Im doppelten Sinne des Wortes. - Wir sind noch immer in den Anfängen der Magie. Unergründlich ist die Wirklichkeit, aber noch unergründlicher ist das Ich. Zwar bin ich unterrichtet in geheimem Wissen, für das mir irdische Worte fehlen, in Dinge und Geheimnisse und Mysterien, die mir dereinst vielleicht klar zu Bewusstsein kommen werden."

„Ob wohl ein Gedanke Feuer erzeugen kann? Feuer schläft rings um die Menschheit, verborgen, unsichtbar, und doch überall. Ein geheimes Wort - im Nu kann es erwachen und die gesamte Welt verschlingen."

„Magie ist Tun ohne Wissen."

„Wer das Licht mehrt, wird aufgenommen ins Reich des Geistes. Und wer in dieser Kette steht, ist unverletzbar."

„Die Instrumente im Alchemielabor scheinen nur zu kochen. Es geschieht nichts, wenn nur die Werkzeuge sich bewegen. Aber wir sind Alchemisten in dem Sinne, dass wir die Wirklichkeit verwandeln können."

Dee holte seinen Kristall und forderte Marlowe auf hineinzuschauen. Er spürte ein Prickeln auf seiner Kopfhaut und sah plötzlich ein Ziel vor sich, das ihm zuvor nicht so deutlich gewesen war. Es war wie ein tiefes Atemholen, wie ein Kraftsaugen aus einem kühlen Brunnen. Es ging um seine Berufung und die Entscheidung über sein Schicksal. Auch wir Dichter können die Wirklichkeit verwandeln, auch wir haben Anteil am Reich des Geistes, dachte er.

Als könne er Gedanken lesen, sagte Dee zu Marlowe: „Wer das Licht mehrt, wird aufgenommen in das Reich des Geistes."

**Ein Feind**

Marlowe fand einen Drucker, der sein erfolgreiches Stück über Tamerlan als Buch auf den Markt brachte. Da er die Schenke von Bradleys Vaters aus verständlichen Gründen mied, ging er in den Schwan. Dort saß Baines, den er nicht mochte und für einen Dummkopf hielt, an einem der vorderen Tische. Weiter hinten jedoch saßen einige seiner Freunde, darunter Kyd und Watson sowie ein paar Schauspieler aus der Truppe von Lord Strange. Marlowe bestellte eine Runde und knallte das Buch auf den Tisch. „Das muss gefeiert werden."

„Zeig her", riefen alle durcheinander.

Nachdem das Buch gebührend begutachtet und gelobt worden war, erzählte Marlowe von seinem neuen Stück über Edward II.

Kyd meinte: „Über diesen unbeliebten König willst du schreiben? Meinst du wirklich, dass das gut ankommt?"

„Glaub schon", antwortete Marlowe. „Ich fasse euch mal den Inhalt zusammen. Nach dem Tod seines despotischen Vaters kann Edward endlich seinen Geliebten Gaveston, der nach Frankreich verbannt wurde, zurück an den Hof holen. Doch er bringt Adel und Kirchenmänner gegen Gaveston auf, da er ihn mit Adelstiteln und Reichtümern überhäuft. Auch seine Frau Isabella, Schwester des französischen Königs, sieht sich durch den Günstling von ihrer Position verdrängt. Adel und Kirchenleute drohen Edward damit, ihm die Gefolgschaft aufzukündigen, wenn er den Favoriten nicht wieder vom Hof verbannt. Sie setzen ihm so zu, dass er schließlich einwilligt. Als Gaveston weg ist, verfällt Edward in eine so große Traurigkeit, dass seine Frau Isabella bereit ist, einzulenken. Sie setzt sich dafür ein, dass Gaveston zurückkehren kann. Die Adligen lassen sich zum Schein umstimmen, fassen aber in Wirklichkeit den Entschluss, Gaveston heimlich zu ermorden. Als Edward erfährt, dass der Geliebte umgebracht wurde, will er sich mit wenigen Getreuen an den Mördern rächen. Es kommt zum Bürgerkrieg, in dessen Verlauf Edward schließlich abgesetzt und gefangen genommen wird. Er wird in seinem Verlies grausam ermordet."

„Zuviel Sodomie. Das wird nicht durch die Zensur kommen", wandte Kyd ein.

„Was auf der Bühne gesprochen werden darf, darüber befinden die Kerkermeister unserer Seelen, aber die Geschichte ist nicht angreifbar. Da erfahren wir die Wahrheit über Menschen, die einst gelebt haben. Die Leute sollten die Vergangenheit kennen. Man muss ihnen zeigen, dass die Sitten und Überzeugungen sich ändern und dass alles dem Wandel unterliegt."

„Was ist denn eigentlich mit deinem *Herzog von Guise?*", fragte einer der Schauspieler.

„Ach, die Zensoren wollen es nicht freigeben. Sie haben Bedenken, weil der französische König nicht gut wegkommt. Aber Henslowe hat wahrscheinlich eine Möglichkeit, meinen *Juden von Malta* unzensiert in Cross Keys zu spielen. Ist zwar nur ein Gasthaus, hat aber einen großen Innenhof."

Baines drehte sich plötzlich um und rief nach hinten: „Wie hat es euch denn eigentlich in Newgate gefallen."

„Ausgesprochen gut", antwortete Watson. „Wär auch mal was für dich."

Baines lachte hämisch. „Jeden Tag werden Leute gehängt, die weniger kühn sind als ihr."

„Wir sind also kühn? Warum? Weil wir uns gegen Angriffe wehren", raunzte Marlowe unfreundlich.

Watson flüsterte ihm zu, er solle sich nicht provozieren lassen.

Baines sagte: „Ich halte es für bewundernswert kühn, zu sagen, dass es keinen Gott gibt, dass alles Zufall ist, die Sünde eine Erfindung von Menschen und die Religion eine Lüge."

„Und wer behauptet das? Du etwa?", fragte Marlowe kalt.

Baines machte eine unbestimmte Bewegung mit der Hand, war aber so klug zu schweigen.

Marlowe wandte sich wieder seinen Freunden zu und sagte: „Wer wohl der Nachfolger von Walsingham wird?"

"Na, wenn du es nicht weißt. Du sitzt doch an der Quelle", wandte jemand ein.

„Du glaubst doch wohl nicht, dass Tom in alles eingeweiht ist", erwiderte Marlowe.

Kyd meinte: „Entweder Robert Cecil oder Essex."

Watson dämpfte seine Stimme und sagte: „Essex hat heimlich die Tochter unseres verstorbenen Walsingham geheiratet, und zwar ohne Erlaubnis der Königin. Wenn die Herren bei Hofe heiraten wollen, müssten sie um Genehmigung nachsuchen, denn jede Heirat ist eine Scheidung von ihrer Majestät. Ich glaube, Raleigh hat dafür gesorgt, dass es die Königin erfuhr."

Marlowe lehnte sich zurück und fragte sich: Woher weiß er das nur?

Es dauerte nicht lange, da bestätigte Poley ihm, dass ihr neuer Chef Robert Cecil hieß, der missgestaltete Sohn von Lord Burghley. Nun, das war nicht überraschend. Sir Francis hatte seine Stellung dem Vater, Wilhelm Cecil, zu verdanken. Es blieb fast alles beim Alten.

Und vor allem, es blieb alles ruhig, so konnte Marlowe schreiben und entwerfen, verwerfen und umdichten. Er hatte viele Ideen.

Eines Tages kam Kyd. Er quälte sich mit einem neuen Stück, kam einfach nicht zu Rande damit. Es ging um die Amletus-Sage und spielte in Dänemark. Marlowe versuchte sich in das Thema hineinzudenken und gab ihm ein paar Tipps. Schließlich stellte sich heraus, dass Kyd noch etwas anderes auf dem Herzen hatte. „Mir ist meine Wohnung gekündigt worden. Ich weiß auf die Schnelle nicht wohin. Kann ich vielleicht vorerst bei dir unterkommen?"

„Ja klar", sagte Marlowe leichthin.

Sie arbeiteten zusammen an ihren Stücken und waren einander dabei behilflich.

Dann wurde Marlowe wieder als Agent gebraucht. Diesmal sandte Poley ihn nach Vlissingen in Holland.

„Der Herzog von Parma belagert Ostende, wo sich eine englische Garnison befindet, allerdings ohne große Streitmacht und mit wenig Eifer. Wir wollen herausfinden, was er vorhat. Ob er in Friedensverhandlungen eintreten will oder sonst was im Schilde führt", erläuterte Poley.

„Welche Kontaktpersonen stehen zur Verfügung?", fragte Marlowe.

„Du musst an einen holländischen Butterhändler rankommen, einen Mann namens Jan Wychgerde. Außerdem wird Baines vor Ort sein."

„Baines? Du meinst doch nicht diesen Baines?", rief Marlowe aus.

Poley musste über den entsetzten Gesichtsausdruck Marlowes schmunzeln.

„Ein ernster junger Mann. Steht im Dienst des Erzbischofs, arbeitet aber auch mit uns zusammen."

„Ausgerechnet dieser Blödmann. Mir bleibt auch nichts erspart", murmelte Marlowe im Weggehen.

Marlowe fuhr mit dem Boot von der London Bridge nach Deptford. Bei ungetrübtem Wetter lief die *Pepperkorn* mit der Tide aus der Themse und stach in See, mit Kurs auf die Mündung des holländischen Flusses Schelde. Marlowe plagte dieses Mal keine Übelkeit.

Als er in Vlissingen ankam, stand Baines tatsächlich am Kai. Er gab ihm die Hand zur Begrüßung, doch ohne ein Willkommenszeichen in seinem schmalen und allzu wachsamen Gesicht. Sie gingen zusammen in eine Schenke und tranken holländisches Bier aus Tonkrügen.

Die Hafenstadt, die England für seinen Einsatz gegen Spanien von den Holländern erhalten hatte, quoll förmlich über von englischen Soldaten.

„Was für ein Lärm", rief Marlowe aus und schaute zu den johlenden und saufenden Soldaten hinüber.

Baines antwortete: „Sie befinden sich auf dem Marsch zur Front oder von dort zurück. Es herrscht ein großes Gedränge in diesen Mauern.

Unglücklicherweise gibt es Überläufer, Engländer, die auf der Seite der Spanier kämpfen. Aber ihnen fehlt es an Geld, sie zu entlohnen. Deshalb gibt es jede Menge Falschmünzer, die diesem Engpass abhelfen wollen."

Marlowe zuckte mit den Schultern und meinte: „Darum soll sich der Gouverneur kümmern. Ich habe den Auftrag, hier einen Butterhändler namens Wychgerde zu treffen."

„Gouverneur Sidney kümmert sich aber nicht darum. Er sagt, was als Geld angenommen wird, muss als gültig anerkannt werden. Das geht doch nicht! Das ist Betrug und Verrat!", ereiferte sich Baines. Er holte mit finsterer Miene eine falsche Münze aus seinem Beutel und zeigte sie Marlowe. „Es handelt sich um Zinn, das mit einer dünnen Schicht Silber überzogen ist."

Marlowe nahm das Geldstück in die Hand und schaute es sich an. Auf der Bildseite war ein schlecht aufgeprägter Kopf der Königin zu sehen.

„Das ist eine üble Missetat", fing Baines wieder an.

Er ging Marlowe auf die Nerven, aber ihm blieb nichts anderes übrig, als ihn zu ertragen. Ein Quartier in der überfüllten Stadt war nicht zu bekommen und er war genötigt, die Gastfreundschaft von Baines in Anspruch zu nehmen.

Am nächsten Morgen begaben sie sich zu den Lagerhäusern, um den Butterhändler ausfindig zu machen, doch ohne Erfolg. Ein Verwalter meinte, er sei in Zeebrugge oder in Knokke.

„Dann solltest du da hinfahren", schlug Baines vor.

„Liegt nicht beides sehr nah bei Ostende? Da werden die Spanier sein. Dort ist man als Engländer nicht sicher", wandte Marlowe ein. Er konnte es kaum abwarten, das stinkende Vlissingen zu verlassen. Doch, was sollte er seinem Auftraggeber berichten? Also hörte er sich ein wenig unter den Soldaten um. Dabei erfuhr er mehr Gerüchte über das abtrünnige Stanley-Regiment als über die Absichten des Herzogs von Parma.

Beim Bummeln durch die Stadt fiel ihm ein Goldschmied ins Auge, der mitten im ärgsten Gedränge ruhig an seinem Werktisch saß und mit unbeirrbarer Geschicklichkeit Schmuck fertigte. Marlowe blieb stehen, um ihm zuzuschauen und fing ein Gespräch mit ihm an. Schließlich kam er, da er nun einen Fachmann vor sich hatte, auf die Falschmünzerei zu sprechen. Der Goldschmied meinte: „Es ist recht einfach falsche Münzen herzustellen. Man braucht nur einen Prägestock für das Abbild der Königin oder eines anderen Herrschers."

„So könntest du solche Münzen machen?"

„Soll das ein Auftrag sein?", fragte der Goldschmied misstrauisch.

„Nein, nein. Ich will mich nur davon überzeugen, ob es wirklich so einfach ist. Um es dann um so wirksamer bekämpfen zu können. Ich habe den Auftrag der englischen Krone, solches Treiben aufzudecken."

Mit etwas Überredung war der Goldschmied bereit, am nächsten Tage einen holländischen Schilling probeweise herzustellen. Marlowe wollte das Zinn dafür besorgen.

Am nächsten Morgen machte sich Marlowe mit einem Zinnbecher auf zu dem Goldschmied. Sie gingen in dessen Werkstatt und Marlowe schaute zu, wie der Handwerker den Probeschilling anfertigte. Als er den Schilling in die Hand nahm und eingehend betrachtete, wurde plötzlich die Tür zur Werkstatt aufgestoßen und sie sahen sich zwei Constablern gegenüber, gefolgt von Baines. Sie wurden ohne Federlesens wegen Falschmünzerei in Arrest genommen. In der Arrestzelle überhäufte der Goldschmied Marlowe mit Vorwürfen und beklagte sich bitterlich. Marlowe suchte ihn zu beschwichtigen und meinte, dass die Sache gewiss bald aufgeklärt würde.

Am nächsten Tag wurden sie dem Militärgouverneur Robert Sidney vorgeführt und einzeln verhört.

„Sie sind der Theaterdichter Marlowe?", begann der Gouverneur freundlich. "Dann kannten Sie bestimmt meinen Bruder Philip."

„Ja", sagte Marlowe müde. „Wir begegneten uns einige Male bei Sir Walther Raleigh und bei Sir Francis Walsingham."

Der Gouverneur blätterte in seinen Papieren und nahm ein Blatt in die Hand. „Richard Baines, bei dem Sie die letzten beiden Tagen logiert haben, beschuldigt Sie der Falschmünzerei. Beweisstück ist ein holländischer Schilling aus Zinn, der mit einer dünnen Schicht Silber überzogen wurde, den Sie bei Ihrer Festnahme in der Hand gehabt haben sollen. Was sagen Sie dazu?"

„Euer Ehren, das ist alles ein großes Missverständnis. Mister Baines lag mir in den Ohren, dass die Falschmünzerei so um sich griffe. Zufällig lernte ich diesen jungen Goldschmied kennen und da wollte ich lediglich ein Experiment machen lassen, wie solche Falschmünzerei vor sich ginge. Der Goldschmied versicherte mir nämlich, dass es sehr einfach sei. Also bat ich ihn, mir ein Probestück herzustellen. Das ist alles. Mister Baines muss mich beobachtet und mir aufgelauert haben. Den Schmied trifft jedenfalls keine Schuld. Das Ganze liegt in meiner Verantwortung. Im übrigen bin ich in geheimem Auftrag von Sir Robert Cecil hier. Außerdem bin ich dem Earl von Northumberland und Mylord Strange wohlbekannt. Allein dies mag Sie davon überzeugen, dass ich kein Verbrecher bin."

Der Gouverneur verhörte danach auch den Goldschmied und Baines. Er ließ schließlich alle drei unter Bewachung nach England schaffen und Lord Burghleys Gerichtsbarkeit zu überstellen. In seinem Begleitschreiben erläuterte er: *Die Männer einzeln ins Verhör genommen, leugnen nichts ab, beteuern aber, dass der Frevel nur begangen wurde, um des Goldschmieds Fertigkeit zu erproben. Wahrhaftig bin ich der Meinung, dass der arme Mann nur unter diesem Vorwand mit hineingezogen worden ist, was immer die wahre Absicht der anderen beiden gewesen sein mag. Diese bezichtigen einander, seine Anstifter zu diesem Werk gewesen zu sein, in dem Vorsatz, das Falschmünzen auch künftig zu betreiben, und haben ihn, den Schmied, auf diese Weise in meinen Augen mehr oder weniger entlastet.*

*Wie dem auch sei: Ein holländischer Schilling wurde geschlagen und sonst weiter kein Stück. Der Goldschmied ist ein tüchtiger Handwerker, und wenn mich mein Eindruck nicht trügt, ohne böse Absicht in das Geschäft geraten.*

Die Sache wurde vor Gericht schnell fallen gelassen und alle drei kamen wieder auf freien Fuß. Marlowe war um eine Erkenntnis reicher, nämlich dass er einen unerbittlichen Feind hatte. Er würde gewiss auch weiterhin danach trachten, ihm zu schaden.

Während er in Holland gewesen war, hatte Henslowe endlich die Genehmigung für die Aufführung des Stückes *Herzog von Guise* erhalten, das nun mit Erfolg über die Bühne ging und *Edward II.* folgte bald nach.

Dann wurden die Theater geschlossen. Anfang Juni brach unter Lehrlingen, die sich in Southwark versammelt hatten, um ein Theaterstück zu sehen, ein Aufruhr aus. Die Unruhen sprangen auch auf das andere Ufer über. Der Kronrat ließ daraufhin sämtliche Theateraufführungen verbieten und schloss die Schauspielhäuser für drei Monate. Im Juli ersuchten die Lord Strange's Men den Rat flehentlich, eine Wiedereröffnung des *Rose* in Betracht zu ziehen. Die Schauspieler waren gezwungen, über Land zu ziehen und in Provinzstädten aufzutreten. In der ersten Augustwoche kamen die Mitglieder des Kronrats ihrer Bitte nach. Einzige Bedingung für die Wiedereröffnung der Theater war, dass London frei von ansteckender Krankheit sein müsse. Doch während sie dies verkündeten, flammte die Pest in der Stadt auf und breitete sich schnell aus. Daraufhin wurden Jahrmärkte abgesagt und die Theater blieben geschlossen.

Marlowe traf Nash, als er Henslowe besuchte, von dem er noch Geld zu bekommen hatte. Nash berichtete ihm, dass Watson an der Pest erkrankt sei. Sofort machte Marlowe sich auf zu dessen Haus. An der

Tür war ein Vermerk, dass hier jemand die Pest hatte. Marlowe fand den Freund schwer fiebernd im Bett. Seine Frau wusch ihm den Schweiß von der Stirn und kühlte sie mit feuchten Tüchern. Watson stöhnte und erbrach sich in den Nachttopf, der am Bett stand. Seine Frau wischte ihm den Mund ab und brach in Schluchzen aus. Als Marlowe näher trat, murmelte Watson: „Ich werde wohl sterben."

„Sag das nicht", rief Marlowe verzweifelt. „Du wirst es sicher überstehen. Man kann die Pest doch auch überleben."

Als er ging, sah er, wie verängstigte Bürger die Gossen ausspülten, jeder mit zwanzig Eimern aus den Pumpen, wie es angeordnet war. Warum war diese Krankheit so ansteckend, überlegte er, schwebte das Miasma unsichtbar in der Luft? Atmete man es ein? Warum spülen sie dann die Gossen aus? Man hatte beobachtet, dass Hunde, die von einer Ratte gebissen worden waren, erkrankten. Wenn ein solcher Hund einen Menschen biss, erkrankte dieser ebenfalls. Es war wie bei einer Kette, bei der die Glieder ineinandergriffen.

Marlowe packte seine Sachen und floh aus der Stadt zu Tom nach Scadbury. Bereits zwei Tage später brachte Frizer die Nachricht von Watsons Tod und Begräbnis. „Greene ist ebenfalls gestorben, allerdings nicht an der Pest. Er erlitt einen Herzschlag und hinterließ ein Pamphlet, in dem er unter anderem in verschlüsselter Form Marlowe als Atheisten beschimpft. Darüber gibt es ziemliches Gerede in der Stadt. Damit noch nicht genug. An die Mauer der holländischen Kirche wurde erneut eine Schmähschrift gegen die Fremden angeheftet. Und sie ist mit *Tamerlan* unterzeichnet. Der

Kronrat erteilte dem Bürgermeister und den Aldermännern den Befehl, den Verfasser des Pamphlets auszuforschen und die, die flink mit der Feder umzugehen wüssten, in Untersuchung zu nehmen."

Marlowe erschrak bis ins Mark.

Poley wurde von seinem Begleiter zu einem stattlichen Stadthaus gebracht, dort von einem Diener in Empfang genommen und in einen bescheidenen Raum geleitet. Es war ein anonymes Büro ohne jeden Hinweis darauf, wer hier arbeitete. Hinter einem breiten Schreibtisch saß ein Mann um die Dreißig. Er war klein, eine Art Kobold mit einem schlauen, spitzen Gesicht. Die Schultern waren ihm im Nacken zu einer Kuppe zusammengewachsen.

Der bucklige Sohn des Lordkanzlers Burghley schaute auf, unterzeichnete mit schwungvoller Geste ein Schriftstück und erhob sich.

„Master Poley, ich danke Ihnen, dass Sie so freundlich waren, meiner Einladung zu folgen. Darf ich Ihnen etwas zu trinken anbieten?"

Poley verbeugte sich und bat um einen Becher Wein. Der Diener schenkte ein und zog sich zurück. Sie saßen eine Weile schweigend da. Poley bemerkte die kostbaren Kleider an der hageren Gestalt seines Gegenübers. Seine Stimme war dünn und ausdruckslos, die Augen scharf und bohrend.

„Agent Marlowe scheint in ein kleines Problem verwickelt zu sein", sagte Sir Robert.

Poley fragte: „Inwiefern, Mylord?"

„Die Stadt ist geschwächt von der Pest und nervös angesichts eines drohenden Krieges. Es gehen wieder mal Gerüchte, dass die Spanier bald unsere Häfen erreichen. Die Zeiten sind verzweifelt und man könnte denken, es gibt Wichtigeres. Der Kronrat führt Untersuchungen gegen Marlowe."

„Weshalb, Mylord?"

„Wegen Ketzerei." Sir Robert nippte an seinem Wein. „Aber keine Sorge, noch ist er auf freiem Fuß."

„Das hat er gewiss Ihnen zu verdanken, Mylord."

Sir Robert beugte sich vor und lächelte wie ein Lehrer, der seinem Schüler zur Bewältigung einer Aufgabe gratuliert.

„Immerhin hat er der Königin gute Dienste geleistet", erläuterte er.

Poley seufzte vernehmlich.

Cecil fuhr fort: „Ich werde meine Hand über ihn halten, solange er mir von Nutzen ist. Auch müssen wir darauf achten, dass er nicht Dinge ausplaudert. Er weiß einfach zu viel."

Poley nickte. Er hatte vollkommen verstanden, was Sir Robert meinte.

„Ich möchte, dass Marlowe jede Gelegenheit nutzt, sich im Haus Raleighs aufzuhalten und über alles, was geschieht und gesprochen wird, umgehend Meldung erstattet. Übermitteln Sie ihm das."

Damit war Poley entlassen. Draußen auf der Straße atmete er tief durch. Gegen Raleigh sollten sie also vorgehen, diesen edlen und niederträchtigen Menschen. Hat er nicht Bischöfe um ihre Pfründe gebracht und goldene Wege in neue Welten geebnet? Raleigh ist ohne Zweifel der berechnendste unter den Höflingen und ohne jeden Skrupel. Er ist ein guter Geschichtenerfinder, jedoch ein armseliger Ränkeschmied. Er kann Rauch wiegen und Gott herausfordern. Er pflegt Gesellschaft mit Hexenmeistern und Magiern, mit Grafen und Beratern der Königin. Bis vor kurzem war er noch ihr Favorit. Nun sollte er also verraten werden. Das würde Essex ebenso freuen wie Sir Robert. Aber Marlowe vermutlich nicht.

Poley musste so schnell wie möglich Kontakt zu Thomas Walsingham aufnehmen.

**Aufbruch (1593)**

Schon vor dem Verhör hatte Marlowe hin und wieder den Wunsch verspürt, London hinter sich zu lassen und woanders neu anzufangen. Das quirlige Leben am Theater gefiel ihm nicht mehr. All diese Vorspiegelungen! War das nicht ein falsches und hohles Spiel? Er riss Gestalten der alten Geschichte aus ihren Gräbern, ließ sie noch mal leiden, damit die Zuschauer ihr Vergnügen hatten. Alle wollten Blut sehen. Als ob es nicht schon genug Tod und Verzweiflung gäbe. Nein. Die Leute gingen ins Theater, um sich mit vorgespielten Grausamkeiten von den tatsächlichen abzulenken.

Er war in vieles eingeweiht, das höchst geheim war. Auch das war ein Spiel mit dem Tod. Tom hatte ihm gesagt: „Es geht um den Tod der Bösen. Die Feinde Englands müssen zu Staub werden." Als ob das so einfach wäre! Aber nun wurde er selbst zum Feind Englands gestempelt. Eigentlich hätte ihm das klar sein müssen, denn er legte sich keine besondere Zurückhaltung auf, um seinen Lebenswandel und seine Gesinnung zu verbergen. Er hatte geglaubt, dass seine mächtigen Freunde ihn schützen würden. Es wurde ihm nun bewusst, dass es selbst unter den Mächtigsten niemanden gab, der nicht sehr tief fallen konnte. Selbst Könige nicht. Das hatte er doch in seinem Tamerlan schon gezeigt.

Nun würde er endlich aufbrechen. Er war aufgekratzt und fühlte sich ungeheuer erleichtert. Er hatte die Schlinge bereits um den Hals gespürt. Auf dem Weg zum Themseufer war ihm, als schwebe er. Er nahm die Pestleichen nicht wahr, hörte weder Gebetsgeleier noch Verzweiflungsschreie aus den angrenzenden Häusern. Er bestieg mit Skeres und Frizer ein Boot, das sie themseabwärts nach Deptford bringen sollte. Wilde Hoffnungen keimten in ihm auf. Im dortigen Hafen würde er sich in ein anderes Land aufmachen. Hier war Francis Drake zu seinem Beutezug nach Südamerika aufgebrochen. Hier musste auch sein Aufbruch erfolgen. Er atmete tief ein. Sah auf zu den Häusern, die sich auf der London-Bridge aufreihten, sah hinauf zu einem dort aufgespießten Kopf eines Hingerichteten. Blickte hinüber zu den zahlreichen Kirchtürmen, winkte im Geiste zur Southwark-Kathedrale und zum Rundbau des Theaters der Bankside. Er war nur von einem Gedanken beseelt: Weg vom Blutgerüst, raus aus der Peststadt! Plötzlich schien ihm alles wieder möglich. Sie glitten vorbei an ankernden Schiffen, vorbei an Häusern und Menschen, an Büschen und Bäumen.

Die Eindrücke, die sie in Deptford erwarteten, waren ebenso düster wie in London. Doch wichtig war für Marlowe nur, dass der Ort sich sieben Meilen flussabwärts vom Tower von London und dem gefolterten Thomas Kyd befand.

Vor fünfzig Jahren war Deptford noch ein Fischer- und Korbflechternest gewesen. Mit dem Bau der beiden Werften, den bedeutendsten des ganzen Landes, nahm das Dorf einen steilen Aufschwung. Die erste Häuserzeile an der Themse bestand größtenteils aus Schlachtereien. Sie deckten den Bedarf der Flotte an Gepökeltem und stillten den mächtigen Fleischhunger der Königin und ihres Gefolges. Denn Elisabeth weilte häufig im nahegelegenen Greenwich, dem schönsten ihrer Domizile, mit ausgedehnten Rasenflächen und dem Blick auf den Fluss, wo imposante Galeonen mit gesetzten Segeln vorbeikamen. Ein Palast der Träume, fern vom Trubel und Schmutz der Hauptstadt London.

Sie näherten sich Deptford mit großer Geschwindigkeit, bei ablaufendem Wasser wurden die Boote wie von selbst Richtung Mündung gezogen. Im Hafen von Deptford drängte sich Schiff an Schiff. Durch den Wald aus hohen Masten und das Netz der Takelagen war das Ufer kaum noch zu erkennen. Dutzende großer Schiffe, Galeonen und Barken, lagen vertäut und ihre riesigen eichernen Aufbauten überragten die Häuser am Ufer.

Die Gaststube, die sie ansteuern wollten, lag am Rand des Ortes und Frizer hielt eine Lohnkutsche an. Überall sahen sie Trupps von

Seeleuten und Matrosen, die herumlungerten, weil sie wegen der Pest nicht an Bord ihrer Schiffe zurückdurften. Keins der düsteren Bilder konnte Marlowes Stimmung trüben. Er betrat leichtfüßig und beschwingt die Taverne. Sie waren angemeldet und die Wirtin Witwe Bull wies ihnen einen separaten Raum an. Das Mädchen vom Ausschank brachte ihnen Bier und Gin. Marlowe sprach über seine Pläne. Er würde untertauchen, nach Irland reisen, ganz weit in den Westen, vielleicht auf die Araninseln. „Dort kann ich einstimmen in das Gebrüll des Sturms und keiner wird es hören, da kann ich die Sterne verhöhnen und niemand spürt mich auf. Und ich werde schreiben, schreiben, schreiben. Und keiner stört mich dabei. Und du Ingram holst das Geschriebene ab, bringst es nach London. Beim nächsten Besuch übergibst du mir dann das Geld, das mein Stück eingespielt hat, und nimmst gleich das neue Manuskript mit."

Skeres meinte: „Natürlich können deine Werke nicht mehr unter deinem eigenen Namen erscheinen."

„Dann erscheinen sie eben anonym", erwiderte Marlowe.

„Sir Tom denkt, dass das Publikum anonyme Veröffentlichungen nicht sehr liebt. Wir benötigen einen Strohmann, der seinen Namen dazu hergibt und dafür Provision erhält. Und du brauchst eine neue Identität. Einen neuen Lebenslauf. Du wirst dich selbst ganz neu erfinden müssen", erklärte Frizer.

„Ich werde meine eigene Figur, ein Dichter, der sich selbst erdichtet", rief Marlowe theatralisch mit ausgebreiteten Armen.

Skeres und Frizer konnten seine Euphorie nicht nach-vollziehen. Sie blickten eher düster drein.

Marlowe trank einen großen Schluck von seinem Bier und fragte: „Wie geht´s jetzt weiter? Ich dachte, ich soll auf ein Schiff."

„Morgen. Wir müssen dich erst umbringen."

„Ach ja richtig, die Farce muss ja durchgespielt werden. Es reicht nicht, es einfach zu behaupten. Gut, dann fangt mal an."

„Wir warten noch auf Poley, wie du weißt."

„Wo bleibt er denn?"

„Er arrangiert noch etwas für dich. Das wird er uns erzählen, sobald er kommt."

„Wenn ihr mich zum Schein ermordet, wo kriegt ihr dann die Leiche her?"

„Das ist alles organisiert. Mach dir keine Gedanken", antwortete Frizer. Aber Marlowe wollte alles wissen, bohrte so lange nach, bis sie es ihm erzählten. Kit verzog angewidert das Gesicht.

Poley kam gegen Abend. Die Wirtin trug ein gutes Mahl auf. Während des Essens erläuterte er den mit Tom Walsingham ausgetüftelten Plan.

„Vor kurzem ist ein junger Mann zu der Schauspieltruppe von Lord Strange gestoßen, der sich auch im Stücke schreiben versucht. Er ist im gleichen Jahr geboren wie Kit. Er heißt Shakespeare und kommt aus Stratford upon Avon. Ich habe mit ihm gesprochen, ob er seinen Namen für die Werke von Kit zur Verfügung stellt. Es sieht ganz so aus, als könnten wir ihn überreden."

Poley nagte gierig an einem Hühnerbein und schüttete Bier nach.

„Kenn ich ihn?", frage Marlowe.

Poley zuckte mit den Achseln und meinte: "Er ist sehr zurückhaltend und wurde nicht oft bei den Saufgelagen in den Tavernen gesehen."

Sie schwiegen alle vier, aßen und tranken, dann ergriff Poley erneut das Wort: „Sir Tom und ich haben außerdem Folgendes herausgefunden. Sie haben es nicht auf Marlowes Kopf abgesehen. Sie wollen ihn benützen, Raleigh zu belasten. Es scheint durchgesickert zu sein, dass Kit oftmals bei diesen Abendgesellschaften war, auf denen angeblich Häresien und Blasphemien verbreitet werden. Viele bezeichnen diese Zusammenkünfte als *Schule der Nacht oder auch Schule des Atheismus.*

Um einen erneuten Aufstieg Raleighs am Hof zu verhindern, sind seinen Konkurrenten alle Mittel recht. Es dürfte ja bekannt sein, dass zwischen Robert Cecil und Robert Devereux eine ziemliche Rivalität besteht. Aber in Bezug auf Raleigh sind sie sich vermutlich einig und wollen ihn wieder in Ungnade fallen lassen. Er gibt ja auch genügend Anlass dazu, weil er seine Freigeisterei geradezu zelebriert. Gerne würden sie ihm Religionsfrevel und Gottesverleugnung anhängen."

Marlowe schaute betroffen in die Runde: „Wäre meine Aussage wirklich so gewichtig, ihm gefährlich zu werden?"

„Na ja, sie könnten natürlich noch mehr Denunzianten herbeischaffen."

Frizer meinte: „Das spielt aber jetzt alles keine Rolle. Es ist klar, dass du verschwinden musst. Ich vermute, dass du nur deshalb auf freiem Fuß bist, weil Cecil sich für dich eingesetzt hat. Der Kronrat zögert noch. Aber der Erzbischof ist sehr aufgebracht. Es ist eine Frage der Zeit, bis sie dich schnappen. Und dann wartet mit Sicherheit die Streckbank auf dich."

Poley sagte: „Kyd ist übrigens aus dem Tower entlassen worden. Aber es geht ihm verständlicherweise nicht gut. Man hat ihm beide Hände gebrochen. Er wird vielleicht nie wieder schreiben können."

Marlowes Euphorie war mit einem Mal verschwunden. Er merkte, dass er zu viel getrunken hatte. Die Luft schwang vor seinen Augen wie ein dünner Vorhang. Das letzte Sonnenlicht drang durch das Fenster. Er stand auf, öffnete es und starrte hinaus.

*Homo fuge! Und wohin soll ich fliehen?*
*Will ich zum Himmel, reißt er mich zur Hölle.*
*Mich täuscht mein Aug, es steht ja nichts geschrieben,*
*Und doch, ich seh es hell, da stehts:*
*Homo fuge! Doch Faustus kann nicht fliehn.*

Zur Beruhigung taugten diese Verse nicht. Stattdessen ging ihm die Tragweite seines Entschlusses auf. Aber es war ja keine Entscheidung, es musste einfach sein, ihm blieb keine Wahl. Oder doch? Konnte er sich nicht vor dem Kronrat rechtfertigen und die Beschuldigung Kyds zurückweisen? Das Risiko war zu groß, dass Poley und Tom mit ihren Vermutungen recht hatten. Letztendlich konnte er auch anderen gefährlich werden, da er in vieles eingeweiht war, was sich hinter den Kulissen der Politik abspielte.

Marlowe setzte sich wieder an den Tisch. Die Hausmagd räumte die Speisereste weg, brachte einen Kerzenleuchter und neues Bier.

Poley nahm ein Schreiben aus seiner Tasche und sagte: "Du musst diesen Vertrag unterschreiben. Darin wird vereinbart, dass du über alles Schweigen bewahren musst, was deine Rettung betrifft. Du musst dich verstecken und in Verborgenheit leben. Für deine künftigen Werke benutzen wir das Pseudonym William Shakespeare und für deine Reise benutzt du den Namen Richard Barnfield."

„Und mit welchem Namen unterschreibe ich diesen Wisch?"

„Natürlich mit Marlowe. Noch bist du nicht tot."

„Reicht Tinte oder muss ich mit Blut unterzeichnen?"

Poley grinste und stieß ihn gegen die Schulter. Marlowe unterschrieb, Frizer und Skeres bescheinigten die Vereinbarung als Zeugen.

„Wenn du dich nicht an diesen Vertrag hältst, können wir alle, auch Walsingham, in große Schwierigkeiten geraten. Der Kronrat wird sagen, dass wir ihn betrogen haben, um dich der gerechten Strafe zu entziehen."

Marlowe machte eine vage Handbewegung und dachte daran, wie erfolgreich, seine letzten Werke aufgeführt worden waren, *Der Jude von Malta* und *Das Massaker von Paris*.

Marlowe fiel ein Vers aus dem Tamerlan ein:

*Wer diesen Punkt erstiegen hat, der stürzt.*
*Und da ich doch nicht höher steigen kann,*
*Warum beklagen, dass es abwärts geht?*

Dann war es so weit. Poley gab Marlowe letzte Anweisungen, Frizer gab ihm die Schweinsblase, die er unter sein Hemd steckte. Die Inszenierung konnte beginnen.

**Ermordung**

30. Mai 1593

Das Kaminfeuer war bis auf einige noch glimmende Scheite heruntergebrannt. Marlowe schrie: „Da habt ihr die Rechnung ohne den Wirt gemacht." Daraufhin riss Frizer die Tür auf und rief in den Flur: „Da will einer seine Zeche nicht zahlen." Er schloss die Tür wieder und warf sich in einen Sessel. Marlowe packte ihn am Kragen und bedachte ihn mit üblen Beschimpfungen, die von Frizer in gleicher Weise erwidert wurden. Marlowe ließ von Frizer ab und lachte ihm ins Gesicht: „Mit Vergnügen mache ich euch einen Strich durch die Rechnung, sowohl dem Kronrat als auch dem Geheimdienst".

„Die Verfügung kommt von Sir Thomas Walsingham! Du nichtsnutziger Schreiberling!", schnauzte Frizer und schüttete ihm einen Humpen Bier ins Gesicht.

Marlowe wischte sich mit dem Ärmel übers Gesicht und brach in Gelächter aus. „Bei meiner Verhaftung lasse ich euch alle auffliegen. Über jeden von euch, bis rauf zu den höchsten Rängen, hab ich durchweg belastende Details auszupacken."

„Eben deshalb musst du auch verschwinden. Aber du hast immer noch nicht kapiert, dass es nicht um uns, sondern um dein Leben geht, verflucht."

Marlowe verstummte und wurde blass. Frizer sprang auf und schrie ihn an: „Spiel weiter! Stell dir vor, wir sind im *Rose* auf der Bühne." Marlowe schüttelte traurig den Kopf: „Mein Leben kann ich retten, ja – aber was ist das für ein Leben?"

„Willst du dir lieber auf der Streckbank die Seele aus dem Leib schreien? Und anschließend an den Galgen? Und wenn sie dich gehenkt haben, schneiden sie deinen Bauch auf, dass die Gedärme herausquellen. Wär dir das lieber?", fragte Poley.

„Wegen deiner Gedärme wär es vielleicht egal, aber sie machen es manchmal so geschickt, dass du es selbst noch sehen kannst", ergänzte Skeres brutal.

Marlowe verzog angewidert das Gesicht. Er war einmal gezwungen worden, einer solchen Hinrichtung beizuwohnen. Grauenhaft. Danach war ihm tagelang übel gewesen.

„Du hast keine Wahl", sagte Skeres.

„Wir haben alles perfekt arrangiert. Vor allem kannst du nach wie vor Stücke schreiben und dichten nach Herzenslust", hielt ihm Poley vor Augen.

„Ja, das haben wir ihm ja alles schon tausendmal erklärt", warf Frizer ungeduldig ein. Er zog seinen Dolch aus dem Gürtel und rammte ihn Marlowe in den Leib. Nach guter Theatermanier schrie Marlowe laut und verstummte dann abrupt.

Alarmiert von dem Getöse trat die Wirtin, die respektable Witwe Bull, auf den Plan und rief: „Was ist das für ein Radau da oben?" Sie machte sich ächzend hinauf in den ersten Stock. Oben angekommen schimpfte sie, gleichzeitig nach Luft ringend mit überschnappender Stimme: „Wo ist der Lump, der seine Zeche nicht zahlen will? Zu vier Kerlen den ganzen Tag hier rumhocken, fürstlich speisen, einen Humpen nach dem andern saufen und dann nicht zahlen wollen! Ich werde euch den Geldbeutel schon öffnen." Die Tür zu dem unheilvollen Zimmer stand halb offen und sie steckte ihren Kopf hinein. Helen, eine Hausmagd, die in der Gaststube den Ausschank versah, kam hinter ihr her gelaufen und sah über ihre Schulter ebenfalls in das Zimmer. Sie wimmerte: „Der ist tot. Der kann nicht mehr zahlen."

„Tot?", kreischte die Wirtin, stürzte ins Zimmer und sah Marlowe reglos und voller Blut auf dem Bett liegen. Von den anderen drei Herren war nichts zu sehen. Die Hausmagd lief hinunter zu den Ställen und rief gellend nach einem der Stallknechte. Inzwischen strebten etliche Leute aus der Gaststube die Treppe hinauf, um zu erfahren, was geschehen war. Langsam erwachte die Wirtin aus ihrer Schockstarre, wandte sich um und jammerte: „Hier liegt der Dichter Christopher Marlowe erstochen auf dem Bett und seine Mörder sind geflohen." Daraufhin stob die Meute die Stiege hinunter und rief lauthals: „Hinterher! Haltet die Mörder!" Helen kam mit dem Stallknecht und meinte: „Wie sollen sie denn aus dem Haus gekommen sein? Etwa durch das Flurfenster?" Die Wirtin nahm den Kerzenleuchter, schloss die Tür und ging mitsamt Hausmagd und Stallknecht nach unten in die Schankstube. Einige der Verfolger kamen zurück und baten um Lampen, Laternen und Fackeln, denn draußen sei es stockdunkel. Eilig wurden alle verfügbaren Kerzen und Fackeln herbeigeschafft. Helen wollte eine Laterne aus dem Mordzimmer holen und bat den Knecht, sie zu begleiten, denn es gruselte ihr gewaltig, die Suite, in der ein Toter lag, erneut zu betreten. Sie öffnete die Tür und angelte zitternd nach der Laterne, die direkt neben der Tür auf einem Sideboard stand, während der Knecht ihr mit einer Kerze leuchtete. Er blickte dabei wie gebannt auf das Bett und sah - nichts. Langsam ging er näher hin und begann nun ebenfalls zu zittern. Er rieb sich die Augen und ächzte: „Er ist weg!"

„Wer?", fragte die Magd dümmlich. Der Knecht wies stumm mit der Hand auf das Bett, woraufhin Helen heulend und zähneklappernd schrie: „Der Leibhaftige hat ihn geholt. Wie sonst soll er hier aus dem Zimmer gekommen sein?" Wenige Sekunden später stand die Wirtin, gefolgt von einigen Gästen in der Stube und leuchtete an ihren schlotternden Bediensteten vorbei auf das Bett, unter das Bett, hinter die Schranktür und konstatierte: „Er ist weg. Nur der Blutfleck ist noch da."

Trotz der frühen Stunde wurde der Constable von Deptford gerufen. Einen schweren Umhang um die Schultern mit matschtriefenden Schuhen öffnete er die Tür und rief mit dröhnender Stimme noch an der Schwelle: „Keiner verlässt das Haus!" Die Wirtin knurrte verdrießlich: „Die meisten sind sowieso schon gegangen."

„Weshalb habt ihr mich rufen lassen? Zu dieser nachtschlafenden Zeit!", fragte der Constable mit amtlicher Wichtigkeit und Vorwurf in der Stimme.

Die Magd platzte heraus: „Eine grausige Mordtat …"

„Sie habe ich nicht gefragt", schnauzte der Constable.

Die Wirtin bestätigte: „Sie sagt die Wahrheit. Im oberen Stockwerk wurde jemand erstochen. Allerdings ist die Leiche verschwunden."

„Aha", meinte der Constable trocken. „Und wie viel habt Ihr getrunken in Eurer Schankstube? Wenn das ein Scherz sein soll, dann nehmt Euch in acht. Ich kann Euch ohne weiteres festnehmen. Ob mit oder ohne Leiche."

Er zeigte mit dem Finger auf den Stallknecht: „Was hat Er gesehen?"

„Nichts", antwortete dieser prompt.

„Wie nichts?"

„Na ja, der Tote war fort."

Der Ordnungshüter seufzte und wünschte sich sehnlichst in sein warmes Bett zurück. Er rollte mit den Augen und wandte sich nun an die Magd: „Was zum Teufel ist passiert?"

„Es war Marlowe, der Dichter."

„Hat er hier ein Drama aufgeführt?"

„Nein, nicht er. Ich vermute, das Drama haben andere geschrieben."

Der Constable war nahe daran, seine Geduld völlig zu verlieren. Beherzt sagte nun die Wirtin: „Wenn Ihr mir folgen wollt. Ich zeige Euch das Zimmer. Der Blutfleck ist noch da."

Schwerfällig stapfte der Polizist die Treppe hinauf und ließ sich das Bett samt Blutfleck zeigen. Zurück in der Schankstube erklärte er: „Damit ist der Fall abgeschlossen. Ohne Leiche keine Mordtat. – Und nun mein Frühstück, wenn ich bitten darf. Ich nehme Porridge und gebratene Würstchen."

**Flucht**

Marlowe und Skeres seilten sich aus dem Fenster in den Innenhof ab. Frizer schloss das Fenster von innen und schlich mit Poley in den Flur. Sie versteckten sich in einer Abstellkammer und warteten auf eine günstige Gelegenheit, das Haus zu verlassen. Marlowe und Skeres huschten geduckt an den Ställen vorbei zum Tor. Die Pferde schnaubten leise. Sie öffneten das Tor einen Spalt und schlüpften hinaus. In derselben Sekunde hörten sie die Magd, die laut schreiend nach dem Stallknecht rief. Sie stürzten in die wartende Kutsche, die sich sofort in Bewegung setzte, noch bevor die Verschläge geschlossen wurden. Der Kutscher knallte mit der Peitsche, um die Pferde in Gang zu bringen und nach der nächsten Kurve jagten sie in halsbrecherischem Galopp davon. In dem Wagen saß Tom Walsingham mit einer kleinen Laterne. Keiner sprach auch nur ein Wort. Am Hafenkai angekommen hielt die Kutsche, sie stiegen aus und eilten sogleich auf ein Schiff. Sie betraten eine Kajüte, die

Walsingham für seinen Freund reserviert hatte. Skeres berichtete kurz, dass alles wie geplant gelaufen sei, und verließ die beiden. Tom stellte seufzend eine große Ledertasche auf den Boden und sah Kit an. In seinen Augen standen Tränen. Er reichte dem Freund eine kleine Mappe und sagte: „Hier sind Geld, Passierscheine und wichtige Adressen. Das Schiff läuft in etwa zwei Stunden aus."

Mit zittrigen Händen nahm Marlowe die Mappe entgegen und fragte: „Wohin wird mich das Schiff bringen?"

„Nach Calais. Von dort solltest du nach Südfrankreich reisen. Ich habe dir unter anderem eine Adresse in Bordeaux aufgeschrieben. Dort wohnt ein Freund von mir, der dich aufnimmt und dir weiterhilft."

Tom konnte nicht weitersprechen, er begann zu weinen. Marlowe nahm ihn in die Arme. Auch er konnte seine Tränen nicht mehr zurückhalten.

„Ich danke dir für alles, was du für mich getan hast", sagte Marlowe, „ich werde dich nie vergessen und die Hoffnung nicht aufgeben, dich wiederzusehen."

„Wenn möglich, meide Paris. Es könnte dich dort jemand erkennen", riet Tom, die Tränen zurückdrängend.

Sie klammerten sich lange aneinander und küssten sich. Schließlich verließ Tom die Kajüte.

**Die Untersuchung**

Deptford lag an der Straße von London nach Dover. Es gab kaum ein Gebiet, in dem so viele Gewalttaten stattfanden, so viele Leute verschwanden, so viele Leichen auftauchten. Dockarbeiter versoffen ihren Lohn und wurden schließlich ausfällig, Seeleute kamen nach monatelangen Fahrten von Bord der Kriegs- oder Handelsschiffe, vertranken ihre Heuer und prügelten sich.

Königin Elisabeth hielt sich zur besagten Zeit in ihrem Sommerlandsitz in Greenwich auf, wo sie sich vor jeder Ansteckung sicher glaubte. Deptford befand sich mithin in der Zwölfmeilenzone, die um die Residenz der Herrscherin gezogen wurde. Deshalb wurde ein königlicher Untersuchungsrichter einberufen, der den Tod Marlowes untersuchen sollte. Dazu musste er zunächst einmal eine Leiche herbeischaffen. Und William Danby wusste Rat.

Ein Tag zuvor war der Dissident John Penry wegen des Verfassens häretischer Literatur nur zwei Meilen von Deptford gehängt worden. Man hatte seinen Körper nicht aufgeschnitten, um die Gedärme herausquellen zu lassen, er war jedoch vor seiner Hinrichtung gefoltert worden.

Sein Leichnam wurde nach Deptford gebracht. Sechzehn Bürger, zumeist Handwerker aus der Umgebung, wurden zusammengerufen, um den Leichnam als den von Christopher Marlowe zu identifizieren, wobei sie lediglich das Gesicht des Toten zu sehen bekamen, das bis auf eine Wunde über dem rechten Auge unversehrt war.

Schließlich wurden Ingram Frizer, Nicholas Skeres und Robert Poley verhört und ihre Aussagen im Protokoll festgehalten. Dem zusammenfassenden Bericht Danbys zufolge habe es Streit zwischen Frizer und Marlowe gegeben, da sie sich nicht über die Bezahlung der Rechnung einig werden konnten. Marlowe habe plötzlich voller Wut seinen Dolch gezogen und Frizer verletzt, woraufhin dieser versuchte, ihm die Waffe abzuringen. In dem folgenden Gerangel habe er in Verteidigung seines eigenen Lebens Marlowe den Dolch ins rechte Auge gestoßen. Der Stich ging am Auge vorbei direkt ins Gehirn, so dass der Dichter auf der Stelle tot war.

Entsprechend lautete das Urteil, das Ingram Frizer aus Notwehr gehandelt habe. Er kam ins Gefängnis und wurde nach vier Wochen von Königin Elisabeth begnadigt. Der Leichnam wurde gleich nach dem Urteil in einem ungekennzeichneten Grab auf dem Kirchhof von Sankt Nicholas in Deptford beerdigt.

## 2. Teil: Überleben

**Unterwegs**

Marlowe war elend zumute. Keine Spur mehr von der Euphorie eines Neuanfangs. Die Zukunft lag vor ihm wie grauer zäher Nebel, während die Maisonne durch die Wolken schien und auf den Wellen tanzte, als wolle sie ihm neckend zurufen: Schau, wie wundervoll das Leben ist! Er aber dachte: Warum versprichst du mir einen so schönen Tag? Ich fühle mich wie ein Bettler im Winter ohne Mantel, hinausgestoßen aus dem Kreis meiner Freunde. Niemand wird mehr meinen Namen nennen, ganz gleich, was ich tue.

Er nahm die Mappe seines Freundes hervor, um zu sehen, welche Adressen Tom ihm aufgeschrieben hatte. In Bordeaux sollte er Anthony Bacon treffen. Er kannte ihn und seinen Bruder von Cambridge. Vor allem an den geistreichen Francis konnte er sich lebhaft erinnern. Er hatte die Aussage geprägt: „Wissen ist Macht" und plädierte dafür, die Natur unvoreingenommen zu erfassen, indem man sich von allen Trugbildern befreite.

Tom hatte ihm sogar eine Karte Frankreichs beigelegt. Als er sie betrachtete und sah, wie weit entfernt Bordeaux noch war, sank ihm erneut der Mut. Er strich mit den Fingerspitzen zärtlich über die Landkarte und verstaute sie dann wieder in der Ledermappe.

In Calais nahm er ein Postpferd, das er an bestimmten Stationen gegen ein ausgeruhtes austauschen konnte. Das war nicht ganz billig, aber er kam dadurch zügig voran. Wie Tom ihm geraten hatte, mied er Paris und übernachtete westlich der Hauptstadt in Montford und reiste dann zu Fuß weiter. Unterwegs lud ihn jemand ein, auf seinem Pferdefuhrwerk mitzufahren. Sie sahen viele Pilger, die auf dem Weg nach Chartres waren. Der Kutscher erzählte ihm, dass in der Kathedrale die Tunika der Jungfrau Maria aufbewahrt werde, die sie getragen habe, als der Erzengel Gabriel ihr die Geburt Jesu verkündete. Diese Reliquie wurde in höchstem Maße verehrt und zog Wallfahrer von nah und fern an.

Die hohen Türme der Kirche waren in der flachen Landschaft schon von weitem zu sehen. Marlowe kannte ja die riesige Kathedrale von Reims, dennoch war er von den Ausmaßen der Kathedrale beeindruckt. Ihm gefiel das Labyrinth im Innern der Kirche, das viele

Pilger abschritten. Die Fenster erstrahlten in einem besonderen Blau, einem Kobaltblau aus dem Erzgebirge, wie er später in seiner Herberge erfuhr.

Für die nächste Etappe mietete er sich erneut ein Pferd, doch es war ein lahmer Gaul und es gab keine Station, an der er es austauschen konnte. Als er so dahinritt, befiel ihn Melancholie, als er daran dachte, wie weit er nun schon von London entfernt war. Am Abend schrieb er in seiner Herberge in sein Notizbuch:

*Wie schwerfällig reise ich auf meinem Weg dahin, da ich das Ziel der langen Fahrt nicht finde. Jede Meile trägt mich hinweg von meinem Freund. Selbst das Tier, auf dem ich sitze, ist erschöpft von meinem Weh und trägt die Schwere in meinem Herzen auf seinem Rücken mit. Es spürt, dass es der Reiter nicht wünscht, schneller und weiter von dir wegzukommen. Ich lasse das Pferd meine Sporen nicht spüren, höchstens manchmal aus Versehen im Zorn. Dann stöhnt es auf und das erinnert mich daran, dass mein Schmerz vor mir liegt und meine Freude hinter mir.*

*Warum sollte ich mich beeilen? Das langsame Gehen zieh ich vor und Hast ist nicht nötig. Es sei denn, ich könnte zurückkehren. Da würde mir die äußerste Schnelligkeit langsam erscheinen. Selbst wenn ich auf dem Wind reiten könnte, wäre es nicht rasch genug. Nichts würde Schritt halten mit dem Begehren, das aus der innigsten Liebe entsteht.*

Reisewagen

In den nächsten Tagen regnete es beständig und Marlowe entschloss sich, in einer Postkutsche weiterzureisen. Seine Fahrt ging nun weiter in einem Leiterwagen, der mit einer Plane überspannt war. Man saß darin auf Holzbänken mit Felldecken in zwei Reihen quer zur Fahrtrichtung gegenüber. Der Vorteil war, dass man im Trockenen saß und sich unterhalten konnte, doch das Gefährt war so langsam, dass es von Fußgängern überholt wurde. Außerdem schwankte es auf den schlechten Straßen und bei jedem Schlagloch wurde man unsanft durchgeschüttelt. Nach dieser Fahrt war Marlowe abends wie gerädert, obwohl er keinen Schritt gelaufen war. Es überkam ihn große Ungeduld, er wollte endlich in Bordeaux ankommen.

Nach zwei Monaten unentwegten Reisens mit wenigen Ruhetagen war es endlich so weit. Er näherte sich der Stadt. Der Weg war gesäumt von Weinbergen, kleinen lichten Wäldchen und Chateaus. Auf der gut ausgebauten Straße war reger Verkehr. Bauern brachten ihre Erzeugnisse auf Ochsenkarren oder Tragekörben zum Markt. Zahllose Reiter und Fußgänger streben auf die Stadt zu oder verließen sie. Von weitem sah man im Norden und Westen zwei riesige Kastelle und die Kathedrale Sant-André in der Mitte der Stadt aufragen. Dann kamen sie an den Rand des Plateaus und mussten ein steiles Stück hinabsteigen, um ans Ufer der Garonne zu gelangen. Es war ein breiter Fluss und es gab keine Brücke. Mensch und Vieh mussten auf Booten und Fähren in die Stadt hinübergebracht werden. Während Marlowe am Ufer darauf wartete, Platz in einem Boot zu bekommen, erklärte ihm ein reisender Kaufmann: „Einige Kilometer flussabwärts vereinigt sich die Garonne mit der Dordogne zum über 70 Kilometer langen Mündungstrichter Gironde. Bis in das Stadtgebiet hinein sind daher die Gezeitenkräfte zu beobachten. Bei Flut drückt das einströmende Meerwasser den Fluss zurück und hebt den Pegel um etwa einen Meter. Die entstehenden Strömungen sorgen für Strudel und ein unruhiges Oberflächenwasser. Bisweilen kann sich auch eine regelrechte Welle dutzende Kilometer flussaufwärts bewegen. Ich bin im letzten Jahr hier mit meiner ganzen Ladung baden gegangen. Im Augenblick ist das Wasser ruhig, es setzt gerade Ebbe ein."

Die Stadt war von einer massiven Stadtmauer umgeben und Marlowe ging durch die Porte de Bourgogne hinein und suchte die Adresse von Anthony Bacon.

Dort wurde er herzlich willkommen geheißen. Er war schon erwartet worden, da sowohl Thomas Walsingham von London aus und Marlowe selbst von unterwegs geschrieben hatten. Bacon ließ ihm ein Gästezimmer zuweisen, und nachdem Marlowe sich in einem

Badezuber vom Staub der Reise befreit hatte, traf er seinen Gastgeber in einem behaglichen hellen Salon, von dem aus man einen Blick auf die roten Dächer der Stadt hatte.

"Das Abendessen lässt noch ein wenig auf sich warten, doch ich darf Ihnen schon einmal eine kleine Vorspeise reichen und dazu einen guten Trunk von den hiesigen Trauben kredenzen. Ich hoffe, die Reise war nicht allzu beschwerlich."

Marlowe verbeugte sich höflich und antwortete: „Ich danke Ihnen für Ihre Gastfreundschaft." Jetzt, wo er angekommen war, fühlte er sich plötzlich sehr müde, doch der köstliche Rotwein belebte ihn sogleich wieder und sie begannen ein reges Gespräch. Marlowe erzählte von seiner Reise und erklärte Bacon, warum er England hatte verlassen müssen. Offensichtlich hatte Tom ihm schon einiges dazu geschrieben, denn er schien nicht sehr erstaunt.

Marlowe erfuhr, dass Anthony zunächst für William Cecil und Francis Walsingham tätig gewesen war. „Nach Aufenthalten in Lyon, Montpellier, Toulouse und Marseille ging ich schließlich nach Bordeaux und war für Robert Devereux inoffizieller Kontaktmann zu Heinrich von Navarra, der ja nun seinem hugenottischen Glauben abgeschworen hat, um König von Frankreich zu werden. Ich habe hier ein Netzwerk von Verbindungsmännern und Informanten aufgebaut. Wahrscheinlich gehe ich bald nach England zurück."

Marlowe sagte: „Wie Sie in meinem Brief gesehen haben, habe ich den Namen Richard Barnfield angenommen."

Bacon beteuerte: „Das ist vernünftig. Den alten Namen dürfen Sie unter gar keinen Umständen mehr benutzen. Wenn Sie sich daran halten, können Sie vielleicht in ein paar Jahren wieder nach England zurück, wenn Sie das wollen. Es war auch sehr umsichtig von Ihnen, Ihren Klarnamen in Geheimtinte zu schreiben. Wenn Sie mit Tom Walsingham korrespondieren, behalten Sie diese Vorsicht bei. Für die Post können Sie natürlich meine Verbindungsleute in Anspruch nehmen."

„Ich musste schwören, die Geheimnisse meiner Lebensrettung nicht vor der Öffentlichkeit zu enthüllen. Andernfalls würde ich meine Freunde in Gefahr bringen."

„Bei mir ist Ihr Geheimnis gut aufgehoben. Ich werde schweigen wie ein Grab", beteuerte Bacon.

Am nächsten Tag zeigte Anthony seinem Gast die Stadt. Er erzählte ihm, dass Bordeaux noch im letzten Jahrhundert unter der Herrschaft Englands gestanden habe. „Als die Stadt nach der Schlacht bei Castillon wieder an Frankreich fiel, wurde das von den Bürgern, viele von ihnen mächtige und reiche Kaufleute, keineswegs begrüßt, da hierdurch die bisherigen Absatzmärkte in England wegfielen. Der französische König sicherte sich ab, indem er zwei große Festungen bauen ließ, im Norden das Château de la Trompette und im Westen das Château du Hâ."

Am Nachmittag schrieb Marlowe an seinen Freund:

*Ich bin gesund in Bordeaux angekommen. Die Reise verlief ohne größere Missgeschicke. Die Gegend und die Stadt sind sehr angenehm und ich genieße den vorzüglichen Wein, den es hier gibt.*

*Anthony Bacon ist ein zuvorkommender Gastgeber und ein liebenswürdiger Gesprächspartner. Er erzählte mir, dass er den Bürgermeister Michel de Montaigne gut gekannt habe. Er hat wundervolle Essays geschrieben, die ich mir von Anthony ausgeborgt habe. Er schreibt darin: "Man muss ertragen lernen, was man nicht vermeiden kann. Unser Leben ist wie die Harmonie der Welt aus widersprechenden Dingen, gleichfalls aus verschiedenen, langen und kurzen, hohen und tiefen, weichen und rauen Tönen zusammengesetzt. Der Tonsetzer, dem nur einige Tonarten gefielen, würde mit seiner Kunst nicht viel ausrichten. Er muss sich ihrer insgesamt zu bedienen und solche zu vermischen wissen. So müssen wir das Gute und das Übel verbinden, aus denen das Leben besteht."*

Mit Geheimtinte schrieb er auf die Rückseite:

*Wenn der träge Stoff meines Körpers wie ein Gedanke wäre, hielte diese heillose Ferne mich nicht auf. Denn trotz der weiten Entfernungen brächte er mich von den entlegensten Grenzen zu Dir. Schnell spränge der Gedanke über Land und Meer an den Ort, wo Du bist. Doch der Gedanke, dass ich kein Gedanke bin, bringt mich um den Verstand. So drängen sich Erde und Wasser, die unendlich langen Meilen wie unüberwindliche Hindernisse zwischen uns.*

*Liege ich von der endlosen Reise müde in meinem Bett und ruhen die erschöpften Glieder aus, schweift mein Geist unruhig umher und meine Gedanken gehen auf Pilgerfahrt zu Dir. In der Tiefe der Finsternis sehe ich Deine Liebe wie ein Juwel leuchten und das macht mir die schwärzeste Nacht schön.*

*Ich bin aus der Gunst der Menschen und des Glücks gefallen und beweine mein Ausgestoßensein. Ich belästige den tauben Himmel mit meinem unnützen Geschrei und verfluche mein Geschick. Doch dann denke ich zum Glück an Dich und mein ganzes Sein erhebt sich wie die Lerche bei Tagesanbruch von der dumpfen Erde und singt Hymnen vor dem Himmelstor. Denn das Gedenken Deiner Liebe bringt mir solchen Reichtum, dass ich es verschmähe, mit Königen zu tauschen.*

Wenige Tage später bekam er einen Brief von Tom. Er schrieb: *Ich hoffe, Du bist inzwischen in Bordeaux bei Anthony Bacon eingetroffen. Ich möchte Dir so schnell als möglich mitteilen, dass einige Wochen nach Deiner Abreise Dein Versepos "Venus und Adonis" unter dem Namen William Shakespeare in Druck gegangen ist. Wie besprochen wurde es Henry Wriothesley gewidmet, der immer noch unter der Vormundschaft von William Cecil steht. Anbei findest Du einen Wechsel über dein Honorar und ein Exemplar von "Venus und Adonis".*

*Die Pest wütete den ganzen Sommer über und zwang die Pemprokes Men, erneut auf Tournee zu gehen. Sie haben dem Buchdrucker William Jones für einen bescheidenen, aber bitter benötigten Betrag die Rechte an "Edward II." abgetreten. Jones hofft, dass der spektakuläre Tod von Marlowe den Absatz des Textes fördert. Anschließend reiste die Truppe nach Südengland, wo sie für geringe Gagen auftrat. Schließlich kehrte sie nach London zurück, wo sie sich auflösen musste. Sie ist bankrott. Mir ist zu Ohren gekommen, dass sie ihre Aufwendungen nicht mehr decken können und gezwungen sind, ihren Fundus zu verpfänden.*

Marlowe seufzte. "Venus und Adonis" war ein Auftragswerk, das William Cecil durch die Vermittlung von Tom bei ihm bestellt hatte. Cecil hatte die Vormundschaft über den jungen Wriothesley, der sich aber nicht fügen wollte, auf das Anraten seines Vormundes zu heiraten. Den ursprünglichen Mythos hatte er bei Ovid entdeckt und die Geschichte etwas abgeändert. Der schöne junge Mann widersteht den Verführungskünsten von Venus, er fühlt sich mehr zur Jagd als zur Liebe hingezogen.

Obwohl es so abgesprochen war, gab es Marlowe doch einen Stich, dass das Werk unter einem anderen Namen veröffentlicht wurde. Er strich eine Alaun- und Ammoniaklösung auf die Rückseite des Briefes. Sie hatten ausgemacht, die vertraulichen Stellen ihrer Briefe in Geheimschrift zu verfassen. Nach einigen Minuten wurde das Geschriebene sichtbar.

*Liebster Kit, ich wollte, ich könnte auf Deiner langen Reise bei Dir sein und die schlimmsten Unannehmlichkeiten von Dir abhalten. Es tut mir leid, dass Du diesen Weg gehen musst und dass ich selbst dazu beigetragen habe, Dich von mir zu entfernen.*

*In London wird über Deinen Tod verbreitet, Du seist getötet worden, weil Du Deine Zeche nicht bezahlen wolltest. Es habe Streit gegeben deswegen und Du habest Frizer in betrunkenem Zustand angegriffen. Ich kann diese Gerüchte nicht zerstreuen, ohne mich selbst zu verraten. Es ist ja das, was wir wollten: Alle halten Dich für tot, also wird Dich niemand verfolgen.*

*Lebe so gut, wie Du es vermagst!*

Marlowe war aufgewühlt und verärgert. Nicht nur sein Name war tot, auch sein guter Ruf. Gewiss, er hatte zu den „jungen Wilden" in London gehört, hatte sich hin und wieder betrunken, sich auch mal geprügelt, er war kein Kind von Traurigkeit gewesen, aber dass er jemanden angriff, weil er seine Zeche nicht bezahlen wollte, war unsäglich! Neben den Vorwürfen von Ketzerei und Atheismus nun auch noch das Gerücht um einen schmählichen Tod. Ihm kam in den Sinn, dass Poley jetzt sicher gesagt hätte, ein Tod am Galgen sei schmachvoller. Er setzte sich sogleich hin, um auf Toms Brief zu antworten.

*Es reicht nicht, dass Du durch die Wolken brichst, um auf meinem sturmgeschlagenen Gesicht den Regen abzutrocknen. Das ist eine Salbe, die zwar die Wunde heilt, jedoch nicht die Schmach. Auch kann Dein Bedauern kein Balsam für meinen Schmerz über den Verlust meines guten Rufes sein. Aber ich mache Dir keinen Vorwurf.*

*Wir müssen getrennt sein, obwohl wir eins sind in unentzweiter Liebe. So werden diese dunklen Flecken, die auf meinem Namen haften, von mir allein getragen. Ich darf Dich ohnehin nicht mehr offen kennen, damit all diese schlimmen Vorwürfe nicht auf Dich abfärben oder Dich gar in Gefahr bringen. Du kannst diese Gerüchte nicht zerstreuen und mein Andenken in Ehren halten. Sorge Dich um Deinen guten Ruf, denn er muss für uns beide reichen.*

*Lass Dich nicht nötigen, meine Verdienste zu rühmen, um Deine Liebe zu mir zu beweisen. Denn es gibt nichts Rühmenswertes, das nach meinem Tod erwähnt werden müsste. Die Wahrheit ist geizig, sie erlaubt nicht, dass Du für mich lügst. So sei mit meinem Leib auch mein Name begraben.*

*Als ich ging, habe ich alles sorgsam weggeschlossen, damit es ungenutzt bleibt, in sicherer Verwahrung vor falschen Händen. Doch Du, mein kostbarstes Glück und zugleich mein größter Kummer, Du bester aller Teuersten, Du allein bliebst als Beute für jeden gemeinen Dieb zurück. Dich hab ich nicht in eine Lade weggeschlossen. Dafür jedoch in diese zarte Umhegung meiner Brust, wo du kommen magst und gehen, wie es Dir gefällt. Dort wird niemand Dich zu stehlen versuchen.*

Marlowe und Anthony saßen am späten Nachmittag im Dachgarten des Hauses mit Blick auf die Weinberge.

„Es wird nicht mehr lange dauern, bis die Weinernte beginnt", sagte Anthony und schenkte dunkelroten Wein aus einer Karaffe ein. Er prostete seinem Gast zu, nahm einen Schluck und ließ ihn genüsslich in seinem Mund kreisen. Marlowe tat es ihm nach, holte seinen Tabaksbeutel heraus und begann seine Pfeife zu stopfen.

„Sind Sie auch diesem Laster verfallen?", bemerkte Bacon schmunzelnd.

„Möchten Sie?", fragte Marlowe und hielt ihm den Beutel hin.

„Nein, nein", wehrte er ab, „für mich nicht. Aber mein Bruder Francis hat das Tabakrauchen bei den Abendgesellschaften von Raleigh kennengelernt."

„Ich ebenfalls", antwortete Marlowe und zündete seine Pfeife an. „Glücklicherweise habe ich hier einen Kolonialwarenhändler gefunden, der Tabak vorrätig hatte."

„Haben Sie Neuigkeiten aus England erhalten", fragte Anthony.

Marlowe nickte und berichtete von der Veröffentlichung seines Werkes unter fremdem Namen und über die Pest, die in London noch immer herrschte, was bei Anthony eine Erinnerung weckte:

„Hier gab es im Jahr 1585 eine schlimme Pestepidemie. Der ersten Anzeichen des Ausbruchs waren das Signal, um nach dem Motto „Rette sich, wer kann" das Weite zu suchen. Wer sich einen Wagen oder ein Pferd leisten konnte, ergriff voller Panik die Flucht. Innerhalb von sechs Monaten starben 17.000 Menschen, die Hälfte der Bevölkerung. Sogar der damalige Bürgermeister, mein Freund Montaigne, floh mit seiner Familie aus der Stadt. Ich selbst natürlich auch. Es war grauenvoll, denn es nahm einem niemand auf, wenn man aus einer Peststadt kam. Die Felder blieben unbestellt, die Dörfer ringsum waren verlassen, die Leichen der Verstorbenen wurden nicht begraben. Doch bereits im Dezember war die Pest erloschen und wir kamen nach sechs Monaten zurück. Ich traf mich mit Montaigne in seinem Schloss, das während seiner Abwesenheit geplündert worden war. Sein Amt als Bürgermeister hat er verloren, mit der Begründung, er habe seine Stadt im Stich gelassen. Das war vielleicht nicht sehr heldenhaft, aber in der Zeit des Bürgerkriegs zwischen den Hugenotten und den Katholiken hat er tapfer und energisch standgehalten. Er vermittelte zwischen König Heinrich III. und dem Kronprätendenten Heinrich von Navarra, um Frankreich den Frieden zu sichern. Er war mit den geheimsten Aufträgen betraut und hat sie redlich ausgeführt.

Wie gefallen Ihnen seine Essays?"

„Sehr gut. Er war wohl neben seinen politischen Geschäften auch Philosoph."

„Ja, das kann man sagen. Er lebte zehn Jahre in einem Turm seines Schlosses in größter Isolation. Im dunklen Erdgeschoss war eine kleine Kapelle, eine enge Wendeltreppe führte zu einem runden Zimmer im ersten Stock, in dem er sein Schafzimmer hatte. Im Stockwerk darüber richtete er sich eine Bibliothek und sein Arbeitszimmer ein. Von dort aus hatte er den Blick auf sein Schloss und seine Felder. Er konnte alles sehen und überwachen. Aber niemand sollte ihn sehen und stören in seiner Abgeschiedenheit. Er beschrieb die Deckenbalken mit 54 lateinischen Maximen, nur eine war in Französisch verfasst, sie lautete: ‚Wer bin ich?' In diesem Refugium lebte er ein Leben in schöpferischer Muße.

Er sagte einmal zu mir: ‚Ich habe ein zartes Herz, das sich leicht beunruhigt. Wenn es sich mit etwas beschäftigt, dann kann schon eine Fliege, die dagegenstößt, es umbringen.' Er liebte Bücher und ging nie ohne eine Auswahl von Büchern auf Reisen. Seiner Meinung waren sie der beste Proviant, den man auf die Lebensreise mitnehmen kann."

Marlowe nickte und sog an seiner Pfeife. Anthony fuhr fort:„Er hat viel nachgedacht und geschrieben, aber nie von sich behauptet, dass er ein Philosoph sei. Er wollte nicht als Beispiel dienen oder eine Autorität sein. Sein höchstes Ziel war die individuelle Freiheit. Er sagte von sich, er sei ein vornehmer Herr, der nicht wisse, was er mit seiner Zeit anfangen soll und deshalb ab und zu ein paar Gedanken in formloser Weise aufzeichnet."

„Aber immerhin hat er sich zur Veröffentlichung seiner Gedanken entschlossen."

„Tja, auch der Weiseste entgeht der Versuchung nicht, auch der freieste Mensch hat seine Bindungen. Aber er wollte keine Lehre, kein Dogma, keine Behauptungen aufstellen."

Es entstand eine Pause, in der Marlowe sein Weinglas austrank und seine Pfeife neu stopfte. Bacon schenkte nach und fragte: "Haben Sie schon den Plan für ein neues Werk?"

Marlowe zog den Band der jüngsten Veröffentlichung aus seiner Tasche und reichte ihn Bacon. "Hier ist ein Exemplar von *Venus und Adonis*, vielleicht möchten Sie es lesen."

Bacon nahm es entgegen und blätterte darin. "Vielen Dank. Wird mir ein Vergnügen sein."

„Ich habe angefangen, ein Versepos über Lucretia zu verfassen."

„Da haben Sie sich ein heikles Thema ausgesucht. Was interessiert Sie daran?"

„Es geht um die Schändung einer Frau, aber auch allgemein darum, wie man mit Schande umgeht. Warum bringt sich Lucretia um? Wie ergeht es dem Vergewaltiger? Wie fühlt er sich nach der Tat? Mich fasziniert die Innenperspektive der Personen. Ich habe bei Montaigne gelesen, dass die Menschen mehr von ihrer Meinung, die sie über die

Geschehnisse hegen, gequält werden, als von den Geschehnissen selbst. Das ließe sich an diesem Beispiel gut durchspielen."

Bacon nippte an seinem Wein und nickte zustimmend. Marlowe zog die Essays aus seiner Tasche und las: *„Wenn das, was wir Übel und Pein nennen, an sich selbst weder Übel noch Pein ist, sondern nur insofern ihm unsre Phantasie diese Eigenschaft gibt, so steht es bei uns, es zu verwandeln.*

Montaigne führt recht kuriose Beispiele an, um seine These zu belegen."

Er lachte.

„Beispielsweise scheint es manchen Männern ein größeres Ungemach zu bereiten, eine hässliche Frau zu heiraten als gehängt zu werden."

Sie brachen beide in Lachen aus.

Dann fuhr Marlowe fort: „Damit will Montaigne verdeutlichen: Der Tod gilt doch allgemein als das größte Unglück, dennoch scheint es so zu sein, dass er in manchen Situationen als das kleinere Übel angesehen wird. Für Lucretia wiegt ihre Schande mehr als ihr Leben, sonst würde sie sich nicht umbringen. Und für Tarquin ist seine Begierde mehr wert als seine Ehre. Er sagt: *Das Schlimmste wär, dürft ich sie nicht umfassen.* Alles andere ist ihm egal."

**Italienreise**

Im Frühjahr des folgenden Jahres bot sich für Marlowe eine Gelegenheit, mit einem erfahrenen Begleiter nach Italien zu reisen. England war für Marlowe in die Ferne gerückt und was machte es schon, sich einfach weiter treiben zu lassen. Eine Heimat konnte es für ihn ohnehin nicht mehr geben. Da war es am besten, sich abzulenken und neue Eindrücke zu sammeln. Er kannte die Strapazen des Reisens, aber was machte das schon? Also zog er mit Bansioni los und nach vierzig Tagen erreichten sie eine Anhöhe nördlich von Rom. Die Stadt lag unter ihnen von Hügeln umgeben, von Vandalen verwüstet. Marlowe war im ersten Moment enttäuscht, denn von der einst ruhmreichsten Stadt Europas, dem Inbegriff der Zivilisation schienen nur noch Ruinen übrig.

Im Gegensatz zu anderen Städten des Landes, durch die wir gekommen waren, war der päpstliche Zoll an den römischen Toren von eherner Strenge: Unser Gepäck wurde bis in den letzten Winkel durchsucht, vor allem die Bücher, die wir dabei hatten, wurden kritisch beäugt. Doch wir brachten diese Visitation unbeschadet hinter uns, ohne dass etwas beschlagnahmt worden war.

Die Straßen in der Stadt waren eng und mit lockerem Kopfsteinpflaster versehen. Der Lärm der über die Steine holpernden Karren war ohrenbetäubend. Auf einer Ebene neben dem Tiber wohnten Handwerker, die ihre Verkaufsstände ohne jede Ordnung zwischen baufälligen antiken Palästen aufgestellt hatten. Auf den Gräbern römischer Herrscher weideten Rinder und Schafe. Sein Begleiter Bansioni erzählte, dass der Tiber im vorigen Dezember über die Ufer getreten war. Die Bevölkerung habe sich in das Hügelland retten müssen.

Abbruchtrupps schlugen Steine aus Mauern und Wänden, um sie an anderer Stelle zu verbauen. Sie kamen an Reihen verlassener Häuser vorbei, aus deren zerbröckeltem Mörtel Unkraut und Weinranken wuchsen. Zwischen den Säulen eines Tempels waren Schweine eingepfercht. Erst am Campo Fiori bemerkte Marlowe erste Zeichen zivilisierten Lebens. Es gab einen Markt mit Gemüse, Blumen, Fisch und Fleisch auf ansprechend hergerichteten Verkaufsständen. Ihm war aufgefallen, dass es im Umkreis von zwölf Meilen um Rom keine Korn-, Wein- oder Gemüsefelder gab, stattdessen nur ödes Brachland, auf dem in regelmäßigen Abständen Wachtürme standen, die zum Schutz vor Überfällen dienten. Er erwartete, in Rom darbende und ausgehungerte Menschen vorzufinden, doch überzeugte er sich nun vom Gegenteil. Es gab offensichtlich einen Überfluss an allen lebensnotwendigen Dingen.

Bansioni sagte: „Rom bietet ein jämmerliches Bild. Es wurde von Landsknechten des deutschen Kaisers geplündert. Sie raubten die Stadt auf barbarische Weise aus. Rom hat schon lange die Herrschaft über die Welt eingebüßt, doch beansprucht sie immer noch das Vorrecht auf die Seelen der Menschen, auf Himmel, Hölle und das versilberte Fegefeuer. Der Klerus macht zwei Drittel der Bevölkerung aus, das letzte Drittel bilden Juden und Kurtisanen. Die Pilger, die aus ganz Europa herbeiströmen, werden ausgeplündert und herumgestoßen. Um ihr Gewissen zu beruhigen, hat die Kurie einen Brauch eingeführt. Unweit des Petersdomes gibt es einen unscheinbaren Saal, wo sich jeden Tag um neun Uhr dreiundzwanzig

Pilger versammeln. Sie bekommen vier verschiedene Sorten Fleisch, Brot und reichlich Wein. Ein Prälat und mehrere Priester bedienen die Pilger bei Tisch. Bis vor kurzem nahm sogar der Papst an diesem Dinner teil."

Sie quartierten sich in einer Herberge ein, die einigermaßen sauber war, keine Selbstverständlichkeit, wie Bansioni versicherte.

Am nächsten Tag machte Marlowe sich auf zum Petersdom. Von weitem sah er schon die riesige Kuppel, nahezu fertig gestellt, doch immer noch von Gerüsten umgeben. Er wusste, dass dieses imposante Bauwerk von dem großen Künstler Michelangelo entworfen worden war. Als er die Kirche betrat, erblickte er sogleich die Bronzestatue des Heiligen Petrus auf seinem bronzenen Stuhl. Unzählige Gläubige gingen zu dieser Figur hin, bekreuzigten sich und küssten ihr die Füße, die dadurch einen ganz hellen Ton angenommen hatten, während die Statue selbst ziemlich dunkel, fast schwarz war. Marlowe stieß dieses Verhalten ab, das einem seelenlosen Metallgebilde solche Verehrung zuteilwerden ließ.

Da Rom ihn eher anwiderte als anzog, entschloss er sich alsbald abzureisen. Er teilte dem Wirt seine Absicht mit, dieser meinte jedoch, eine Abreise sei dieser Tage nicht so günstig.

„Wie meinen Sie das?", fragte Marlowe etwas ärgerlich.

Der Wirt machte eine vage Handbewegung und ließ Marlowe stehen. Kopfschüttelnd zog er sich in sein Zimmer zurück und packte seine Sachen. Dann ging er in den Gastraum, um eine Kleinigkeit zu essen. Da trat ein Herr an seinen Tisch und fragte auf Englisch, ob er sich zu ihm setzen dürfe. Marlowe deutete auf den Platz ihm gegenüber und der Gentleman stellte sich vor: „Mein Name ist Robert Meggat, ich komme aus der Nähe von Newbattle. Der Wirt hat mir eine Botschaft zukommen lassen. Ich möchte Sie warnen."

Marlowe stellte sich ebenfalls vor, sagte jedoch nichts über seine Herkunft. Meggat sah sich im Schankraum um und flüsterte: „Leute der Inquisition kontrollieren derzeit verstärkt Reisende aus dem protestantischen Ausland. Leider gibt es hier katholische Landsleute, die diese Blutsauger auf ihrer Meinung nach verdächtige Personen hetzen. Holen Sie Ihr Gepäck, ich bringe Sie bei jemandem unter."

„Aber ...", setzte Marlowe an, Meggat fiel ihm jedoch ins Wort und flüsterte eindringlich: „Bitte vertrauen Sie mir! Tun Sie, was ich sage."

Marlowe sah ihn prüfend an, stand dann auf und holte seine Sachen. Meggat hatte seine Kutsche in einer Nebenstraße warten lassen, sie stiegen ein und der Engländer erklärte: „Sie kontrollieren vor allem Abreisende. Ich bringe Sie ins Haus des Grafen Tyrone. Dort halten Sie sich erst einmal versteckt. Wir überlegen, wie wir Sie aus der Stadt herausbringen können".

„Warum tun Sie das?"

„Es gibt neben dem Spitzelsystem der Inquisition auch ein Netzwerk von Leuten, die gegen diese Schnüffler arbeiten. Wir haben einfach etwas dagegen, dass man Menschen verbrennt, nur weil sie etwas anderes glauben."

Marlowe verbrachte drei Tage in seinem Versteck, in der vierten Nacht brachten zwei Männer ihn zu einer Stelle an der Stadtmauer und halfen ihm hinüberzuklettern.

**Venedig**

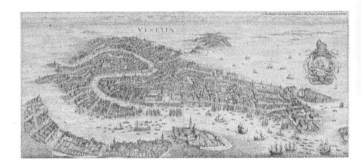

Auf dem Weg nach Ancona machte er die Bekanntschaft von James Arthur aus Schottland. Sie schifften sich nach Venedig ein und erreichten nach drei Tagen Malamocco, den Seehafen von Venedig. Mit einer kleinen Barke ließen sie sich zum Markusplatz rudern. Unscharf, wie durch Nebelschleier stieg die Stadt allmählich vor ihnen auf. Marlowe fragte sich, ob es nur eine Luftspiegelung über dem Meer war, doch dann erkannte er nach und nach eine erstaunliche Vielzahl von Glockentürmen, Klöstern und Palästen. Das Boot bog in einen breiten Kanal ein. Fenster, Balkone und Gärten tanzten vor den Augen wie Farbflecken, die sich zwischen den Ufern ausbreiteten. An den Seiten öffneten sich zahlreiche schmale Nebenarme, und auf den Wasserwegen schaukelten unzählige Barken in jeder Form und Größe. Sie waren in einer Stadt, die auf dem Meer zu schwimmen schien. Möwen und Tauben zerteilten den blassen Himmel und landeten auf dicken, dichtgedrängt stehenden Pfählen, die bemalt und mit Wappen geschmückt waren und den Booten als Poller dienten.

Ihr Boot wurde vertäut neben den Säulen mit dem Standbild eines geflügelten Löwen und der Statue eines bewaffneten Mannes.

„Der Löwe ist das Sinnbild des heiligen Markus, nach dem der Platz hier benannt ist, der andere ist der heilige Teodoro, der erste Schutzheilige der Stadt", erklärte James. „Zwischen den Säulen finden übrigens alle öffentlichen Hinrichtungen statt. So werden dem Fremden sogleich die Symbole der Macht Venedigs vor Augen geführt."

Als Marlowe seinen Fuß auf die Stufen zum Markusplatz setzte, überwältigte ihn das lebhafte Treiben. Die Menschen liefen in alle Richtungen durcheinander, schrien, drängelten, riefen sich Grüße zu und stritten sich lautstark. Marlowe und sein Begleiter wurden sofort als Fremde erkannt und von zwei Dutzend Jungen umringt, die sich als Führer durch die Stadt anpriesen. James wies einen etwa fünfzehnjährigen Jungen an, sie zu einem einfachen, aber guten Quartier zu bringen. Die Piazza San Marco schien nicht zu einer Stadt zu gehören, eher wirkte sie wie ein Tanzsaal oder das Oberdeck eines großen Schiffes. Sie gingen an dem mächtigen Campanile vorbei und der Bursche erklärte: „Hier ist der Sitz der Prokuratoren von San Marco, hohe Beamte der Republik. Jetzt gehen wir in

Richtung der Merceria, das ist die wichtigste Einkaufstraße." Er sprach einen italienischen Dialekt, den Marlowe nur mit Mühe verstand, zumal sie von einem unbeschreiblichen Gewimmel von Gesichtern und Stimmengewirr umgeben waren. In der Gasse befanden sich Läden und Stände. Sie endete am Kanal und stieß auf eine beeindruckende Holzbrücke. Beiderseits des Kanals lagen Schiffe, die be- oder entladen wurden. Der Junge sagte nur: „Rialto, meine Herren." Zur Rechten sahen sie eine riesige Loggia, deren Außenwände mit Fresken geschmückt waren. „Der Fondaco dei Tedeschi. Für Geschäfte aller Art, Banken, Agenten, reiche Leute. Und in dieser Faktorei da hinten ist der Sitz der Fugger." Schließlich blieben sie vor einem dreistöckigen Haus stehen, über dessen Tür ein Schild mit dem Bild eines Fässchens hing. „Die Locanda del Caratello", verkündete ihr Führer und verschwand im Inneren. Marlowe hatte vollkommen die Orientierung verloren, denn sie waren durch ein endloses Labyrinth aus Gassen, Brücken und Plätzen gegangen. Der Bursche erschien in der Tür und gab ihnen ein Zeichen, einzutreten. In der Taverne befanden sich an der Wand eine lange Reihe großer Fässer, ein Kamin und mehrere Tische. Eine Frau mit schwarzem Haar und kantigem Gesicht stellte sich vor und hieß sie willkommen. James Arthur und Marlowe nannten ebenfalls ihre Namen. Marlowe reiste noch immer unter dem Namen Richard Barnfield. Die Dame zeigte ihnen ihr Zimmer. Aus dem kleinen Fenster konnten sie die beeindruckende Kuppel des Doms und den Campanile sehen. Dennoch meinte Marlowe zu seinem Weggefährten: „Ich wüsste nicht, wohin mich wenden, wenn ich jetzt die Strecke zurückgehen sollte. Ich würde Gefahr laufen, mich direkt vor der riesigen Kirche wiederzufinden, ohne sie zu sehen." James erwiderte: „Ja, das ist Venedig. Man kann endlos weitergehen, ohne irgendwo anzukommen. Man kann aber auch verborgene, nie erträumte Orte erreichen. Und das Wunder wartet an jeder Ecke."

Am nächsten Tag gerieten sie auf dem Markusplatz in eine große Menschenmenge. Vom Campanile herab wimmerte ein klagender Glockenton herab und drang in jeden Kanalschacht und in jede Gasse. Das Wetter war prächtig und die Lagune glitzerte im Glanz der Sonne. Sie fragten einen Venezianer nach der Ursache des Menschenauflaufs und erfuhren, dass zwischen den Säulen ein Franziskanermönch hingerichtet werden sollte. Er hatte fünfzehn junge Nonnen geschwängert, deren Beichtvater er war, und das alles innerhalb eines Jahres. Die meisten dieser Novizinnen waren Töchter von Mitgliedern des Großen Rates. Da musste ein Exempel statuiert werden.

Marlowe kannte es von London, eine öffentliche Hinrichtung galt als ein unübertreffliches Spektakel und spannendes Schauspiel. Abscheu und Entsetzen über die Grausamkeit verbanden sich bei den Zuschauern mit wohligem Schauer und Sensationslust. Eine erwartungsvoll erregte Stimmung wie bei einem Volksfest machte sich breit. Keiner wollte sich das entgehen lassen. Marlowe und James blieben in der Menschenmenge hoffnungslos stecken. Auch an der Wasserseite des Platzes reihten sich die Menschen, Hunderte von Gondeln, Fährbooten und Barken füllten die Wasserflächen zwischen den vor Anker liegenden Handelsgaleeren. Geschäftstüchtige Händler verkauften allerlei Leckerbissen und Getränke. Marlowe konnte das Podest mit dem Galgen über die Köpfe der Leute hinweg sehen. Er fing einige Bemerkungen der Umstehenden auf, die den

Verurteilten schmähten und die Meinung vertraten, dass er seine Hinrichtung mehr als verdient hatte.

„Übrigens werden Spione und Feinde der Republik von der Inquisition heimlich in der Nacht ertränkt, und zwar im Canal Orfano zwischen den Inseln Grazie und San Servolo", berichtete James. Marlowe dachte an die grausamen Hinrichtungen der Verschwörer in London und an das Schicksal, dem er selbst knapp entronnen war. Er wurde aus seinen Gedanken gerissen, als dumpfer, monotoner Trommelschlag ertönte. „Jetzt geht es los, da bringen sie das Schwein", riefen einige der Umstehenden. Es erhob sich Geschrei und bösartiger Jubel. Das blutrünstige Gebrüll der Leute um sich herum ließen Abscheu und Übelkeit in Marlowe aufsteigen und er versuchte, sich mit Gewalt aus der Menge zu befreien. Er wollte das nicht sehen und nicht hören. Mühsam gelang es ihm, sich einen Weg durch das Menschengewühl zu bahnen und gelangte schließlich in eine kleine, stillere Gasse. Erleichtert atmete er auf und eilte davon, bis ihn der Lärm nur noch gedämpft erreichte. Doch vor den abstoßenden Bildern, die sich gegen seinen Willen vor seinem geistigen Auge einstellten, konnte er nicht weglaufen. Was fanden die Menschen nur dabei, zu gaffen und sich einen Spaß daraus zu machen, wie jemand öffentlich zu Tode gequält wird?

Dogenpalast

Die Hinrichtung ging ihm noch nach, doch hatte er in den folgenden Tagen die Gelegenheit, Venedig von einer schöneren Seite kennenzulernen. Am Canal Grande reihte sich ein prächtiger Palazzo an den anderen. Alle hochgestellten Familien, die Nobili der Stadt, wollten hier an der Hauptschlagader von Venedig ihren Reichtum und ihren Einfluss demonstrieren. Der Dogenpalast lag direkt am Ufer des Kanals, die Fassade war rautenförmig gemustert und mit feingliedrigen Balustraden, zahllosen Bögen, kleinen Säulen und Türmchen verziert. Die Dachkante wurde von Zinnen gekrönt. Er erfuhr, dass es auf den umliegenden Inseln etwa siebzig Klöster gab, reich in Ausstattung und Bauart mit wundervollen Gärten. Dazu kamen noch die Klöster in der Stadt selbst. Er ließ sich in einer Gondel zu dem Kloster auf der Insel Sant Angelo rudern. Der Gondoliere redete ununterbrochen auf ihn ein, aber er verstand nicht sehr viel. Zum einen, weil sein Italienisch noch immer nicht sehr gut war, zum anderen, weil der Mann in einem ihm völlig unbekannten Dialekt sprach.

Nach und nach erfuhr Marlowe weitere Einzelheiten über die Stadt. Hundertzwanzigtausend Menschen lebten in dieser wundersamen architektonischen Schöpfung, deren Häuser, Kirchen und Paläste auf unzähligen von in den Morast gerammten Eichenpfählen standen. Man sorgte für Neuland, indem man schlammige oder schlickbedeckte Landzungen durch geschickten Dammbau gegen das Meer und die Gezeiten abschloss und für die Besiedlung gewann. So hatte man auch das wegen seines vielen Schilfs Cannareggio genannte Vorland gewonnen. Die Stadt war in sechs Bezirke eingeteilt, besaß einige sehr breite Straßen, aber auch ein Gewirr von engen Gassen, die teilweise in Privatbesitz waren. Im Westen bei San Niccoló und auf einer Insel gegenüber von San Marco befanden sich kleine Zypressenwäldchen. Es gab keine Stadtmauern, keine Verteidigungstürme oder Bollwerke. Das Wasser der Lagune reichte aus, die Feinde zu entmutigen.

Der Doge hatte nicht mehr viel zu sagen. Er war eine Marionette der Aristokraten, die den Großen Rat bilden. Es hieß, dass er nicht einmal die Briefe öffnen dürfe, die an ihn gerichtet sind, ohne die vorherige Zustimmung der Räte einzuholen. Aber genau genommen stand die Stadt unter der Herrschaft einer Gruppe von Kaufmannsfamilien. Venedig war eine wichtige Handelsmetropole.

Vom Fluchen bis zur Rauferei, vom Umgang mit Fremden bis zum Nachtleben gab es nichts in Venedig, das nicht von einer besonderen Behörde geregelt wurde. Das System war so hochkompliziert, dass die Bevölkerung es aufgegeben hatte, irgendetwas davon zu verstehen.

Trinkwasser erhielten die Bewohner durch das Auffangen von Regenwasser in Zisternen und Brunnen, in Trockenzeiten musste es vom Festland in Holzbooten in die Stadt gebracht werden.

Es gab eine Geschichte aus der jüngsten Vergangenheit, die noch immer erzählt wurde, da es eines der glanzvollsten Ereignisse in der Stadtgeschichte Venedigs gewesen war, nämlich der Aufenthalt Heinrichs III. von Frankreich im Jahr 1573. Der Architekt Palladio entwarf zum Empfang des Königs mehrere Triumphbogen, die von Tintoretto und Veronese dekoriert wurden. Heinrich III. wurde in einem von vierhundert Ruderslaven fortbewegten Schiff, von vierzehn Galeeren eskortiert, über die Lagune gefahren. Auf einem Floß, das neben dem Prunkschiff herfuhr, stellten Glasbläser aus Murano zur Unterhaltung des Königs bunte Glasfiguren her. Das Zimmer im Palazzo Ca'Foscari am Canal Grande war mit Orientteppichen und Gemälden bekannter Künstler ausgeschmückt.

Im großen Ratssaal des Dogenpalastes fand ein Bankett statt, für das die Gesetze gegen zu pompösen Aufwand aufgehoben worden waren. Die schönsten Frauen Venedigs erschienen in weißen Seidenkleidern, geschmückt mit Juwelen und Perlen. 1200 Gerichte verzeichnete die Speisekarte. Dreitausend Gäste waren geladen. Nach dem Dessert sah der König die erste Oper, die je in Italien aufgeführt wurde.

Heinrich III. geriet, so wurde berichtet, über die Pracht, die Venedig ihm zu Ehren entfaltet hatte, so aus der Fassung, dass er den Rest seines kurzen Lebens in einem Zustand ständiger Benommenheit verbrachte.

Nach und nach wurden Marlowe die vielen Widersprüche der Stadt bewusst. Einerseits regierten die kalten, klaren Gesetze des Handels, andererseits neigte man zur Prahlerei, verbunden mit einem Sinn fürs Theatralische. Mehr noch als London kam ihm Venedig wie eine überdimensionale Bühne vor. Die prachtvollen Paläste bildeten die imposante Kulisse, in der das Leben der Menschen, getrieben von der Eigendynamik der Handelsmetropole zur Schau gestellt wurde. Die Damen stelzten in Schuhen mit hohen Sohlen durch die Stadt, um sich vor dem Schlamm der ungepflasterten Plätze zu schützen. Manche Schuhe waren allerdings so hoch, dass sie kaum noch darin laufen konnten und sich von zwei Dienerinnen stützen lassen mussten.

Auf den Marktplätzen wurden Komödien von Berufsschauspielern aufgeführt, die witzig, satirisch und obszön waren. Die Darsteller verkörperten verschiedene Typen und agierten innerhalb von bestimmten inhaltlichen Vorgaben. Und was in England bislang undenkbar war: Auch Frauen erschienen auf der Bühne. In London wurden die Frauenrollen stets von jungen Männern gespielt. Marlowe verpasste keine Gelegenheit, sich diese Komödien anzuschauen und machte sich eifrig Notizen.

Bei seinen Streifzügen entdeckte er die Werkstatt des Druckers und Verlegers Aldus Manutius, der die Buchkunst revolutioniert hatte. Er druckte statt der großen unhandlichen Folianten kleine, leichte Bücher, die in jede Tasche passten. Marlowe erwarb eine Komödie des bekannten Dichters Pietro Aretino. Der Drucker erzählte ihm, der Poet sei bei einem Lachanfall vom Stuhl gekippt und habe sich dabei das Genick gebrochen. Marlowe lachte und meinte: „Nicht die schlechteste Art und Weise, das Zeitliche zu segnen."

Das Buch mit dem Titel *Der Philosoph* handelte unter anderem von den Missgeschicken des Dichters Boccaccio. Beim Gang auf die Toilette bricht eine Diele und er fällt in eine Jauchegrube. Später hilft er zwei Dieben bei der Plünderung eines Grabes und wird von diesen in der Gruft eingesperrt, indem sie die Grabplatte zurückschieben und davonlaufen.

Diese Komödienwelt wirkte auf Marlowe erheiternd, ließ ihn aufatmen. Denn in den Werken, die er zuletzt geschrieben hatte, ging es blutig, grausam und düster zu. In *Lucretia* ging es um eine Vergewaltigung. Im *Titus* wurde gemordet, vergewaltigt und verstümmelt. Und nun schrieb er an einer Tragödie über *Richard III.*, den er als extremen Bösewicht darstellen wollte, der von Machtwillen und Menschenverachtung angetrieben wurde. Diese

Figur schreckte vor keiner Untat zurück, auch nicht davor, zwei Kinder, seine Neffen, zu ermorden, um auf den Thron zu gelangen und ihn zu sichern. Die Wirklichkeit in seinen Dichtungen war angefüllt von Hass, Argwohn und Angst.

Genau betrachtet war Venedig keine Gegenwelt dazu, denn neben der öffentlichen Hinrichtung, die er fast hatte mit ansehen müssen, gab es hier auch öffentliche Folter. Menschen, die sich eines Vergehens gegen den herrschenden Rat der Zehn schuldig gemacht hatten, folterte man vor aller Augen in den Säulengängen der Piazetta. Neben der zur Schau getragenen Eleganz und Kultiviertheit existierte Unmenschlichkeit und Ignoranz. Venedig bildete sich mächtig etwas ein auf seine religiöse Toleranz und betrachtete sich als Zufluchtsstätte religiös Andersdenkender. Oberflächlich gesehen war Venedig liebenswürdig, was jedoch die dunklen Seiten nur notdürftig übertünchte. So wurde auch schnell offensichtlich, dass die Stadt nicht nur aus herrschaftlichen Palästen und prunkvollen Kirchenbauten bestand. Es gab dicht bevölkerte Viertel, die aus einem Labyrinth überwiegend enger, schattengefüllter Häuserschluchten, schmaler Kanäle und kleiner Plätze bestanden. An Stelle von Marmor und ähnlich edlen Baustoffen waren die Häuser hier aus Lehm, Holz und Backsteinen erbaut.

Es gab in Venedig auch eine Inquisition. Nicht eine von Rom gesteuerte, sondern eine Art geheimer Staatsschutz, ein Netz von Spionage und Gegenspionage. Die Agenten verfügten über eine fast unbegrenzte, erschreckende Macht und konnten nach eignem Ermessen handeln. Wer ihren Verdacht erregte und in ihr unbarmherziges Räderwerk geriet, fand sich unversehens in der

Folterkammer des Dogenpalastes wieder. Sie nannten sich „Herren der Nacht", behielten alles und jeden im Auge, doch niemand wusste, wer dabei die Fäden zog. Eine Figur wie Francis Walsingham, der diese Schnüre in der Hand gehalten hatte, war hier nicht bekannt.

Das Arsenal im östlichen Zipfel der Stadt durften Fremde wie Marlowe nicht betreten. Er erfuhr, dass es sich um eine große Industrieanlage handelte. Hier wurden Schiffe und Waffen hergestellt. Viertausend Menschen waren dort in Arbeit, Zimmerleute, Segel- und Rudermacher, Seiler, Schmiede und viele andere.

Im Jahre 1569 war das Arsenal in die Luft geflogen, die Explosion hatte beträchtliche Verwüstungen verursacht. Vier umliegende Kirchen wurden zerstört und mehr als zweitausend Menschen starben. Der Sultan in Istanbul nutzte die Katastrophe, um sich Zypern anzueignen. Die Arsenal-Explosion galt als das Werk von Juan Miquez Nassi, einem portugiesischen Juden mit weltpolitischen Ambitionen. Sein Handelsimperium umfasste ganz Europa. Die Katastrophe war in ihrem Ausmaß viel mehr als nur ein Zufallsbrand und man vermutete Agenten von Nassi dahinter. Kuriere des Juden wurden abgefangen und man fand belastende Schriftstücke. Daraufhin erging ein Ausweisungsbefehl für alle Juden, der aber bereits im Jahr 1571 zurückgenommen wurde.

Die Juden wohnten in einem eigenen Bezirk, Gheto Novo genannt, auf dem Gebiet einer ehemaligen Gießerei. Sie waren gehalten, außerhalb ihres Wohnbezirks rote Hüte zu tragen. Das Ghetto wurde jeden Abend abgeschlossen und die Tore in der Nacht bewacht, die

Kosten für die Bewachung hatten die Bewohner selbst zu entrichten. Die Gewohnheit, bestimmte Wohngebiete in der Nacht zu schließen und zu bewachen, war aber auch sonst durchaus üblich. Die deutschen Kaufleute im *Fondaco dei Tedesci* praktizierten es ebenfalls.

Allein die hoch angesehenen jüdischen Ärzte durften bei Bedarf das Ghetto nachts verlassen, wurden aber von Wachen kontrolliert und mussten die Namen der Patienten angeben.

Nach über einem Monat Aufenthalt in Venedig nutzte Marlowe die Gelegenheit, mit einem Kaufmann namens Portensino nach Verona zu reisen. Dieser wollte wertvollen Safran nach Augsburg bringen und hatte sich mit anderen Kaufleuten zusammengetan. Sie begannen die Strecke zu Fuß, setzten sich aber auch gelegentlich auf eines der Fuhrwerke, wenn ihnen die Füße weh taten. Doch das Rütteln dieser Karren empfand Marlowe auf Dauer schlimmer als das Laufen.

Der Kaufmann trug den Safran am Körper, in sein Wams eingearbeitet. Die Gruppe hielt sich abseits der großen Straßen und benutzte ausgefallene Wege, um unbehelligt zu bleiben. In Verona wollte Portensino eine Pause einlegen. Er kannte von früheren Aufenthalten dort eine gute Unterkunft.

Die Straßen wanden sich Hügel hinauf und hinunter. Das Laub war herbstlich bunt gefärbt und in den Weinbergen waren die Leute bei der Lese. Dazwischen standen Zypressen wie große Ausrufungszeichen und Pinien breiteten ihre Schirme aus. Die alte römische Stadt mit den roten Ziegeldächern lag malerisch zwischen den Weinbergen und ein Fluss schlängelte sich in der Sonne glitzernd hindurch. Eine Steinbrücke aus römischer Zeit verband die beiden Ufer. Auf den Hügeln befanden sich Zitadellen und Kastelle. Marlowe konnte sich in den Tagen nach seiner Ankunft davon überzeugen, dass es in Verona noch sehr viele antike Zeugnisse gab: verschiedene Tore und ein riesiges Amphitheater. Die Arena hatte die Form eines Ovals und die Fassade bestand aus zweigeschossigen Arkadenbögen. Marlowe setzte sich auf eine der Stufen und versuchte sich vorzustellen, was sich in diesem Theater abgespielt hatte.

Portensino war inzwischen abgereist und Marlowe machte in der Herberge die Bekanntschaft eines Reisenden aus Mailand, der interessante Geschichten zu erzählen wusste. Eine handelte von zwei verfeindeten Familien in Verona, den Montagues und den Capulets:

*Jedes Mal, wenn ein Angehöriger der einen Familie auf den der anderen trifft, gibt es heftigen Streit. Erst vor kurzem haben sich Diener der beiden Häuser in die Haare bekommen. Als dann der Neffe Montagues und der Neffe Capulets dazukamen, wurden die Degen gezogen und die Klingen gekreuzt. Schnell war eine große Menschenmenge beteiligt, Parteigänger eilten hinzu, schließlich sogar die Oberhäupter der Familien. Als der Fürst davon hörte, war außer sich und drohte die Todesstrafe an für den Fall, dass sich derartiges wiederholen sollte.*

Einige Wochen später machte sich Marlowe zusammen mit einem anderen Reisenden namens Sebastian auf den Rückweg nach Venedig. Sie liehen sich Pferde und ritten los. Das Wetter war kühl und ungemütlich, es war Ende Oktober. Unterwegs rasteten sie in einem kleinen Wäldchen an einer durch eine Hecke geschützten Stelle. Marlowe band die Pferde an, während sein Begleiter Proviant aus der Satteltasche holte. Plötzlich wurden sie beide gleichzeitig von hinten gepackt. Ein Dritter trat vor sie hin, in zerlumpter Kleidung, das Gesicht mehr Bart als Haut, eine magere und knochige Gestalt. Marlowe und Sebastian wehrten sich verzweifelt und wollten sich aus der unsanften Umarmung befreien, doch die beiden Banditen verstärkten daraufhin den Druck des Armes auf ihren Hals. Der Magere untersuchte in aller Seelenruhe ihre Westen und Satteltaschen. Er nahm als erstes Marlowes Dolch und Sebastians Pistole an sich und grinste böse. Marlowes Gedanken suchten fieberhaft nach irgendeiner Möglichkeit, sich aus der misslichen Lage zu befreien. Doch als ahne der Räuber seine Überlegungen, zerrte er seinen Arm so stark nach hinten, dass er meinte, er würde aus dem Gelenk gekugelt. Er schrie auf und rief: „Ich führe keine Sachen von Wert mit mir und, wenn ihr uns etwas antut, werden euch die Häscher des Fürsten von Verona verfolgen und einfangen. Ihr werdet keine ruhige Minute mehr haben." Der Magere schnalzte mit der Zunge und sagte: „Wir holen uns, was uns zusteht. Halt gefälligst die Fresse." Sebastian trat nun dem Banditen, der ihn festhielt, mit aller Macht gegen das Schienbein. Der Räuber schrie auf, ließ jedoch nicht locker. Der Magere schlug ihm so mit der Faust in den Magen, dass Sebastian vor Schmerz brüllte. Der Räuber setzte ihm ein Messer an den Hals und drohte: „Halt gefälligst still, sonst mache ich kurzen Prozess mit dir." Da hörten sie Pferdehufe und das Rumpeln einer Kutsche. Von einem Moment auf den anderen waren die Banditen verschwunden. Sebastian sank stöhnend zu Boden, er hatte sich von dem Faustschlag noch nicht erholt. Als sich die

Kutsche näherte, winkte Marlowe mit beiden Armen und schrie aus Leibeskräften: „Hilfe, zu Hilfe, wir sind überfallen worden." Der Kutscher brachte das Gefährt zum Stehen, es gelang ihm nur mit Mühe, die Pferde im Zaum zu halten. Er nahm ein Gewehr und richtete es auf Marlowe. Der Schlag der Kutsche öffnete sich und ein junger Herr stieg aus, den Degen in der Hand. „Entschuldigt das Verhalten meines Kutschers, aber hier gibt es Räuber und wir wollen sicher sein, dass wir nicht in eine Falle geraten sind." Dann ließ er sich von Marlowe erzählen, was vorgefallen war. Verschiedene Gegenstände und Kleidungsstücke lagen verstreut auf dem Boden, die Pferde samt Satteltaschen waren weg. Der junge Mann steckte den Degen weg, beugte sich zu Sebastian und fragte ihn, ob er aufstehen könne. Er nickte und rappelte sich mit Marlowes Hilfe auf. Sie halfen ihm beim Einsteigen in die Kutsche. Er murmelte gequält: „Die Diebe haben unsere Pferde entwendet und das Geld, das wir bei uns hatten."

„Ja, und meinen Dolch", ergänzte Marlowe.

Der junge Herr stellte sich als Antonio Baballi vor und bot ihnen an, sie zur Villa eines Kaufmanns zu bringen, die in der Nähe sei. "Ich bin dort zu einem Abendbankett eingeladen und will mit ihm über einen Warentransport verhandeln."

In der Villa angekommen mussten Marlowe und Sebastian ihre Geschichte erneut erzählen. Der Kaufmann antwortete darauf:

„Zu meinem Leidwesen treiben die Brüder Laterno seit einiger Zeit in der Gegend ihr Unwesen. Wir sind ihnen auf den Fersen und kennen ein paar Orte, wo sie sich aufhalten. Ich werde meine Leute ausschicken, vielleicht können wir ihnen die Pferde wieder abnehmen und ihnen die Büttel auf den Hals hetzen. Aber jetzt kommen Sie erst einmal herein. Sie müssen erschöpft sein."

Sie betraten den Salon und ein Diener reichte ihnen einen Becher mit Würzwein. Dann ließ der Kaufmann ihnen ein Zimmer zuweisen. Mägde kamen mit Kannen voll warmem Wasser, damit sie sich vom Staub der Reise reinigen konnten. Den Nachmittag über ruhten sie sich aus und begaben sich schließlich zum Abendessen, bei dem sie Signore Baballi und eine Reihe anderer Herren vorfanden. Der Kaufmann merkte interessiert auf, als Marlowe erzählte, er sei ein Dichter aus England. Über weitere Details gab er ihm ausweichende Antworten, er konnte ja nicht von seiner eigenen Ermordung sprechen. Marlowe wurde bedrängt, er möge doch etwas vortragen oder vorlesen. Glücklicherweise hatte er in Verona einige Sonette geschrieben und die Räuber hatten ihm sein Notizbuch nicht weggenommen.

Am nächsten Morgen bedankten sich Marlowe und Sebastian für die Gastfreundschaft und setzten ihren Weg nach Venedig zu Fuß fort. Nieselregen hatte eingesetzt und die Konturen der Landschaft verschwammen in feuchtem Dunst. Mit jedem Schritt kroch die Nässe tiefer in sie hinein.

In Venedig angekommen, strebten beide in verschiedenen Richtungen zur ersehnten Unterkunft. Marlowe entledigte sich seiner klammen Kleidung und ließ sich eingehüllt in Decken am Kamin nieder. Am nächsten Morgen fühlte er sich hundeelend. Kopf und Hals schmerzten und ihm war gleichzeitig heiß und kalt. Er schickte einen Boten erst zur Apotheke und anschließend zur Poststation, um den Diebstahl des Pferdes zu melden. Eine Magd hielt das Kaminfeuer am Brennen und kochte ihm aus den Kräutern des Apothekers einen Sud, den er in kleinen Schlucken zu sich nahm.

Das Wetter der nächsten Woche unterschied sich kaum von dem Wetter, das er von London her kannte. Die Feuchtigkeit drang durch alle Ritzen des Hauses und der Nebel waberte über den Kanälen. Als er sich einmal aufmachte, um etwas anderes zu sehen als die vier Wände seiner Behausung, stellte er fest, dass Plätze und Gassen wie leergefegt wirkten. Die meisten Fenster waren mit Läden verrammelt und es gab nur wenige Marktstände. Ein kalter Wind blies über den Markusplatz, der ein paar betrunkene Matrosen aus fremden Ländern vor sich hertrieb. Marlowe entschloss sich spontan, Sebastian zu besuchen. Er traf ihn im Schankraum seiner Herberge an, vor sich ein Becher mit warmem Würzwein und in den Händen ein Würfelbecher, den er gerade vehement schüttelte. Die beiden Mitspieler schauten gebannt zu, als er den Becher auf den Tisch knallte und die Würfel über die Platte kullerten. Dann ertönte ein lautes "Aah". Sebastian strich seinen Gewinn ein und begrüßte den Weggenossen. Marlowe setzte sich dazu und sie würfelten eine Weile weiter. Schließlich gingen die beiden Mitspieler ihrer Wege. Auf Sebastians Frage, wie es ihm gehe, berichtete Marlowe von seinem gerade überstandenen Katarrh.

„Man muss froh sein, wenn man bei dem Wetter nichts Schlimmeres bekommt", meinte Sebastian sarkastisch. „Ich werde wohl den Winter über hier festsitzen. Keine Lust bei dem Wetter weiterzureisen."

Marlowe nickte verständnisvoll. „Ich werde die Zeit nutzen, um eine Komödie zu schreiben."

Sebastian antwortete mit einem Grinsen: „Man könnte doch gelegentlich die Zeit ein wenig anregender verbringen."

„Wie meinst du das?"

„Na ja, mit Bällen, Banketten - und einer hübschen Kurtisane."

„Brauchen wir nur noch eine entsprechende Einladung und passende Kleidung - ich habe gerade so viel, um meine Unterkunft zu bezahlen. Ich hoffe nur, dass ich nicht das gestohlene Pferd ersetzen muss."

Marlowe seufzte und stopfte sich eine Pfeife.

Es dauerte keine zwei Wochen, da erhielt Marlowe die Nachricht, dass Sebastian Einladungen für ein Bankett bei dem reichen Handelsherrn Capello ergattert hatte. Er verriet nicht, wie er dazu gekommen war. Sie liehen sich passende Kleidung und waren pünktlich zur Stelle. Es wurde gegessen und getrunken, Musiker spielten auf, man tanzte, lachte und erzählte derbe Witze. Die Begleiterinnen der vornehmen Herren zeigten sehr offenherzig ihre Vorzüge. Eine biegsame Tänzerin schwenkte ihren Rock und bog ihren Oberkörper so weit zurück, dass ihre Haare fast den Boden berührten. Weiter hinten saß eine Frau mit aufgeschürzten Röcken auf ihrem Galan und er küsste ihren Hals.

Sebastian wählte sich eine Tanzpartnerin und Marlowe folgte den gezierten Schritten des Gayards zunächst mit den Augen. Dann begab er sich selbst in die Reihen der Tanzenden. Er hob die Frau in der Taille hoch und schwang sie im Tanz herum.

Danach tranken sie Wein, plauderten und stellten einander vor. Veronika kokettierte ungeniert mit ihm und flüsterte ihm schließlich zu: „Lass uns hier verschwinden."

Sie nahm seine Hand und zog ihn hinaus zu einer Gondel, die sie zu einem anderen Haus brachte. Ihre Arme, ihr Mund, alles an ihr verführte ihn, ihren Körper an sich zu ziehen. Im Schlafgemach angekommen, verschwand sie in einem kleinen Nebenraum. Er setzte sich in einen Sessel und zog Stiefel und Wams aus. Veronika kam leichtbekleidet aus dem Nebenraum und begann sein Hemd aufzuknöpfen. Sein Brustkorb hob und senkte sich vor Erregung. Als er nach ihr greifen wollte, verwehrte sie es ihm und entzog sich. Er fügte sich in ihr Spiel und lehnte sich zurück. Langsam fuhren ihre Hände über seinen Oberkörper. Dann forderte sie ihn auf, seine Hose auszuziehen. Er zierte sich etwas und sie lachte rau. Sie kniete sich hin und ließ seinem aufragenden Glied volle Aufmerksamkeit angedeihen. Sie liebkoste es mit ihren Lippen, und Marlowe stöhnte leise. Er nahm ihren Arm, zog sie hoch und zu sich heran. Seine Hand glitt unter den dünnen Stoff ihrer Tunika und berührte ihre nackte Haut. Seine Fingerspitzen streichelten ihren Busen. Seine Lust loderte auf mit einer Heftigkeit, die ihn fast erschreckte. Doch er ließ sich, Vergangenheit und Gegenwart vergessend in den süßen Taumel fallen. Er genoss die Nacht mit der Kurtisane und wünschte sich, sie würde nie enden.

Er erwachte am frühen Morgen vom Glockengeläut der nächstgelegenen Kirche. Veronika war weg. Er verließ das Bett und sammelte seine im Raum verteilten Sachen auf.

Zurück in seiner Herberge dachte er, dass er Tom zum ersten Mal untreu gewesen war. Aber er bereute es nicht. Tom war so weit weg und er wusste nicht, ob er ihn jemals wiedersehen würde. Außerdem waren es ja nur die Körper, die sich hingegeben hatten, es gab kein tieferes Band. Doch traf er sich weiterhin mit Veronika und lernte auch ihre fünfjährige Tochter Paola kennen.

Das feuchte, kühle Wetter hielt an und an einem besonders kalten Dezembermorgen kam Veronika in seine Herberge. Sie war in Tränen aufgelöst und stammelte, dass Paola krank sei. Marlowe nahm ihre Hand und fragte: „Das arme Kind. Was hat es denn."

„Sie hustet sich die Seele aus dem Leib und hat hohes Fieber."

„Kannst du nicht einen Arzt holen?"

Veronika wischte sich die Tränen von den Wangen und schimpfte: "Die Ärzte verordnen Aderlässe oder Brechmittel. Das würde meine Kleine nur noch mehr schwächen. Ich kenne aber eine Kräuterfrau, die wirksame Arzneien macht."

„Gut, dann gehen wir zu ihr."

„Das würdest du tun?"

„Warum nicht?"

„Na ja, viele behaupten, sie sei eine Hexe."

„Darum kümmern wir uns nicht. Wir können ja umsichtig sein, damit uns niemand sieht."

So gingen sie zusammen in Kapuzenmäntel gehüllt zum Campo San Maria Formosa. Beim Überqueren des Rio di San Noale fegte ein kalter Wind von der Lagune. Sie beschleunigten ihre Schritte. Schließlich kamen sie zum Haus der Heilerin. Die Tür hing windschief in den Angeln und die Fassade bröckelte. Veronika klopfte an. Es tat sich eine Weile nichts. Dann rief Veronika: „So öffne doch Nicola, es ist kalt hier draußen." Da hörte sie Holzpantinen die Treppen hinunter trampeln, ein Schlüssel wurde ins Schloss gesteckt und endlich öffnete sich die Tür knarzend. Ein über und über mit Runzeln bedecktes Gesicht schielte misstrauisch um die Ecke und eine energische Stimme bellte: „Was wollt ihr?"

„Nicola erkennst du mich denn nicht? Ich bin es, Veronika."

„Benötigst du wieder ein Pülverchen? Ich handle nicht mehr mit Arzneien. Zu viel Ärger, jeder meint, ich wäre eine Hexe und will mich auf den Scheiterhaufen schicken. Entweder, weil die Mittel nicht so wirken, wie erwartet, oder weil gegen meine Anweisung zu viel verabreicht wurde, sodass der Patient stirbt. Ich möchte damit nichts mehr zu tun haben, einmal Kerker reicht mir. Ihr kennt nicht die modrige Luft in den Gefängnissen. Ich habe Glück gehabt, dort lebend wieder rauszukommen."

Marlowe antwortete: „Ich kenne die modrige Luft in den Gefängnissen. Bitte helfen Sie uns. Es geht um das kranke Kind von Veronika."

Die Alte seufzte resigniert und ließ die beiden eintreten. Veronika atmete erleichtert auf. Sie folgten der Alten über die ausgetretene Holztreppe hinauf in den ersten Stock des Hauses. Sie betraten ein hohes, großes Zimmer. An den Wänden lehnten massive Schränke und hinter den Türen der Vitrinen befanden sich unzählige geheimnisvolle Fläschchen, Gläschen und Tiegel. Auf der Ablage stand eine Messingwaage zum grammgenauen Abwiegen der Zutaten und der Holztisch wies viele Spuren von Tinkturen und Kräutern auf. Neben einer Kerze lagen beschriebene Blätter.

Veronika ließ ihren Blick schweifen und sagte: "Warst du wirklich im Gefängnis? Du hilfst doch den Leuten, ihre Krankheiten zu besiegen."

Die Alte machte eine wegwerfende Handbewegung und antwortete: „Danach fragt niemand. Wenn man anders ist als die übrigen, entstehen Neid und Angst. Und wo die herrschen, lassen sich die Menschen schnell etwas einfallen, um einem etwas anzuhängen. Aber nun sag mir, was dich zu mir führt."

„Meine Tochter hustet und hat hohes Fieber. Ich habe schon alles Mögliche versucht. Es wird nicht besser."

„Wie lange schon?"

„Fast eine Woche."

Die Alte ging zu ihren Tiegeln und Phiolen, mixte murmelnd etwas zusammen und gab Veronika zwei Fläschchen. „Mit diesem hier machst du der Kleinen kalte Umschläge auf die Brust. Und vom diesem gibst du ihr dreimal am Tag zwanzig Tropfen. Das wird das Fieber senken."

Veronika bezahlte Nicola und sie traten den Rückweg an. Der Wind hatte sich gelegt und es nieselte nicht mehr. Es wagten sich sogar einige zaghafte Sonnenstrahlen auf das feuchte Pflaster.

Die kleine Paola wurde wieder gesund.

Marlowe entschied schweren Herzens, sich von Veronika zu trennen. Er hatte nicht genügend Geld, sie und ihre Tochter zu unterhalten, also musste sie weiter ihrer Profession als Kurtisane nachgehen. Das wiederum störte Marlowe. Nicht zuletzt hatte er auch Angst vor einer Ansteckung mit der französischen Krankheit.

Inzwischen nahte die Zeit des Karnevals und Marlowe trug sich mit dem Gedanken der baldigen Abreise. Er hatte einige Stücke geschrieben und wollte sie von Bordeaux aus nach London schicken.

Am so genannten *fetten Donnerstag* brach das alljährliche Karnevalsfieber aus.

An diesem Tag wurde vor allem der Sieg des Dogen Vitale Michiel I. über den Patriarchen von Aquileia im Jahr 1162 gefeiert. An diesen Feierlichkeiten nahm der Doge zusammen mit dem Senat und den Botschaftern teil. Auf dem Markusplatz wurden Feuerwerke abgebrannt und Gruppen von Jugendlichen tanzten die arabische Moresca. Die Zünfte der Schmiede und der Metzger schlachteten Ochsen und Schweine.

Unter den vielen Darbietungen auf dem Markusplatz fand das Marionettentheater unterhalb des Campanile besonderen Anklang. Es wurden wilde und exotische Tiere in Zwingern präsentiert, es gab Lotterien, Astrologen weissagten die Zukunft und Quacksalber verkauften Heilmittel. Das Fest erreichte seinen Höhepunkt mit dem so genannten Engelsflug. Ein Akrobat kletterte über ein in der Bucht vor dem Markusplatz an einem Floß verankerten doppelten Seil bis zur Spitze des Campanile und warf von dort aus Blumen in die Menge. Dann balancierte er zur Tribüne vor dem Dogenpalast hinunter.

Die Karnevalsaison war auch die Hauptspielzeit der Theater, was Marlowe am meisten gefiel. Die Bullenhatzen sowie die blutigen Kämpfe zwischen Hunden und Bären stießen ihn ab. Das erinnerte ihn zudem schmerzlich an das Rose-Theater, das in der Nähe einer solchen Kampfstätte lag. Besonders abscheulich fand der das Judenrennen, bei dem vor allem beleibte Juden gezwungen wurden, halb nackt um die Wette zu laufen, während die Zuschauer lachten und johlten und gelegentlich auch den bedauernswerten Opfern ihres Spaßes mit Stockschlägen nachhalfen.

In den Palästen fanden rauschende Kostümfeste statt, auf den Gassen wurden die schönsten Masken präsentiert. Bis dann am Fastnachtsdienstag die Fastenglocke von San Francesco langsam und getragen die Fastenzeit einläutete.

**Rückreise**

Mitte März machte sich Marlowe auf die Rückreise. Ein Boot setzte ihn über auf das Festland, von wo er sich zu Fuß nach Padua aufmachte. Sein Gepäck hatte er einem Fuhrunternehmer anvertraut. Unterwegs gesellte sich ein Landsmann zu ihm, der sich als Dr. John Wedderburn vorstellte. Er war Mathematiker an der Universität in Padua und auf die Stadt nicht gut zu sprechen. „Padua ist die trübsinnigste Stadt von Europa, was aber allein an der Enge der Gassen und den vielen dunklen Bogengängen liegt. Nachts kommt es immer wieder zu Morden unter den Studenten, die ihre Widersacher erschießen oder erdolchen. Die schändliche Sodomie ist hier so verbreitet wie in Rom, Venedig und anderen großen Städten."

Da Marlowe eher wortkarg war, redete Wedderburn einfach munter weiter: „Ich habe einen Kollegen namens Galileo Galilei, der macht mich noch wahnsinnig. Er spricht ständig von seinen Fallgesetzen und davon, dass die Sonne im Mittelpunkt der Welt steht. Er bastelt dauernd an irgendwelchen merkwürdigen Instrumenten und macht die Studenten verrückt mit allen möglichen neuen Ideen und Gedanken. Zuletzt hat er einen Proportionszirkel gebaut. Ich bitte Sie, wofür braucht man ein solches Gerät? Wir sind jahrhundertelang auch ohne ausgekommen. Ein Thermometer hat er ebenfalls erfunden. Na ja, das ist vielleicht eine recht nützliche Erfindung."

Marlowe meinte: „Nun, dass sich die Sonne im Mittelpunkt befinden soll, ist ja nicht so ganz neu, soviel ich weiß. Das haben doch auch schon andere Astronomen behauptet."

Wedderburn blieb kurz stehen und sah Marlowe mit zusammengekniffenen Augen an, sagte aber nichts. In Gedanken war Marlowe im Haus von Walter Raleigh in London, wo über solche Dinge diskutiert wurde.

„Sind Sie am Ende Anhänger von Giordano Bruno?"

„Warum auch nicht?", entgegnete Marlowe unbekümmert.

„Bruno weilte bis vor kurzem in Venedig, wurde aber an die Inquisition ausgeliefert. Er ist in Rom in der Engelsburg eingekerkert. Ihm wird der Prozess als Ketzer gemacht", sagte Wedderburn fast triumphierend.

Marlowe war betroffen. Das hatte er nicht gewusst. Er wusste nur, dass Bruno lange Zeit in London und Paris gelebt hatte und dass man in der "School of Night" über seine Thesen lebhaft diskutiert hatte. Während Marlowe seinen Gedanken nachhing, redete sein Begleiter ungeniert weiter.

„Von allen Städten Italiens sind mir Venedig und Genua am liebsten, weil die einen die Jesuiten und die anderen die Juden aus ihrer Stadt verbannt haben. Juden wie Jesuiten sind Gotteslästerer. Die Juden sind verschlagen, hasserfüllt, habsüchtig und vor allem die größten Verleumder des Namens Christi. Die ehrgeizigen Jesuiten sind Schmeichler, Bibelverdreher und gemeine Lügner. Sie machen aufrechten Christenmenschen das Leben schwer."

Und schließlich erzählte er die schier unglaubliche Geschichte eines Juden aus Venedig. Als sie in Padua ankamen, gab Wedderburn Marlowe noch einen guten Hinweis auf ein sauberes und preiswertes

Gasthaus und dann trennten sich ihre Wege. Noch am gleichen Abend machte sich Marlowe Notizen zu der Geschichte, die Wedderburn ihm geschildert hatte. Es ging um einen Juden namens Shylock, der einem christlichen Kaufmann Geld leiht. Als Pfand bietet der Kaufmann ein Pfund seines Fleisches an, da er keine anderen Sicherheiten geben kann. Wenn er nicht imstande ist, seine Schulden zum abgemachten Termin zu begleichen, darf der Jude aus einer Stelle seines Körpers, die er selbst auswählt, ein Pfund herausschneiden.

**Bordeaux**

Marlowe hielt sich nicht lange in Padua auf, er reiste durch die Po-Ebene bis Genua und schiffte sich ein nach Narbonne. Von dort gelangte er zu Fuß bis Toulouse und nahm dann ein Schiff nach Bordeaux.

Anthony freute sich sehr, dass er wohlbehalten zurückgekehrt war. Bei mehreren guten Flaschen Wein erzählte Marlowe bis in die Morgenstunden von seiner Reise. Dann erst fiel Anthony ein, dass Briefe von Tom Walsingham gekommen waren. Marlowe wankte müde und leicht betrunken zu Bett, drehte die Briefe in seiner Hand und stellte fest, dass die quälende Sehnsucht nach Tom sich nicht einstellte. Sein Kopf berührte das Kissen und schon war er eingeschlafen. Am nächsten Morgen erst las er, was Tom ihm geschrieben hatte. Im ersten Brief berichtete er von einigen Theateraufführungen und von einem Schauspieler namens William

Shakespeare. Ach richtig, das war ja der, der seinen Namen für seine Stücke hergeben sollte. Merkwürdigerweise waren jedoch Richard III. und Titus Andronicus anonym aufgeführt worden.

Im zweiten Brief berichtete Tom, dass er geheiratet hatte. Das versetzte ihm einen heftigen Stich. Aber insgeheim hatte er das immer befürchtet. Ein Walsingham musste ja an sein Haus, an seine Nachkommenschaft denken. Und er selbst hatte schließlich auch seine Affäre in Venedig gehabt.

Anthony eröffnete ihm beim Frühstück, dass er in absehbarer Zeit beabsichtige, zurück nach England zu gehen. Er fragte, ob er nicht Lust hätte mitzukommen. Marlowe wandte ein, dass das zu gefährlich wäre.

Anthony meinte: „Es sind zwei Jahre vergangen. Bestimmt ist Gras über die Sache gewachsen. Immerhin bist du ja offiziell für tot erklärt worden. Wenn du Vorsicht walten lässt, kannst du einen Besuch wagen."

„Und wenn mich jemand erkennt? Nein, London ist mit Sicherheit zu riskant. Vielleicht irgendwo auf dem Land, wo ich insgeheim meine Freunde treffen könnte."

„Ich denke darüber nach, wie es am sinnvollsten wäre", meinte Anthony.

Marlowe schnürte ein Paket mit vier neuen Stücken und schickte sie an Tom, zusammen mit einem Brief, in dem er schrieb:

*Du wurdest mein durch freie Gabe, nicht durch mein Verdienst. Ich weiß, dass ich kein Recht auf deine Liebe habe. Die Schenkung, die mich glücklich machte, kann auch an dich zurückfallen.*

*Doch bleibst du mein, solang mein Dasein währt! Mein Leben liegt beschlossen ja in dir, das einzig sich von deiner Liebe nährt.*

*Die Zeit, in der ich von dir getrennt leben muss, gleicht einer langen Winternacht. Die Trennung hat die Glut gelöscht, an der ich mich wärmen könnte. Aber ich könnte mich eher von mir selbst losreißen als von dir. Denn bei dir ruht meine Seele, dort ist das Zuhause meiner Liebe. Mein Weg hat mich von dir weggeführt, doch kehr ich vielleicht zur rechten Zeit zurück. Es gibt nichts, was mir mehr wert wäre als du.*

*Zur Hochzeit gratuliere ich dir, denn dadurch wirst du überdauern. Die Schönheit deines Wesens wird so nie ganz vergehen, und wie eine Rose, wenn sie welkt, auferstehn in einem neuen Spross.*

Marlowe berichtete noch einige Male über seine Erfahrungen in Rom und Venedig, und als Anthony fragte, ob Venedig wirklich die schönste Stadt Europas sei, antwortete Marlowe: „Es gibt nicht nur den in der Sonne leuchtenden Markusplatz, sondern auch morsches Gemäuer, bröckelnde Fassaden und Elend. Es gibt schmutzige Gässchen und im Sommer, wenn es sehr warm ist, einen üblen Geruch nach Fäulnis. Manchmal weht ein heißer Wind und es brechen Krankheiten aus wie zum Beispiel die Cholera. Und nicht nur einmal habe ich mich in dem Gewirr der Gassen, Brücken und Kanäle verlaufen. Venedig ist ein Labyrinth, wo sich Taschendiebe, Räuber und Mörder herumtreiben. Betrunkene und liederliche Frauen bevölkern die Stadt. Bösartiges Gesindel lauert in dunklen Ecken. Überall findet man Schamlosigkeit und Grausamkeit. Keine verfeinerten Sitten, wie man vielleicht glauben möchte und die Stadt auf den ersten Blick vermittelt."

„Na ja, London ist da auch nicht besser."

„Gewiss nicht. Die Wintermonate in Venedig sind übrigens nass und kalt, sie haben mich sehr an London erinnert."

„Apropos London. Ich habe eine Idee. Du könntest mitkommen nach England und auf dem Landsitz von Sir John Harrington in Rutland Unterschlupf finden. Ich werde ihm schreiben und fragen, ob er einverstanden ist. Aber das wird er bestimmt. Er ist auch Dichter, musst du wissen. Du könntest dann dort oder an anderen Treffpunkten deine Freunde treffen, ohne dich in London blicken zu lassen. Was meinst du?"

Marlowe schluckte. Die Vorstellung, bald wieder in England zu sein, war geradezu überwältigend. Aber er konnte nicht abschätzen, wie viel Gefahr ihm drohte.

„Ich weiß nicht", meinte er zaghaft.

„Ich besorge dir entsprechende Papiere. Vielleicht ist es gut, dich nicht als Engländer auszugeben, sondern als Franzose. Wenn überhaupt, wird es eine Weile dauern, bis man hinter die Maskerade schaut."

## Rutland

So kam es, dass Marlowe unter dem Namen Le Doux mit Anthony Bacon nach England reiste. Einen Besuch bei seinen Eltern wollte Marlowe zunächst nicht wagen.

John Harrington war nicht eingeweiht. Anthony hatte ihm lediglich geschrieben, dass ein Geheimagent im Dienst von Robert Cecil unter falschem Namen bei ihm untertauchen müsse. Sie mieden London und ritten geradewegs nach Rutland. Die Sommerluft war warm und die Felder dehnten sich weit, der Wald verströmte duftende Kühle, der Himmel war blassblau. Sie kamen durch Wiesengründe, die von Bächen durchzogen waren, an den Abhängen standen Obstbäume voller Früchte, kleine Seen glitzerten in der Sonne. In der Ferne kam schließlich der Landsitz in Sicht. Sie ritten an einem Flüsschen entlang, das wie ein silbernes Band das Gutshaus und den Park umgab. Die Hufe der Pferde polterten über eine hölzerne Brücke, das Tor stand offen. Vor dem Eingang blühten Rosen in voller Pracht. Ein Diener kam die Treppen hinunter und nahm die Pferde in Empfang. Gleich hinter ihm ließ sich Harrington in der Tür blicken und hieß sie herzlich willkommen. Sie wurden der Dame des Hauses und den Kindern vorgestellt, einer jungen Dame in Alter von fünfzehn Jahren, und einem jungen Herrn von siebzehn Jahren. Harrington musterte Marlowe verstohlen und die beiden jungen Leute bestürmten ihn, doch von seinen Reisen zu erzählen.

Am folgenden Tag, Anthony war inzwischen nach London zurückgeritten, ging Marlowe im Park spazieren. Er betrachtete gedankenversunken eine Blumenrabatte, und als er aufsah, stand Tom vor ihm. Die Freude fuhr ihm wie ein heftiger Schreck in die Glieder und im nächsten Moment lagen sie sich weinend in den Armen. Sie küssten sich wieder und wieder. Marlowe führte den Freund zu einer Bank. Sie schauten sich in die Augen und streichelten sich, noch war kein Wort zwischen ihn gefallen. Tom murmelte schließlich: „O Kit." Dann saßen sie einfach nur da, aneinandergelehnt und mit verschlungenen Händen. Tom räusperte sich und sagte: „Ich habe geheiratet, ja. Das heißt aber nicht, dass ich dich nicht mehr liebe. Das eine ist gesellschaftliche Konvention, das andere ist die Wahl des Herzens. Ich verstehe mich mit meiner Frau, aber die große Liebe bist du."

„Hast du deiner Frau von uns erzählt."

„Nein, um Himmelwillen. Ich würde es tun, wenn du nicht für tot gehalten werden müsstest. Möglichst wenige sollten von der Geschichte wissen. Es ist im Augenblick nicht nötig, Audrey einzuweihen."

„So denken alle meine Freunde, dass ich tot bin?"

„Ja. Nur die, die unmittelbar beteiligt waren, kennen die Wahrheit. Und das soll auch so bleiben."

„Dann muss ich alle meiden, die ich gekannt habe."

„Vorerst ja. Aber vielleicht kommen andere Zeiten."

„Es gibt da noch eine Sache, über die ich dich informieren möchte", fuhr Tom fort, „nur damit du die Gefahr für uns alle nicht unterschätzt. Etwa ein Jahr nach deiner Flucht starb Lord Strange unter merkwürdigen Umständen. Vermutlich wurde er vergiftet. Sein Tod war qualvoll und sein Sterben dauerte elf Tage."

„Wer glaubst du steckt dahinter?", fragte Tom erschrocken.

„Es gab ein Komplott, das ihn auf den Thron bringen sollte. Nach dem Testament von Heinrich VIII. stand Ferdinando hinter seiner Mutter als zweiter in der Erbfolge nach Königin Elisabeth. Diese Stellung in der Thronfolge machte ihn zu einer idealen Führungspersönlichkeit für katholische Verschwörer. Er sollte, wenn Spanien England besiegt hätte, als König eingesetzt werden. Eine Anzahl von Rebellen, die ins Ausland geflohen waren, hatten einen Mann namens Richard Hesketh zu ihm gesandt, der ihn bedrängte, seinen Anspruch auf den englischen Thron entsprechend seiner Abstammung von Mary Tudor geltend zu machen. Ferdinando lehnte das Vorhaben vehement ab, muss aber von Hesketh deshalb bedroht worden sein. Hinter dieser Aktion stand vermutlich sein Bruder William, der sich schon länger im Ausland aufhielt. Stanley verriet der Königin das Komplott, Hesketh wurde gefasst und hingerichtet. Obwohl er damit seine Loyalität unter Beweis stellte, hat die Königin es nicht sonderlich gewürdigt. Man kann davon ausgehen, dass einer der Verschwörer Stanley zur Strafe dafür, dass er Hesketh verriet, vergiftet hat."

Marlowe unterrichtete die Kinder seines Gastgebers und schrieb an einem neuen Stück, das die unglückliche Liebe zweier Liebender in Verona zum Thema hatte. Tom kam ihn mehrfach besuchen, einmal brachte er auch seine Frau Audrey mit. Schließlich arrangierte er ein heimliches Treffen Marlowes mit seinen Eltern.

Anthony kam mit seinem Bruder Francis. Er brachte die Nachricht, dass die beiden neuen Stücke von Marlowe bereits im Herbst aufgeführt werden sollten. "Wahrscheinlich zunächst *Die beiden Veroneser* und dann *König Johann*."

„In welchem Theater?", fragte Marlowe aufgeregt.

„Nicht im *Rose*, sondern im *Curtain*. Es ist die Wirkungsstätte der *Lord Chamberlins Men*. Burbage will die Titelrolle in *König Johann* spielen."

Von da an war Marlowe nicht mehr davon abzubringen, eine der Aufführungen zu besuchen. Die Brüder Bacon schmiedeten Pläne, Marlowe ließ sich einen Bart wachsen und färbte seine Haare schwarz. In einer abgeschiedenen Loge nahm er mit Anthony und Francis Platz. Walsingham saß mit seiner Frau in einer anderen Loge. Anthony hatte im Stall eines Wirtshauses in der Nähe für alle Fälle ein gesatteltes Pferd eingestellt.

Die Komödie über die beiden Veroneser nötigte den Lachmuskeln der Zuschauer einiges ab. Die Szenen wurden von einer komischen Figur unterbrochen, die mit ihrem Hund abwechselnd schimpfte und ihn anflehte. Die Liebesgeschichte trat fast gänzlich hinter den komischen Szenen zurück, was an der Überarbeitung lag, der Marlowes Stück unterworfen worden war. Nach der Vorstellung schickte Francis nach Shakespeare. Er war der Meinung, dass Marlowe ihn kennenlernen sollte. Im Gespräch zwischen ihnen stellte sich heraus, dass Shakespeare für die lustigen Zwischenspiele verantwortlich war. Burbage ließ sich nicht blicken, er war zu beschäftigt, aber Marlowe konnte heimlich einige der Schauspieler, die er noch kannte, beobachten, ohne dass er selbst aus seiner Deckung heraustreten musste.

Als er aus dem Theater kam, tauchte im Licht der Fackeln plötzlich das Gesicht von Baines vor ihm auf. Marlowe wandte sich ab und trat in eine etwas dunklere Zone, doch Baines packte ihn am Arm und leuchtete ihm mit einer Laterne ins Gesicht. Am Aussehen hätte er ihn vielleicht nicht erkannt, aber Marlowe entfuhr ein wütendes: „Was soll das, Mann!" Baines´ Mund und Augen verzogen sich zu großen Os. In diesem Moment riss sich Marlowe los und tauchte in der Menge unter. Die Sache schien ihm nicht so brisant, dass er sich des Pferdes bedienen wollte. Er schlich sich zur Wohnung von Anthony, die ganz in der Nähe war, und wartete dort auf ihn. Es dauerte eine Weile, schließlich näherten sich Anthony und Francis dem Haus in der Bishopsgate. Sie unterhielten sich leise, dann fuhren sie erschrocken zusammen, als Marlowe aus dem Schatten trat. Erleichtert gingen sie ins Haus und Marlowe erzählte, was passiert war. „Ich muss davon ausgehen, dass mein größter Widersacher mich erkannt hat."

„Bist du sicher?", fragte Anthony.

„Ja, ich habe es an dem Ausdruck in seinem Gesicht gesehen."

„Im Nachhinein wird er bestimmt Zweifel hegen, denn er wird sich sagen, dass du tot bist und seine Fantasie ihm einen Streich gespielt hat", wandte Francis ein.

Marlowe hatte vorgehabt, ein paar Tage in London zu bleiben, doch am nächsten Tag ritt er zurück nach Rutland.

Baines als treuer Diener des Erzbischofs berichtete noch in derselben Nacht dem Hauptagenten Bancroft, er habe Christopher Marlowe bei einer Theateraufführung gesehen. Dieser sah ihn nachdenklich an, sagte jedoch: „Sie gehen mit Ihrem Eifer wohlmöglich zu weit. Marlowe ist tot und begraben. Die Auferstehung der Toten findet erst am Jüngsten Tag statt."

„Hochwürden, da geht etwas nicht mit rechten Dingen zu. Es würde mich nicht wundern, wenn da etwas gedreht worden wäre. Immerhin hatte Marlowe mächtige Mäzene. Ich halte die Augen jedenfalls offen."

Den Winter über schrieb Marlowe an den Stücken *Romeo und Julia* und *Der Kaufmann von Venedig*. Dabei stand er in regem Gedankenaustausch mit Francis und Anthony, die ihn häufig auf dem Landsitz besuchten.

„Nachdem Pater Lorenzo Romeo und Julia heimlich vermählt hat, ersticht Romeo bei einem Duell Julias Vetter Tybalt und wird aus Verona verbannt. Julia wird von ihrem Vater gedrängt, den Grafen Paris zu heiraten. Pater Lorenzo will Julia aus diesem Dilemma retten, indem er ihr ein Mittel gibt, das sie für zwei Tage wie tot erscheinen lässt. Ist so etwas machbar? An welche Kräuter könnte man da denken?"

Francis starrte nachdenklich in das prasselnde Kaminfeuer, an dem sie saßen, und nippte an seinem Tee.

„Schierling verursacht Lähmungen und Opium narkotisiert. Aber diese Mittel so gut zu dosieren, dass sie nicht tödlich sind, dürfte eine Kunst sein", antwortete er. "Vielleicht kämen eher Pflanzen infrage, die Atropin enthalten: Alraune, Engelstrompete, Stechapfel und Tollkirsche. Sie sorgen für eine Erschlaffung der Muskulatur und machen schmerz-unempfindlich."

„Ich lasse Lorenzo schon vorher als einen Kenner von Heilpflanzen erscheinen. Es wäre also denkbar, dass er ein solches Mittel kennt."

„Lies doch mal vor", bat Francis.

„Wie groß ist nicht die mannigfaltige Kraft, die in Pflanzen, Kräutern und Steinen liegt. Nichts, was auf der Erde sich findet, ist so schlecht, dass die Erde nicht irgendeinen besonderen Nutzen davon ziehe; nicht so gut, dessen Missbrauch nicht schädlich sei. Die Tugend selbst wird durch Überspannung oder irrige Anwendung zum Laster und das Laster zuweilen durch die Art, wie es ausgeübt wird, geadelt. In dieser kleinen Blume hier liegen Gift und Heilkraft beisammen; ihr Geruch stärkt und ermuntert die Lebenskräfte, gekostet hingegen raubt sie den Sinnen alle Empfindung und das Leben selbst. Zwei ebenso feindliche Gegner befinden sich allzeit in jedes Menschen Brust, die Gnade und der verdorbene Wille. Wo dieser die Oberhand erhält, da hat der krebsartige Tod nur gar zu bald die ganze Pflanze aufgefressen."

„Nach dieser Auffassung wären Gut und Böse keine absoluten Größen mehr, sondern abhängig vom Nutzen oder vom Gebrauch", meinte Francis nachdenklich.

„Ist es denn nicht so, dass Arzneien zugleich heilen oder schaden können, je nachdem in welcher Dosis und Zusammensetzung man sie gebraucht? Ebenso scheint es bei menschlichen Eigenschaften zu sein. Sparsamkeit kann zu Geiz verkommen oder Liebe zu Besessenheit werden. Umgekehrt kann ein Laster wie Feigheit die positive Auswirkung haben, dass es weniger Gewalt unter den Menschen gibt. Und ist es nicht so, dass Neugier einerseits abstoßend ist, die Menschheit aber auch vorwärts bringt, wenn sie sich auf die Erkenntnis der Natur bezieht?"

„Daran ist gewiss viel Wahres, das muss ich zugeben. Und wie geht es mit Julia weiter?"

Marlowe griff nach seinem Manuskript.

Julia drückte das Fläschchen, das ihr Lorenzo gegeben hatte, fest an die Brust und ließ es dann in ihre Tasche gleiten. Gefasst solle sie sein! Ruhig und gelassen! Das war wirklich viel verlangt, nachdem so viel passiert war. Wunderschönes und Schreckliches - und das innerhalb von zwei Tagen. Sie hatte die Liebe ihres Lebens gefunden. Romeo. Wie die Sonne war er auf- und wieder untergegangen. Sie kämpfte erneut mit den Tränen. Aber sie wollte ihren Eltern gelassen gegenübertreten. Sie glaubten, sie weine um Tybalt, ihren Vetter, der von Romeo im Duell erstochen worden war.

Warum nur hatte ihr Vater auf einmal so eine Eile, sie mit Graf Paris zu vermählen? Vor ein paar Tagen hatte sie ein Gespräch zwischen ihren Eltern belauscht, da hatte er noch beteuert, ihre Verheiratung habe noch Zeit. Und jetzt sollte sie innerhalb weniger Tage zum zweiten Mal heiraten.

Als sie das Haus betrat, empfing ihr Vater sie sogleich: „Wo warst du? Starrkopf."

Sie antwortete: „Ich habe gebeichtet. Ich bereue meinen Ungehorsam. Bitte vergebt mir."

Ihr Vater atmete tief durch, nickte und sagte: „Gut, das höre ich gerne. Ich möchte das Band gleich morgen zusammenknüpfen." Er wandte sich an einen Diener: „Geh und bitte den Grafen zu mir."

Julia machte sich zusammen mit ihrer Mutter und ihrer Amme daran, ihre Kleidung für die Hochzeit auszusuchen und ging dann früh ins Bett. Als sie die Phiole in die Hand nahm, fuhr ihr ein kalter Schauer über den Rücken. Sie fürchtete die Wirkung des Inhalts genau so sehr wie das Ausbleiben einer Wirkung. Beides war furchtbar. In dem einen Falle würde sie lebendig in der Familiengruft bestattet werden, im anderen Falle musste sie den Grafen heiraten. Aber sie war doch schon mit Romeo verheiratet, ohne dass ihre Eltern das wussten. Niemals hätten sie sich damit einverstanden erklärt, denn Romeo war ein Montague! Und nun hatte Romeo auch noch den Vetter erstochen und deshalb aus Verona verbannt worden. Ihre Amme hatte es ihr erzählt.

Tybalt hatte sich zuerst mit Romeos Freund Mercutio angelegt. Als Romeo dazukam, provozierte Tybalt ihn und nannte ihn einen Schurken. Romeo blieb jedoch gelassen und wollte sich nicht auf einen Kampf einlassen. Als Mercutio und Tybalt aufeinander losgingen, wollte er sie mit Hilfe von Benvolio entwaffnen, ihnen die Degen aus der Hand schlagen. Doch in dem Handgemenge verwundete Tybalt Mercutio. Als der Freund wenig später an der

Verwundung starb, war Romeo so wütend, dass er Tybalt angriff und ihn erstach.

Hinter diesen Streitigkeiten stand die uralte Feindschaft zwischen ihrer Familie, den Capulets und der Familie von Romeo, den Montagues. Niemand konnte sich mehr an den ursprünglichen Grund erinnern, aber es gab immer wieder Vorfälle, die der alten Feindschaft Nahrung gab. Und sie hatte sich ausgerechnet in einen Montague verliebt und ihn geheiratet. Mithilfe einer Strickleiter, die die Amme besorgt hatte, war er in ihr Zimmer gekommen und sie hatten eine wundervolle Nacht miteinander verbracht.

Pater Lorenzo hatte ihr die Wirkung des Mittels beschrieben. „Wenn du die Tinktur trinkst, wird augenblicklich eine kalte, einschläfernde Mattigkeit durch alle Adern laufen und deine Lebensgeister binden. Der Kreislauf deines Bluts wird stillstehen, keine Wärme und kein Atem werden verraten, dass du noch lebst. Die Farbe auf deinen Lippen und Wangen wird sich zu aschfahler Blässe verwandeln. Deine Augenlieder schließen sich, als ob der Tod selbst sie vorm Licht des Tages verriegelt hätte. Dein Körper wird steif, kalt und starr. In dieser Starre wirst du zweiundvierzig Stunden verharren und dann wie aus einem süßen Schlaf erwachen. Am Morgen deiner Hochzeit jedoch wird niemand dich aufwecken können. Man wird dich für tot halten, nach dem Brauch unseres Landes in einen Sarg ohne Deckel legen und in die Familiengruft bringen. In der Zwischenzeit will ich Romeo von unserem Plan unterrichten und ihn hierher rufen. Ich werde zusammen mit ihm dein Erwachen abwarten. Dann soll Romeo mit dir nach Mantua fliehen."

Aber was, wenn ich in der Gruft erwache, bevor Romeo kommt? Werde ich nicht in diesem Gewölbe, in dem der Hauch des Todes herrscht, ersticken? Ich werde mich in diesem uralten Gewölbe befinden, wo die Gebeine aller meiner Vorfahren zusammengehäuft liegen und wo der blutige Tybalt in gähnender Verwesung in seinen Grabtüchern liegt.

Sie seufzte. Immer noch besser, als Paris zu heiraten. Wenn der Plan gelingt, werde ich bald wieder mit Romeo zusammen sein.

Komm Nacht! Komm Romeo! Komm du Tag in der Nacht, denn du wirst auf den Flügeln der Nacht weißer als Schnee auf eines Raben Rücken liegen. Komm schwarzäugige Nacht, bring mir meinen Romeo! Und wenn er einst sterben muss, so nimm ihn und zerteil ihn in kleine Sterne, und er wird dem Antlitz des Himmels eine so reizende Anmut geben, dass alle Welt sich in die Nacht verliebt und niemand mehr der eitlen Sonne huldigt. Ich habe Lieb erworben wie ein Haus und durfte noch nicht einziehen. Doch bald werde ich mit meinem Geliebten wieder vereint sein.

Mit dieser wilden Hoffnung und dem Mut der Verzweiflung nahm sie die Phiole und trank sie aus.


**Abschied**

Frizer informierte Tom Walsingham darüber, dass Baines überall verbreitete, dass Marlowe noch lebe. Er erzähle jedem, dass er ihn nach der Aufführung von *Die beiden Veroneser* gesehen habe, und gehe sogar so weit, zu behaupten, dass dieses Stück von Marlowe sei. Tom besprach sich daraufhin mit Anthony. Es war klar, dass der Dichter England so bald wie möglich wieder verlassen musste.

Sie fanden eine brauchbare Lösung: Im Frühjahr sollte Marlowe den französischen Baron Zerotin auf seiner Reise auf den Kontinent begleiten, danach in die Dienste des englischen Botschafters in Frankreich, Lord Butzenval, treten. Dieser war ein enger Freund von Anthony noch aus der Zeit, in der er in Bordeaux geweilt hatte.

Vor seiner Abreise gab John Harrington ein kleines Abschiedsfest für Marlowe. Neben Harringtons Familie waren Tom, Francis und Anthony anwesend. Marlowe war bedrückt und gab sich wenig Mühe, es zu verbergen.

Die beiden Jugendlichen musizierten, dann wurde das Dinner eingenommen. Die jungen Leute brachten zum Ausdruck, dass sie gerne mitreisen würden, wenn es ihr Vater erlaube. John rief aus: „Dazu seid ihr noch viel zu jung. Bedenkt die Gefahren, die unterwegs lauern." Daraufhin antwortete der Sohn keck: „In Mister Le Doux Stück heißt es: Die Fremde ist das beste Mittel, den Verstand und die Sitten eines jungen Menschen zu polieren."

„Na, das hast du dir gut gemerkt. Aber frage mal Mister Le Doux, wie er die Fremde empfindet. Ich glaube, ihm ist nicht so wohl dabei."

Marlowe sah auf und zitierte:

*Von hier verbannt ist aus der Welt verbannt.*
*Und solcher Bann ist Tod. Drum gibst du ihm*

*den falschen Namen. Nennst du Tod Verbannung,*
*enthauptest du mit goldnem Beile mich.*
*Und lächelst zu dem Streich, der mich ermordet.*

Es folgte betretenes Schweigen. Dann ergriff Francis das Wort: „Das ist gewiss aus dem neuen Stück. Romeo wird aus Verona verbannt, weil er jemanden im Duell erstochen hat. Eigentlich würde ihm die Todesstrafe drohen, doch der Fürst verwandelt das Urteil in ein milderes. Für Romeo ist es jedoch ein schweres Schicksal, da die Verbannung ihn von seiner geliebten Julia trennt, die er gerade erst geheiratet hat."

Anthony fragte Marlowe, ob das Stück fertig sei, worauf dieser antwortete: „Ja, ich habe es bereits ans Theater geschickt. Auch das andere Stück über den jüdischen Kaufmann."

Die beiden Jugendlichen bestürmten Marlowe, er möge doch ein wenig aus *Romeo und Julia* vorlesen.

„Na gut", sagte er, "ich hole das Manuskript."

Und dann las er die betörenden Worte, die Julia spricht, während sie auf Romeo wartet:

*Die Boten der Liebe sollten Gedanken sein, die zehnmal schneller fortschlüpfen als Sonnenstrahlen, wenn sie von dämmernden Hügeln die Schatten der Nacht vertreiben.*

*Eilet, eilet davon, ihr feurigen Rosse der Sonne eurem Nachtlager zu – ein solcher Führer wie Phaeton war, würde euch bald nach Westen gepeitscht und in einem Augenblick den Tag in düstre Nacht verwandelt haben – Breite deinen dichten Vorhang aus, liebebefördernde Nacht! Dass die Augen des müden Phöbus einnicken und Romeo ungesehen in meine Arme fliege.*

*Komm Nacht! Komm Romeo! Komm du Tag in der Nacht, denn du wirst auf den Flügeln der Nacht weißer als Schnee auf eines Raben Rücken liegen. Komm schwarzäugige Nacht, gib mir meinen Romeo! Und wenn er einst sterben muss, so nimm ihn und schneid ihn in kleine Sterne aus, und er wird dem Antlitz des Himmels eine so reizende Anmut geben, dass die ganze Welt in die Nacht verliebt werden und den Flitterglanz der Sonne nichts mehr achten wird.*

Beim Abschied am nächsten Morgen sprachen ihm die Freunde tröstende Worte zu. Tom zog ihn beiseite und sagte: „Du wirst ja wiederkommen. Und bedenke, was Lorenzo Romeo antwortet. Du weißt, ich habe mich bemüht, das schwarze Wort Tod in Verbannung umzuwandeln. Du hast selbst die Antwort formuliert und sie dem Mönch in den Mund gelegt."

So nahmen sie schweren Herzens Abschied voneinander, und während Marlowe erneut in Italien herumreiste, wurden seine beiden Stücke mit großem Erfolg in London aufgeführt. Doch der Name des Autors blieb unbekannt und ungenannt. „Was ist ein Name? Was uns Rose heißt, wie es auch hieße, es würde lieblich duften", hatte er in *Romeo und Julia* geschrieben. Die Londoner Theaterfreunde wollten jedoch wissen, wer diese wundervollen Werke verfasst hatte, sie drängten darauf, es zu erfahren. So entschlossen sich Poley und Skeres endlich, den Namen dieses Schauspielers aus Stratford wieder ins Spiel zu bringen.

**Paris**

Nach der Reise durch Italien in der Eskorte von Baron Zerotin, trat Marlowe in den Dienst von Lord Butzenval, der als Botschafter in den Niederlanden eingesetzt war, aber häufig in Paris weilte. Schnell fasste Butzenval Vertrauen in Le Doux alias Marlowe und schätzte ihn als zuverlässigen Mittelsmann, der Briefe, Botschaften und gelegentlich auch große Geldsummen überbrachte. Marlowe wohnte als Sekretär in dessen Haus in Paris und hielt dort die Stellung, wenn Butzenval in Holland war.

Er war seit seiner neuerlichen Verbannung aus England in trüber Stimmung. Er fühlte sich heimatlos und verloren, auch wenn ihm Achtung und Anerkennung entgegengebracht wurden und er neue Bekanntschaften machte. Doch mit niemandem konnte er über seine Dichtung oder gar seine Verbannung sprechen. Christopher Marlowe gab es nicht mehr. Die Liebe zu Tom sah er als zerbrochen an, auch wenn Tom ihm das Gegenteil beteuert hatte. Die erneute Trennung und seine Heirat beendeten für ihn die Beziehung, er musste sie begraben.

Schreiben unter dem Deckmantel

Einziges Heilmittel gegen seine Melancholie war das Schreiben. Er stürzte sich in ein neues Stück und brachte darin seine Stimmung zum Ausdruck:

*Ich habe seit kurzem all meine Munterkeit eingebüßt, meine gewohnten Übungen aufgegeben; und es steht in der Tat so übel um meine Gemütslage, dass die Erde, dieser treffliche Bau, mir nur ein kahles Vorgebirge scheint. Dieser herrliche Baldachin, die Luft, dies wackre umwölbende Firmament, dies majestätische Dach im goldnen Feuer ausgelegt - kommt mir doch nicht anders vor, als ein fauler, verpesteter Haufen von Dünsten. Welch ein Meisterwerk ist der Mensch! Wie edel durch Vernunft! Wie unbegrenzt an Fähigkeiten!*

*In Gestalt und Bewegung wie bedeutend und wundervoll! Im Handeln wie ähnlich einem Engel! Im Begreifen wie ähnlich einem Gott! Die Zierde der Welt! Das Vorbild der Lebendigen! Und doch, was ist mir diese Quintessenz von Staub? Ich habe keine Lust am Manne - und am Weibe auch nicht.*

*Was ist der Mensch, wenn seiner Zeit Gewinn, sein höchstes Gut nur Schlaf und Essen ist? Ein Vieh, nichts weiter. Gewiss, der uns mit solcher Denkkraft schuf, vorauszuschaun und rückwärts, gab uns nicht die Fähigkeit und göttliche Vernunft, um ungebraucht in uns zu schimmeln. Nun, sei's viehisches Vergessen oder sei's ein banger Zweifel, welcher zu genau den Ausgang bedenkt - ein Gedanke, der, zerlegt man ihn, ein Viertel Weisheit nur und stets drei Viertel Feigheit hat - ich weiß nicht, weswegen ich noch lebe.*

*Wahrhaft groß sein, heißt, nicht ohne großen Gegenstand sich regen. Doch einen Strohhalm selber groß verfechten, wenn Ehre auf dem Spiel? Ich seh indes beschämt den nahen Tod von zwanzigtausend Mann, die für 'ne Grille, ein Phantom des Ruhms zum Grab gehn wie ins Bett.*

Die Leiden, Abenteuer und Heldentaten des Amlethus. Eine dänische Legende, in der beschrieben wird, wie ein Prinz sich an seinem Onkel für den Mord am Vater und die Heirat mit der Mutter zielbewusst, listig, auch Wahnsinn vortäuschend, nach langen Vorbereitungen schließlich mit blutrünstiger Grausamkeit rächt.

Der unglückliche Thomas Kyd, der kurz nach Marlowes erster Flucht aus England an den Folgen der ihm zugefügten Folter gestorben war, hatte diesen Stoff bereits in einem Drama verarbeitet. Er erinnerte sich. Und die Trauer in seinem Herzen raubte ihm nahezu den Atem. Eine Rachetragödie in Kyds Sinn würde er schreiben.

Hamlet wird vom Geist seines Vaters zur Rache aufgerufen, zu einer Bluttat angestiftet. Als weitere Zutat dachte er an ein typisch italienisches Verbrechen wie die Ermordung des Herzogs von Urbino. Der Vater von Hamlet wird von seinem Bruder Claudius ermordet. Während er im Garten schläft, gießt er ihm eine Phiole Gift ins Ohr. Ein Gift aus Bilsenkraut, das schnell durch den Körper fließt.

Zur Überführung des Mörders sollte ein Stück im Stück aufgeführt werden.

*Ich hab gehört, dass schuldige Geschöpfe, bei einem Schauspiel sitzend, durch die Kunst der Bühne so getroffen worden sind im innersten Gemüt, dass sie sogleich zu ihren Missetaten sich bekannt. Denn Mord, hat er schon keine Zunge, spricht mit wundersamen Stimmen.*

Er wollte die Handlung so verwirren, dass man sich fragen würde: Bin ich ein Spieler auf der Bühne oder ein Zuschauer?

Marlowe fuhr sich durch die Haare, stürzte ein Glas Wein herunter, schaute in die dunkle Scheibe seines Fensters, die ihm sein Spiegelbild entgegenwarf. Der Mensch ist gespalten. Wenn er in den Spiegel blickt, blickt er dann aus ihm heraus oder in ihn hinein? Und was sieht er?

Hamlet würde ein Schauspieler sein. Er würde sich selbst spielen und einen Schauspieler imitieren, quasi einen Imitator imitieren. Doppelte Imitation und doppelter Wahnsinn.

Marlowe las erneut in den Essays von Montaigne und vermisste Anthony, mit dem er darüber hätte reden können. Montaigne vertrat die Ansicht, dass es nichts Gutes oder Schlechtes an sich gab, sondern dass das Denken es dazu macht. Und was man sieht, hängt vom Standort ab.

Das Thema hieß also: Sein und Schein. Und Kunst der Verstellung. Schauspielerei war ein Mittel der Verstellung und der Täuschung. Diese Fähigkeit kam jedoch nicht nur im Theater zur Geltung, sondern wurde an den Höfen Europas gepflegt. Rivalitäten wurden nicht mehr mit dem Schwert ausgetragen, sondern mit den Mitteln der Intrige, der Manipulation und der raffinierten Planung. Hamlet spielt einen Wahnsinnigen und will seinen Onkel mithilfe einer Theateraufführung als Mörder entlarven. Eine Wahrheitsfindung mit dem Mittel der Verstellung und Täuschung.

Hamlet wurde zu einem Sprachrohr, mit dessen Hilfe Marlowe sich seinen Lebensekel von der Seele schreiben konnte. Er empfand sein Leben als eine Summe von Beleidigungen, die mit seiner Selbstachtung nicht vereinbar war.

*Sein oder Nichtsein; das ist hier die Frage:*
*Ob's edler im Gemüt, die Pfeil und Schleudern*
*Des wütenden Geschicks erdulden oder,*
*Sich waffnend gegen eine See von Plagen,*
*Durch Widerstand sie enden? Sterben - schlafen -*
*Nichts weiter! Und zu wissen, dass ein Schlaf*
*Das Herzweh und die tausend Stöße endet,*
*Die unsers Fleisches Erbteil, 's ist ein Ziel,*
*Aufs innigste zu wünschen. Sterben - schlafen -*
*Schlafen! Vielleicht auch träumen! Ja, da liegt's:*

*Was in dem Schlaf für Träume kommen mögen,*
*Wenn wir die irdische Verstrickung lösten,*
*Das zwingt uns stillzustehn. Das ist die Rücksicht,*
*Die Elend lässt zu hohen Jahren kommen.*
*Denn wer ertrüg der Zeiten Spott und Geißel,*
*Des Mächtigen Druck, des Stolzen Misshandlungen,*
*Verschmähter Liebe Pein, des Rechtes Aufschub,*
*Den Übermut der Ämter und die Schmach,*
*Die Unwert schweigendem Verdienst erweist,*
*Wenn er sich selbst in Ruhstand setzen könnte*
*Mit einer Nadel bloß? Wer trüge Lasten*
*Und stöhnt' und schwitzte unter Lebensmüh?*
*Nur dass die Furcht vor etwas nach dem Tod,*
*Das unentdeckte Land, von des Bezirk*
*Kein Wandrer wiederkehrt, den Willen irrt,*
*Dass wir die Übel, die wir haben, lieber*
*Ertragen als zu unbekannten fliehn.*
*So macht Bewusstsein Feige aus uns allen;*
*Der angebornen Farbe der Entschließung*
*Wird des Gedankens Blässe angekränkelt;*
*Und Unternehmen, hochgezielt und wertvoll,*
*Durch diese Rücksicht aus der Bahn gelenkt,*
*Verlieren so der Handlung Namen.*
*O schmölze doch dies allzu feste Fleisch,*
*Zergäng und löst` in einem Tau sich auf!*
*Oder hätte nicht der Ew'ge sein Gebot*

*Gerichtet gegen Selbstmord.*
*Wie eklig, schal und flach und unersprießlich*
*Scheint mir das Treiben dieser Welt.*

Montaigne hatte zum Thema Tod geschrieben: „Nichts ist mehr schlimm im Leben für den, der begriffen hat, dass es kein Unglück ist, nicht mehr zu leben. Wozu zurückweichen, wo man doch nicht endgültig ausweichen kann?"

Aber damit rechtfertigte er keinen Suizid. Es ging vielmehr darum, den naturgegebenen Tod anzunehmen.

Marlowe erhielt einen Brief von Francis, in dem er vor allem ausführlich über die Situation der Theater in London berichtete:

*Letzten Sommer erhoben die städtischen Behörden und einige Mitglieder des Kronrates die Forderung, die Theater wegen der unanständigen Dinge, die auf den Bühnen gezeigt werden, niederzureißen. Doch es blieb glücklicherweise nur bei der Forderung. Die hiesigen Schauspieler ignorieren manche Verfügungen einfach und leben mit dem Berufsrisiko, dass Aufführungen verboten werden können. Dennoch schießen die Theater wie Pilze aus dem Boden. Es gibt neue Theatergebäude in der Innenstadt und in der nördlichen Vorstadt. Eines nennt sich „Fortune", ein anderes „Boar's Head". Es machen sich auch wieder Kindertruppen breit, zum Beispiel die „Children of St. Paul's". Die Lord Chamberlins Men haben letzten Herbst Ben Jonsons neue Komödie „Jedermann in seiner Laune" aufgeführt. Jonson ist nach wie vor von unberechenbarem, starrsinnigem und übellaunigem*

*Temperament. Er kümmert sich nicht darum, ob er der Menge gefällt. Er hat ein loses Mundwerk, schreckt nicht vor schlüpfrigen und obszönen Bemerkungen über andere zurück, deshalb sind Gespräche mit ihm nicht immer sehr erbaulich. Doch er schreibt gut. Raleigh hat einen „Mermaid Club" ins Leben gerufen. Der Versammlungsort ist die Mermaid-Taverne in der Bread Street. Du kennst sie sicher. Die Mitglieder des Clubs kommen am ersten Freitag jeden Monats zusammen, unter ihnen Jonson und Blount, ein Verleger.*

*Nach der Aufführung seiner Komödie bekam Jonson Streit mit Gabriel Spencer. Sie trugen auf einem Feld in Shoreditch, ganz in der Nähe des „Theatre" ein Duell aus, bei dem Jonson Spencer mit seinem Degen tödliche Verletzungen zufügte. Vor Gericht berief sich Jonson auf das Vorrecht des Klerus, um sich der Gerichtsbarkeit des königlichen Gerichtes zu entziehen. Jonson war allerdings nur wegen Totschlags, nicht wegen Mordes angeklagt, sonst hätte ihm das vermutlich nicht geholfen. Er entging nur knapp dem Galgen. Ihm wurde jedoch ein „T" in seinen Daumen eingebrannt. Falls er also zum Wiederholungstäter werden sollte, kommt er an Tyburn nicht vorbei. Das ist aber noch nicht alles über Jonson. Er hat zusammen mit Nash ein Stück verfasst, „Die Insel der Hunde". Damit ist er eindeutig zu weit gegangen. Er scheut sich nicht, darin eine Karikatur der Königin zu zeigen, er greift verschiedene Adlige an und die Ratgeber der Königin werden als Schoßhunde beschrieben. Jonson sitzt nun im Marshalsea-Gefängnis, Nash ist getürmt. Doch es sind zwei Spione auf ihn angesetzt, um ihn aufzuspüren, einer davon ist Poley.*

*Stell Dir vor, das Theatre ist abgebaut und auf dem anderen Ufer der Themse wieder aufgebaut worden! Burbages und Shakespeares Verhandlungen mit dem Eigner des Grundstücks über die Mieterhöhungen führten zu keinem Ergebnis. Rechtsanwälte wurden hinzugezogen und stellten fest, dass Giles Allen wirklich nur der Grund und Boden gehört, nicht das Gebäude. Drei Tage nach dem Weihnachtsfest traten bei heftigem Schneetreiben die Brüder Burbage und einer Schar von zwölf Arbeitern, außerdem Baumeister und Zimmerleute, in Shoreditch an und rückten dem Bau zu Leibe. Sie nahmen die Holzkonstruktion des Theaters auseinander und luden alle Teile auf Pferdewagen. Alles wurde auf die andere Seite des Flusses geschafft. Nicht weit vom Rose Theatre wurden die Bauteile auf einem Grundstück, dass die Burbages gepachtet haben, deponiert. Innerhalb von vier Tagen war das gesamte Gebäude abgetragen. Allen war äußerst verblüfft und verärgert, dass das Schauspielhaus so plötzlich von seinem Grund und Boden verschwunden war; er lamentierte lautstark, sprach von Ruhestörung und Verschreckung der in Shoreditch ansässigen Bürger. Er hat die Brüder Burbage verklagt, wird aber wahrscheinlich nicht viel Erfolg damit haben. Inzwischen haben sie begonnen, die zerlegten Teile auf besagtem Grundstück wieder aufzubauen. Das neue Theater soll „The Globe" heißen.*

Diese Schilderung erheiterte Marlowe und lockerte seine trübe Stimmung. Er konnte sich das alles lebhaft vorstellen. Er lehnte sich zurück und schloss die Augen. Er hörte die Trompete und sah die gehisste Flagge zum Zeichen, dass die Vorstellung begann. Die Leute strömten herbei, lachend und Witze reißend. Die einfachen

Leute zahlten einen Penny für einen Stehplatz unten vor der Bühne, die höher gestellten besetzen die Sitzplätze auf der Galerie für einen Schilling und die ganz hohen Herrschaften nahmen in den Logen Platz. Lebhaftes Stimmengewirr erfüllte das Haus und gespannte Erwartung machte sich breit, bis der erste Schauspieler an die Rampe trat.

Marlowe atmete tief ein und stellte sich Hamlet vor, wie er schwarz gekleidet auf der Bühne stand.

*Die Worte fliegen auf, Gedanken haben Schwingen ...*

Am 27. Dezember 1594 wurde König Henri nach erfolgreicher Schlacht gegen die spanische Invasionsarmee in Paris erwartet. Er traf erst spät am Abend ein, im Fackelschein, begleitet von fünfzig Berittenen und ebensoviel Fußvolk. Marlowe wollte den König unbedingt sehen, von dem er so Widersprüchliches gehört hatte, und wartete trotz der Kälte in der Rue de l'Autruche auf seinen Einzug. Er folgte ihm bis zum Louvre, wo ihn niemand fragte, wer er sei. So gelangte er in seinem Gefolge bis in einen Saal und versuchte sich vorzudrängen, um ihn besser sehen zu können. Doch das war nicht einfach, denn der Zustrom von Edelleuten war sehr groß. So konnte er den König nur über das Gewoge der Köpfe und Schultern hinweg und nur für Momente erblicken. Einmal aber sah er ihn ganz, wie er in seinen hohen Stiefeln und Pelzhandschuhen dastand und mit jemandem neben ihm scherzte. Als er sich noch ein wenig weiter vordrängte, sah er zwei adlige Herren, die sich dem König näherten und vor ihm zum Handkuss niederfielen. Der König neigte sich mit seiner gewohnten Leutseligkeit, sie aufzuheben. Wenig später sah er, dass sein Mund blutete. Es entstand große Bestürzung und großes Hin und Her unter den Anwesenden, als sie das Gesicht des Königs plötzlich voller Blut sahen. Einige schrien lauthals, andere waren kreidebleich und vor Schreck wie gelähmt. Ein junger Mann versuchte zu flüchten und seine Hast verriet ihn. Zwei Schritte vor der Saaltür wurde er von Soldaten ergriffen. Pierre de Lugoli, der für die Sicherheit des Königs zuständig war, eilte herbei und verhörte ihn.

Marlowe konnte die Szene gut beobachten. Es war ein junger Bursche, keine zwanzig, klein und schmächtig, gut gekleidet. Von Lugoli mit Fragen bedrängt antwortete er, die Augen gesenkt mit leiser bebender Stimme. Den Inhalt des Gesagten konnte Marlowe nicht verstehen.

Inzwischen hatte der königliche Arzt die Wunde untersucht und erklärte sie für harmlos. Es war nur die Oberlippe Seiner Majestät verletzt und ein wenig von einem Zahn abgebrochen, gegen den das Messer geprallt war. Die Anwesenden beruhigten sich etwas, doch waren sie noch immer entsetzt, denn es war klar, dass der Attentäter auf die Kehle des Königs gezielt hatte. Dass er nicht getroffen hatte, lag nur daran, dass der König im selben Moment, da der Stoß geführt wurde, sich vorgebeugt hatte, um Ragny und Montigny vom Kniefall aufzuheben. Der König machte eine witzige Bemerkung, woraufhin alle Anwesenden sehr erleichtert waren.

Später erfuhr Marlowe, dass der Attentäter Jean Chatel hieß, der Sohn eines Tuchhändlers war und drei Jahre bei den Jesuiten studiert hatte. Dort hatte man ihm eingeredet, es sei löblich, den König zu töten, weil er ein Ketzer sei. Daraufhin wurden die Häuser der Jesuiten gründlich durchsucht. Bei Pater Guignard wurde eine Schrift gefunden, in der gegen König Henri gelästert und zum Mord an ihm aufgerufen wurde. Wörtlich war dort zu lesen: „Kann man ihn nicht absetzen ohne Krieg, so bekriege man ihn! Kann man ihn nicht bekriegen, so lasse man ihn ermorden!"

Als dies in der Bevölkerung bekannt wurde, wurden die Stimmen immer lauter, die sich auch schon zuvor für die Verfolgung und Ausweisung der Jesuiten ausgesprochen hatten. Es kam zu einem Prozess gegen die Jesuiten, in dem diese dazu verurteilt wurden das Land zu verlassen. Der König hätte die Täter gerne begnadigt, da er ja nur leicht verletzt war, doch schien dass seinen Ratgebern und Richtern wenig ratsam. Ein Anschlag auf das Leben des Königs musste hart geahndet werden. Niemand durfte ungestraft die Hand gegen den König erheben. So wurden Chatel und Guignard grausam hingerichtet. Chatel wurde geviertelt und Guignard erhängt. Doch viele bezweifelten, dass damit die Gefahr für den König beseitigt wäre, denn im Geheimen würden diese Fanatiker weiter gegen ihn arbeiten.

In dieser Situation gab Lord Butzenval Marlowe den Auftrag, dem Herzog von Nevers einen Brief zu überbringen. Marlowe hatte schon von ihm gehört und wusste, dass er zur Zeit Heinrichs III. am Hof eine ebenso geschätzte wie ungewöhnliche Erscheinung gewesen war. Ein strenger Katholik, doch kein Anhänger der Liga, den Hugenotten feindlich gesinnt, aber ohne sie schlachten zu wollen. Zwar war er dem Papst treu ergeben, was aber nicht so weit ging, ihm die Rechte der französischen Kirche zu opfern. Nachdem Heinrich von Navarra sich bekehrt und als Heinrich IV. den Thron bestiegen hatte, diente er auch ihm. Er hatte sich vergeblich darum bemüht, den Papst zur Anerkennung der Bekehrung des Königs zu bewegen. Seitdem unterstützte er den König im Kampf gegen die Liga und die spanischen Eindringlinge.

„Monsieur", begrüßte ihn der Herzog steif, als er endlich geruhte, Marlowe zu empfangen. Eine volle Stunde hatte er in seinem Vorzimmer warten müssen. Marlowe verbeugte sich tief und reichte ihm den Brief.

Nevers brach das Siegel entzwei, setzte sich in einen Sessel und begann zu lesen. Dann fasste er Marlowe ins Auge und sagte: „Lord Butzenval muss Sie sehr schätzen und er vertraut Ihnen. Sagen Sie ihm, dass ich einverstanden bin." Damit war Marlowe entlassen. Lord Butzenval hatte ihn nicht eingeweiht, worum es ging, aber Marlowe machte sich keine Gedanken darüber.

Als er dem Lord die Antwort des Herzogs überbrachte, bat er ihn Platz zu nehmen. Er ließ Wein kommen und erklärte:

„Es geht um die Jesuiten. Wir müssen sie weiter im Auge behalten. Sie sind gleichermaßen für England und Frankreich gefährlich. Jetzt werden sie im Untergrund agieren. Es sind gefährliche Gegner, denn sie sind gelehrt, aber auch kampferprobt, verwegene Reisende, die vor nichts zurückschrecken. Den Degen führen sie meisterlich. Sie glänzen mit ihrer wohlgeschliffenen Sprache und im wendigen und finessenreichen Verhandeln sind sie unübertrefflich. Sie scheuen weder den Marterpfahl noch den Scheiterhaufen in der freudigen Zuversicht, dadurch die Märtyrerkrone zu erringen."

Marlowe erinnerte sich an Ballard, der zu den Verbündeten Babingtons gehört hatte und im Auftrag Morgans im Norden Englands unterwegs gewesen war, um unter den dortigen Katholiken eine Streitmacht anzuwerben. Als die Babington-Verschwörung aufgedeckt wurde, wurde er als einer der Ersten gefasst, gefoltert und grausam hingerichtet.

„Diese Leute", fuhr Butzenval fort, "haben das Beichten zu einer Kunst entwickelt. Sie verstehen es, eine Seele am Haken zu fassen durch reine Freundlichkeit, durch ihr Geschick, mit dem sie jedem, der ihnen in die Hände fällt, das Innerste zu öffnen vermögen. Wenn die Beichtkinder adlig, reich und Persönlichkeiten sind, vergeben die Jesuiten alles, selbst Sodomie und Ehebruch. Ihre Schulen haben einen hervorragenden Ruf. Hier in Paris leiten sie das Collège de Clermont.

Entscheidend ist jedoch, dass sie die Aufrichtigkeit der Konversion von Heinrich IV. bezweifeln und ihn bekämpfen. Sie steckten wie Sie wissen hinter dem Attentat auf den König und wurden aus Frankreich ausgewiesen. Doch ist anzunehmen, dass sie den Kampf nicht aufgeben und im Geheimen Pläne schmieden."

Marlowe ahnte langsam, worauf Butzenval hinauswollte. Er sollte wieder einmal als Spion tätig werden. Er nahm einen Schluck Wein und meinte:

„Da wäre es wohl gut, wenn jemand sie aufspürte und entlarvte."

„Richtig, mein Lieber! Und da dachte ich natürlich an Sie. Da Sie darin doch Erfahrung haben."

Marlowe seufzte. Auch unter dem Namen Le Doux war er in diplomatischen Kreisen als Spion der englischen Krone bekannt. Er war nicht sonderlich angetan von der Idee, wieder als Agent zu arbeiten, aber es sollte sich erweisen, dass das noch nicht alles war.

„Doch hören Sie weiter, damit Sie wissen, mit wem wir es zu tun haben. Sie sind weder weltliche Priester noch ein richtiger Orden, sind weder Fisch noch Fleisch. Sie tragen keine Kutten, sondern Soutanen wie die Priester. Wenn es nötig ist, legen sie auch weltliche Kleider an, gürten sich ein Schwert um und reisen über die Meere. Sie weigern sich, die Autorität der Bischöfe anzuerkennen, gehorchen einzig ihrem General, der ein Spanier ist und dem Papst, der ein Italiener ist.

Ihr Gründer, Ignatius von Loyola, war ursprünglich Hauptmann im spanischen Heer. Deshalb gab er später dem obersten Chef des Ordens den Namen General. Er wurde durch einen Granateneinschlag bei der Verteidigung Pamplonas gegen die Franzosen am rechten Bein verwundet. Er gab das Waffenhandwerk auf und verkündete, von der Gnade Gottes erleuchtet worden zu sein.

Philipp II. von Spanien mit seinem überseeischen Gold im Rücken hegt nicht geringe Hoffnung, sich durch List und Gewalt zum Herrscher des Abendlandes aufzuschwingen. Seine List besteht in einer vorgetäuschten Verteidigung der katholischen Religion gegen die reformierte. Er weiß, wie stark religiöse Fragen die Geister beeinflussen. Aus diesem Grund bestach er die Kardinäle und bekam, mit Ausnahme von Sixtus V., hinfort ihm ergebene Päpste. Da aber der Vatikan zu schwerfällig ist, braucht Philipp leicht bewegliche

Leute, die sich an allen Orten einnisteten und überall verbreiteten, um die Dinge Spaniens voranzutreiben. Diese Leute sind die Jesuiten."

„Sie sind wirklich gänzlich in der Hand spanischer Machtinteressen?", warf Marlowe ein.

„Sie schwören ihrem General den so genannten *Kadavergehorsam*. Und dieser General wird vom spanischen König ernannt."

„Nicht vom Papst?", fragte Marlowe.

„Keineswegs. Dem Papst schwören sie ebenfalls absoluten Gehorsam, aber der General des Ordens wird von Philipp ernannt."

„Besteht dann nicht die Gefahr eines Konfliktes zwischen dem absoluten Gehorsam gegenüber dem Papst und dem Kadavergehorsam gegenüber ihrem General?"

„Die Gefahr besteht zurzeit nicht, weil der Papst unter stärkster Einflussnahme Philipps gewählt wurde. Jedenfalls benutzt Philipp die Jesuiten als Herrschaftsinstrument in Frankreich. Geheime Beratungen fanden nicht immer im Stadthaus statt, sondern in einem Saal des Collège de Clermont in Gegenwart des Rektors der Jesuiten.

Sodann verbreiten sie eine Theologie, nach der es den Untertanen erlaubt ist, ihren König zu töten, wenn er ein Tyrann ist oder vom Papst exkommuniziert wurde."

„Das zielt natürlich auf alle reformierten Fürsten."

„Und vor allem auf König Henri, da seine Konversion vom Papst bislang nicht anerkannt wird. Über die verschiedenen Anschläge auf

Elisabeth I. wissen Sie ja besser Bescheid als ich. William Parry stand unter dem Einfluss des Jesuiten Codreto und Babington wurde von dem Jesuiten Ballard gelenkt. 1589 wurde Heinrich III. in Saint-Cloud durch einen Messerstich getötet."

„Nein, das war ein Dominikanermönch", widersprach Marlowe.

„Gut. Aber vielleicht hat ihn die Theorie über die Rechtmäßigkeit des Königsmords beeinflusst. Doch bei dem Attentat des Studenten Jean Châtel auf den König haben wir es mit den Jesuiten zu tun, denn er stand nachweislich unter dem Einfluss des Jesuiten Guignard. Es hat jedenfalls den Anschein, dass in diesem Verein sämtliche Mordanschläge auf exkommunizierte Könige Europas ausgeheckt und verübt werden.

Die Jesuitenpater am Pariser Collège de Clermont waren gebürtige Franzosen. Doch sie stellten sich gegen ihr eigenes Vaterland und arbeiteten für den Feind."

Kurz nach dieser Unterredung mit Butzenval schrieb Marlowe an Anthony:

*Vielen Dank für Deinen Bericht aus dem Londoner Theaterleben. Die Geschichte vom Abbau des Theatre hat mich sehr amüsiert.*

*Lord Butzenval möchte mich als verkappten Jesuiten an das englische Seminar in Valladolid senden, um die Umtriebe der Jesuiten an der Universität auszuspähen. Die Agentenrolle scheint mir anzuhaften wie Pech, auch wenn ich einen anderen Namen angenommen habe.*

*Ich schreibe derzeit an einem Stück über Hamlet, den Prinzen von Dänemark und habe bei meinem zweiten Besuch in Venedig Stoff für ein weiteres Drama gefunden. Giraldi Cinthio schreibt in seiner Geschichtssammlung über einen tapferen Mauren, der sich in den Kriegen der Republik Venedig großes Ansehen erwarb und sich mit Desdemona, der Tochter aus einer angesehenen Familie heimlich vermählt. Bald darauf wird er vom Senat nach Zypern gesandt, um dort gegen die Türken zu kämpfen. Desdemona begleitet ihren Gemahl.*

*Der gehässige Fähnrich Jago, der gehofft hatte, von Othello zum Leutnant befördert zu werden, ist aufgebracht, dass der unerfahrene Cassio diese Stelle erhält. Er sinnt auf Rache. Der junge Rodrigo, der unglücklich in Desdemona verliebt ist, hilft Jago bei seiner Intrige, wird jedoch von diesem ausgenutzt und schließlich ermordet.*

*Ich hoffe nur, dass ich Zeit haben werde, an diesen Stücken weiterzuarbeiten.*

*Zur politischen Situation kann ich Dir folgendes schreiben: Heinrich IV. hat sich nach vielen Kämpfen als Überwinder der Liga und Sieger über die Spanier erwiesen. Sobald er seine Position gefestigt hatte, erließ er in Nantes ein Edikt, das den Hugenotten volle Gewissensfreiheit gewährte und ihnen den Zutritt zu öffentlichen Ämtern zusicherte. Dieses Edikt macht der Verfolgung der Hugenotten ein Ende und ermöglicht Frieden nach den entsetzlichen Wirren der französischen Religionskriege. Der Papst und viele katholische Geistliche sind entsetzt. Sie bezeichnen das Edikt als großes Unheil, da es das Schlimmste erlaube, nämlich*

*Gewissensfreiheit. Ohne das Edikt ausdrücklich zu erwähnen, werden die Angriffe gegen die so genannten Ketzer verstärkt. Auch im Parlament gibt es erbitterten Widerstand. Es kursieren Gerüchte, dass junge Männer sich mit einem Kopf voll falschen Glaubenseifer nach Paris aufmachen, um den König zu ermorden. Einem wäre es vor kurzem fast geglückt ...*


**Spanien**


Im Frühjahr machte sich Marlowe mit zwei Begleitern auf die Reise. Er hatte einen neuen Namen angenommen und nannte sich nun John Matthew. Nachdem sie unter vielen Strapazen die Pyrenäen überquert hatten, zogen sie durch ein Gebiet, die ihnen fremd und sonderbar vorkam. Zu beiden Seiten des felsigen Weges erstreckte sich eine endlose dürre und steinige Einöde mit Gräsern und etwas Buschwerk. Aber aus der scheinbar ebenen Landschaft erhoben sich immer wieder Berge und die Täler waren grün und fruchtbar. An manchen Tagen blies ein kalter Nordwind, manchmal so heftig, dass eine Unterhaltung unmöglich war.

Als sie in Valladolid ankamen, wurden sie von ihrem Kontaktmann Don Luis begrüßt. Sie quartierten sich im Royal College St. Alban ein und Don Luis wies Marlowe gleich am ersten Tag in die Gegebenheiten Spaniens ein.

„Der Hof in Madrid ist äußerst düster. Philipp II. geht tagtäglich schwarz gekleidet. Man sagt, er trägt Trauer um sein eigenes Dasein.

Diese Manie hat er von seinem Vater, der vor seinem Tod eine Generalprobe seiner eigenen Beerdigung abgehalten hat. Keiner sieht Philipp lachen und selbst bei den größten Niederlagen verzieht er keine Miene. Er sitzt im Kabinett und regiert seine Reiche. Vier Ehefrauen sind ihm gestorben und viele seiner Kinder. Er ist schon lange vom Tod umgeben. Sein Kopf ist kahl, sein Herz eingeschrumpft, sein Sinn ist aus Stein und er hält sich nach wie vor für den großen Weltenrichter. Die Wahrheit gehört ihm, nur ihm allein. Um der Welt diese Wahrheit aufzuzwingen, hat er gelogen, betrogen, gemordet, Kriege geführt. Mit dem blutigen Messer seiner Untaten geht er zum Altar und wischt das Blut am blauen Mantel der Mutter Gottes ab - und hat ein gutes Gewissen.

Nun ist er gichtkrank und halb erblindet. Sein Staat ist bankrott."

„Bankrott?", fragte Marlowe nach. „Ich denke, er hat unsagbare Schätze in der Neuen Welt erbeutet."

„Das ist alles für die unzähligen Kriege ausgegeben worden. Für sein Land hat er wenig getan. Die Inquisition wütet gegen Andersdenkende, ja sogar gegen die Bekehrten.

Die Spanier sind so katholische Katholiken, dass ihnen selbst der Papst bisweilen als Ketzer erscheint. Ihre Mienen sind düster, denn das Leben wird als ein Jammertal angesehen, der Körper als eine Lumpenhülle und wichtig am Leben ist nur der Tod. Außerdem drücken sie einen gewissen Dünkel aus. Denn wenn man sich selbst für nichts erachtet, sind alle anderen noch weniger als nichts. Frömmler sind ohnehin immer voll Verachtung für andere".

Marlowe wandte ein: „Ich habe gehört, der Escorial soll beeindruckend sein."

„Nun ja, groß ist er schon, die Längsseiten messen über hundert Klafter. Aber er ist in Wahrheit kein Palast, sondern eine Gruft. Es hausen über hundert Mönche dort, die nichts anderes zu tun haben, als den königlichen Leichnamen, die dort begraben sind, über Jahrhunderte hin die Messe zu lesen, damit ihnen dereinst der Himmel geöffnet wird."

„Ich dachte, es sei Philipps Sommerschloss."

„Na ja, dann ist er der erste König, der sich eine Gruft zur Sommerresidenz erkoren hat. Aber Sie werden ja gewiss demnächst Gelegenheit haben, diesen Palast zu sehen. Jedenfalls scheinen die guten Katholiken Spaniens zu glauben, dass der Körper nichts und die Seele alles ist. Sie denken, wenn sie den Körper schinden, so wird auch die schwärzeste Seele das Heil finden."

Don Luis sprach mit einem verächtlichen, ironischen Ton und seine dunklen Augen spiegelten seinen Widerwillen.

In der Stadt gab es eine Reihe prachtvoller Bauten, die davon zeugten, dass Valladolid noch vor wenigen Jahrzehnten die Hauptstadt des Königreichs Kastilien gewesen war, bevor Philipp seinen Regierungssitz nach Madrid verlegt hatte. Die Universität war bereits im Jahr 1346 gegründet worden. Das Gebäude bestand aus einem vierseitigen Kreuzgang aus Rundbogenarkaden mit filigraner Dekoration, die sich über drei Stockwerke hinzogen.

Um die Jesuiten ausspähen zu können, sollte Marlowe sich selbst als Jesuit und Seminarpriester ausgeben. Dazu musste er über die *Gesellschaft Jesu* bis in alle Details Bescheid wissen. Don Luis klärte ihn über den Eid auf, den die Jesuiten leisteten. Er legte ihm den Wortlaut in Spanisch vor und begann, die wichtigsten Passagen zu übersetzen:

„Ich erkläre, dass ich mein Äußerstes tun will, um die ketzerischen protestantischen oder freiheitlichen Lehren auszurotten und alle von ihnen beanspruchte Macht zu zerstören.

Weiter verspreche ich, dass ich keine eigene Meinung oder eigenen Willen haben will, sondern bereitwillig jedem Befehl gehorche, den ich von meinem Obersten in der Armee des Papstes und Jesus Christus empfangen mag.

Außerdem verspreche ich, dass ich geheim oder offen gegen alle Ketzer, Protestanten und Liberale vorgehen will, um sie mit Stumpf und Stiel auszurotten und sie von der Erdoberfläche verschwinden zu lassen. Ich will dabei weder vor Alter, gesellschaftlicher Stellung noch irgendwelchen Umständen halt machen. Ich werde sie hängen, verbrennen, verwüsten, kochen, enthaupten, erwürgen, lebendig vergraben, die Bäuche der Frauen aufschlitzen und die Köpfe ihrer Kinder gegen die Wand schlagen, um ihre verfluchte Brut für immer zu vernichten. Und wenn ich sie nicht öffentlich umbringen kann, so werde ich das mit einem vergifteten Kelch, dem Galgen, dem Dolch oder der bleiernen Kugel heimlich tun, ungeachtet der Würde, des Ranges oder der Autorität der Person."

Marlowe war schockiert. Hatte er sich nicht in große Gefahr begeben? Was, wenn er auffliegen würde?

Don Luis fuhr fort: „Die Zahl der Ordensmitglieder hat in wenigen Jahren erstaunlich zugenommen, obwohl sie am Anfang nicht sonderlich erfolgreich waren, weder in Spanien noch in Frankreich. Doch das änderte sich schnell.

Klaudius Aquaviva, der seit 1581 Ordensgeneral ist, vermeidet die offenen Kämpfe mit der weltlichen Macht und setzt auf heimliche Bekehrungen und Umtriebe. Er hat auch eine Ordensverfassung erarbeitet."

Don Luis erklärte Marlowe die verschiedenen Klassen und Einweihungsgrade des Ordens und erläuterte abschließend: „Es gibt eine sechste Klasse von Mitgliedern. Das sind Laien aus allen Ständen, von denen man es im Alltagsleben gar nicht weiß, dass sie zur Gesellschaft Jesu gehören, und die deswegen um so besser in allen Belangen für die geheimen Zwecke des Ordens, als dessen Werkzeuge tätig sein können. Zusammen mit den Spionen bildete sich dadurch eine unsichtbare Hilfstruppe der Jesuiten, vor denen man noch mehr auf der Hut sein muss, als vor denen, die man an den langen schwarzen Kutten erkennen kann. Großes Augenmerk haben sie auch auf die Erziehung und Bildung der Jugend, weshalb sie überall Unterrichtsanstalten gegründet haben. Neben den üblichen Fächern lehren sie vor allem die Kunst, mit spitzfindigen Schlüssen zu disputieren, besonders über einzelne Fälle, die selten oder nie in der Wirklichkeit vorkommen.

Der oberste Grundsatz der jesuitischen Sittenlehre heißt „Der Zweck heiligt die Mittel". Daraus leiten sie sogar ab, dass Gott eine Tat nach der Absicht beurteilt. Wenn also ein Täter seiner Tat eine gute Absicht unterschiebt, so ist sie gerechtfertigt, sei sie auch noch so verwerflich. So lässt sich jedes Verbrechen nachträglich rechtfertigen und ohne Gewissensskrupel begehen."

Marlowe kleidete sich in das Gewand der Jesuiten, das dem der Priester ähnlich war und besuchte das Seminar. Allen, mit denen er in Kontakt kam, erzählte er, dass er aus England komme und dort Pater Ballard kennengelernt habe, der an der Verschwörung Babingtons beteiligt gewesen war. Wenn jemand genauer nachfragte, hatte er einige Geschichten parat, teils wahr, teils erfunden. Viele begannen ihn mit Hochachtung zu betrachten und er konnte erste Kontakte zu Jesuiten knüpfen. Er hatte schon das ein oder andere Mal gehört, wie sie sich über die Ausweisung aus Frankreich empörten und den französischen König als einen Ketzer bezeichneten. Auch sprachen sie darüber, dass der Papst Henri seine Absolution verweigern müsse. Marlowe hatte in Paris davon gehört, dass eine Gesandtschaft sich in Rom für Henri beim Papst dafür verwendete.

Nachdem Marlowe sich schon fast ein halbes Jahr in Valladolid aufhielt, ereignete sich etwas, das das ganze Land in Turbulenzen stürzte. Schon lange ging das Gerücht um, dass es mit Philipp zu Ende gehe. Es hieß, dass seine Glieder von der Gicht steif und geschwollen waren, verbunden mit Schmerzen und Fieber. Ein Mediziner, den Marlowe an der Universität kennengelernt hatte, bemerkte einmal in einem Gespräch: „Meiner Meinung nach wird der König vollkommen falsch behandelt. Man gibt ihm wenig zu trinken, was völlig unangebracht ist. Die Mediziner, die ihn umgeben, sind der Auffassung, je schlimmer man den Patienten quält, desto besser für die Heilung. Ich habe gehört, dass man ihm einmal eine gezuckerte Bouillon verabreichte, von der er furchtbaren Durchfall bekam."

Am 13. September starb Philipp II. und es gab eine Menge Gerüchte und Berichte darüber, wie er gestorben war. Als die Nachricht seines Todes die Universität erreichte, scharten sich einige der Professoren und Dozenten im Innenhof um zwei Reisende, die über dieses Ereignis Auskunft gaben. Marlowe stieß dazu, als einer der beiden schilderte: „Sein Körper war mit eiternden Geschwüren bedeckt und er schrie jedes Mal gellend auf, wenn er sich bewegte oder ihn jemand berührte. Deshalb verzichtete man darauf, seine Laken zu wechseln und ihn zum Toilettenstuhl zu bringen. So lag er in seinem eigenen Unflat und Gestank, siechte in Fäulnis und Verwesung dahin. Ärzte und Geistliche mussten gegen heftige Übelkeit ankämpfen, wenn sie sich seinem Bett näherten. Ein schmähliches Ende für einen mächtigen König."

Marlowe hätte gerne geantwortet: „Ich kann kein Mitleid mit ihm empfinden. Was dieses Mannes absolute Macht an Tod, Mord, Verderben und Leiden über Europa und die neue Welt gebracht hat, übersteigt jede Vorstellung." Doch auch wenn Philipp tot war, gab es noch lange keine Gedankenfreiheit in Spanien. Es wäre gefährlich gewesen, so etwas zu äußern. Der Thronfolger war in dieser Beziehung nicht anders als sein Vater.

Der andere Reisende teilte mit: „Er dachte ununterbrochen an sein Seelenheil, betete unablässig und forderte von allen in seiner Umgebung für ihn zu beten. Er ließ sich sämtliche Heiligenreliquien vor Augen führen und befahl, ihm alle Texte aus der Bibel vorzulesen, in denen es um die göttliche Vergebung geht. Man sagt, dass seine Beichte drei Tage gedauert habe. Er hatte wohl Angst, dass die Auslassung einer Sünde ihm die Hölle einbringen könnte. Er befahl, dass nach seinem Hinscheiden dreißigtausend Messen für sein Seelenheil gelesen werden sollen."

Marlowe dachte: Wie sündig muss sich jemand fühlen, wenn er nach dem Tod eine so ungeheuerliche Weißwaschung benötigt? Steckt darin nicht die Verzweiflung eines Menschen, sein Seelenheil überhaupt jemals erlangen zu können? Und es klang auch nicht nach Reue, sondern beinhaltete eine ungeheure Anmaßung, so, als wolle er Gott zu einem Gnadenakt zwingen. So, als sei er bestechlich. Mit dem Unterschied, dass man ihn nicht mit Geld, sondern mit Messen bestach.

Marlowe reiste in Begleitung von Don Luis zu den Trauerfeierlichkeiten. Als er sich dem Eskorial von Weitem näherte, überwältigten ihn die Größe und die Schönheit dieses Schlosses. Vor den dunklen Bergen des Guadarrama hob es sich in makellosem Weiß ab. Türme, Pfeiler und goldene Kuppeln verliehen ihm etwas Orientalisches. Weder in London noch in Paris, Rom oder Venedig hatte er etwas Vergleichbares gesehen. Beim Näherkommen jedoch bemerkte er, dass es gar nicht weiß war, sondern grau. Er sah nun auch, dass die Fassade sehr gleichförmig und kahl war. Sie enthielt kein Zierrat, kein Ornament und glich einer riesigen Kaserne.

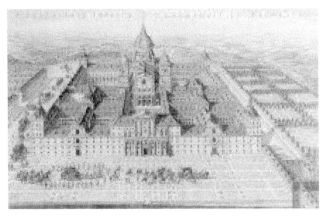

Der Escorial

Don Luis teilte ihm mit: „Es soll darin 2000 Gemächer geben. Der Grundriss hat die Form eines Gitters, zu Ehren des heiligen Laurentius, welcher der Überlieferung nach auf einem Feuerrost das Martyrium erlitt. Die Krypta, in der Philipp bestattet wird, ist aus schwarzem Marmor."

Die Beerdigung des Königs war geprägt von einem düsteren Pomp. Er wurde im offenen Sarg in der Kirche aufgebahrt, schwarzer Taft bedeckte seine Brust und ein Kruzifix lag auf seinem Herzen. Zwei Tage lang defilierten alt und jung, hoch und niedrig an ihm vorbei, um Abschied zu nehmen oder ihn noch im Tod insgeheim zu verfluchen. Denn für viele war er ein Ungeheuer, der zahllose Menschen auf dem Gewissen, der Inquisition Vorschub geleistet und alles kritische Denken unterdrückt hatte. Es gab gewiss genügend Menschen, die nicht vergessen hatten, dass er seine Herrschaft mit einem Autodafé eingeleitet, mehrere Massaker in Aragón, Flandern und Portugal befohlen hatte und vor keiner Untat zurückgeschreckt war. Dennoch war jeder dazu gezwungen, Verehrung und Unterwürfigkeit zu heucheln. Ganze Heere von Mönchen füllten die Kirche mit düsterem Gesang, unzählige Kerzen brannten. An dem Abend, an dem der Leichnam in die Krypta überführt wurde, klangen dumpfe Trommelschläge, ein Geleit von Fackelträgern und hohen Geistlichen umstanden den Sarg. Fahnen wehten, Weihrauch quoll, Gebete wurden gesprochen und das *Requiem* gesungen. "Ewige Ruhe schenke ihm. Befreie ihn aus dem Maul des Löwen, damit die Unterwelt ihn nicht verschlinge und er nicht in die Finsternis hinabsinke!"

Es folgten Stille und drei Wochen verordnete Trauer. Erst dann würde der neue König gekrönt werden.

Nach der Trauerfeier schrieb Marlowe respektlose Zeilen in sein Notizbuch:

„Es wartet eine gewisse Versammlung von politischen Würmern auf ihn, von denen er gegessen wird. Wir mästen alle Kreaturen, damit sie uns mästen sollen. Und für wen mästen wir uns als für Maden?

Ein Mensch kann mit dem Wurm, der einen König gegessen hat, einen Fisch angeln, und den Fisch essen, der diesen Wurm gegessen hat. So kann es mit einem König so weit kommen, dass er eine Reise durch die Gedärme eines Bettlers machen muss."

Zurück in Valladolid entschloss Marlowe sich endlich, Kontakt zu den Jesuiten aufzunehmen. Schließlich war er deshalb nach Spanien gereist. Er hatte von Luis de la Puente gehört, der in dem Ruf stand, ein besonders frommes Leben zu führen. Er schrieb Bücher über

Askese und die Passion Jesu und kümmerte sich um Kranke. Auf De la Puente schien nichts von dem zuzutreffen, was Don Luis ihm über die Jesuiten erzählt hatte. Er war ein weißer Rabe. Allenfalls konnte man sagen, dass er in das Leiden verliebt war und die Askese zum Hauptziel des Lebens erhoben hatte. Doch in seinem Umkreis tummelten sich auch andere, die politischere Ziele hatten. Natürlich sagte das niemand unverblümt, aber Marlowe fand bald bestätigt, dass die Jesuiten danach trachteten, wieder in Frankreich Fuß zu fassen. Nach wie vor war es ihre Absicht, die Hugenotten auszurotten. Das Edikt von Nantes war ihnen ein Dorn im Auge und es war klar, dass es unter Heinrich IV. nicht aufgehoben würde. Folglich musste ein weiteres Attentat auf ihn geplant werden. Zudem sah es so aus, als ob sich Heinrich mit den Engländern versöhnen und verbünden wollte. Er hatte den hugenottischen Minister Sully als Unterhändler nach England gesandt. Das ging eindeutig gegen die spanischen Interessen. Die Jesuiten überlegten fieberhaft, wie sie Heinrich dazu bringen könnten, das Ausweisungsdekret rückgängig zu machen. Die Bedingung war ja, dass die französischen Jesuiten dem König versichern mussten, künftig auf der Seite Frankreichs zu stehen.

Eines Tages belauschte Marlowe ein Gespräch, das zwei Jesuiten im Kreuzgang der Universität mit gedämpften Stimmen führten. Eine spanische Delegation sollte an Herzog Karl von Biron herantreten, um ihn durch Zusicherung reicher Belohnungen dazu zu verleiten, sich gegen Heinrich zu erheben. Der Herzog war in vielen Schlachten auf der Seite Heinrichs erfolgreich gewesen, hatte jedoch seine Konfession zweimal gewechselt. Man hielt ihn folglich für wankelmütig genug, um sich durch verschiedene Versprechen in Versuchung bringen zu lassen. Worin diese Versprechen bestanden, konnte Marlowe nicht mehr verstehen, da sich die beiden Verschwörer langsam entfernten. Plötzlich wurde er von hinten grob gepackt und sein Arm auf den Rücken gedreht. Marlowe stöhnte auf und versuchte über seine Schulter nach hinten zu blicken. Er sah einen Fremden in der Tracht der Jesuiten.

„Was zum Teufel tun Sie hier?", zischte dieser.

„Lassen Sie mich sofort los! Was fällt Ihnen ein?", antwortete Marlowe wütend und versuchte sich aus dem Griff zu befreien. Der andere ließ den Arm los, Marlowe drehte sich um, wurde von dem Angreifer jedoch gegen eine Säule gedrückt.

„Sic sind ein Spion. Sie haben soeben ein Gespräch belauscht."

„Nein. Wie kommen Sie darauf?"

„Wer sind Sie? Was tun Sie hier?"

„Ich weiß nicht, was Sie das angeht."

Marlowe spannte seine Muskeln, stieß den Jesuiten mit aller Kraft von sich und lief weg.

Er rannte zum Haus von Don Luis und achtete darauf, dass ihm niemand folgte oder beobachtete. Hastig erzählte er Don Luis, was vorgefallen war und was er belauscht hatte.

„Das könnte brenzlig werden. Ich bringe Sie besser zu einem Versteck. Warten Sie hier. Ich besorge Pferde."

Kaum war Don Luis aus dem Haus, sah er, vorsichtig aus dem Fenster lugend, eine schwarz gewandete Gestalt die Straße hinuntereilen. Es war der Jesuit, der ihn zur Rede gestellt hatte. Zum Glück ging er weiter, er hatte offenbar keine Ahnung, wohin er sich geflüchtet hatte. Es dämmerte bereits, als Don Luis wieder zurückkam. Er hatte die Pferde ein paar Straßen weiter angebunden.

„Wir wollen die Dunkelheit abwarten, dann verschwinden wir." Marlowe packte seine Sachen. Sie sprachen über das, was Marlowe gehört hatte und waren sich schnell einig, dass es nicht reichte, König Henri zu warnen. Er würde Biron wohlmöglich noch in Schutz nehmen, da er ein verdienter Mitstreiter und geschätzter Helfer auf seinem Weg zum Thron gewesen war. Man müsste ihm eine Falle stellen. Doch das war nicht mehr Marlowes Aufgabe, er würde Butzenval mitteilen, was er gehört hatte. Alles Weitere musste dieser selbst in die Hand nehmen. Don Luis brachte Marlowe zu einer Hütte außerhalb der Stadt. Dort verfasste Marlowe in Geheimschrift einen Brief an Butzenval, für den Fall dass ihm etwas zustoßen sollte. Während Don Luis den Brief auf den Weg brachte, trat er die Rückreise bzw. Flucht nach Frankreich an. Er ritt Richtung Burgos bis zur nächsten Poststation, bekam dort ein ausgeruhtes Pferd, ritt weiter Richtung Küste fast ohne Pause, bis er die Grenze hinter Donostia erreicht hatte. Mit zitternden Knien und völlig erschöpft ließ er sich vom Pferd gleiten, nahm sich ein Zimmer und schlief 20 Stunden lang. Er hatte allerdings düstere Träume, die ihn mehrfach aufschrecken ließen.

Zurück in Paris stürzte sich Marlowe in seine Arbeit am Hamlet. Er erhielt einen Brief von Anthony, in dem dieser ihn um Komödien für das Globe-Theatre bat. Na gut, dachte er, ich schreibe, was ihr wollt und wie es euch gefällt, zuerst jedoch diese düstere Tragödie zuende.

Dem dänischen Prinzen erscheint der Geist seines Vaters, der ihn zur Rache auffordert, denn sein Bruder hat ihn ermordet und seine Frau geheiratet. Der Mord geschah heimtückisch: Während der König schlief, träufelte er ihm Gift ins Ohr.

Hamlet lässt eine Gelegenheit zur Rache verstreichen, denn es reicht ihm nicht, seinen Onkel umzubringen, er will auch sichergehen, dass er in die Hölle kommt. Marlowe dachte an König Philipp und seine dreitägige Beichte. Hamlets Vater war nicht in dieser glücklichen Lage gewesen, er hatte keine Gelegenheit zur Reue gehabt und schmachtete nun im Fegefeuer. Er als Protestant glaubte zwar nicht daran, aber die Vorstellung gab ein vorzügliches dramatisches Element ab.

„Wär ich gerächt, wenn ich ihn in dem Augenblick tötete, da sich seine Seele ihrer Schulden entladen hat? Nein, mein Schwert, du bist zu einem schrecklicheren Dienst bestimmt! Wenn er betrunken ist und schläft oder im Ausbruch des Zorns oder mitten in den blutschänderischen Freuden seines Bettes, wenn er spielt, flucht oder sonst etwas tut, das keine Hoffnung auf Seligkeit übrig lässt, dann gib ihm den Stoß, dass er seine Beine gen Himmel strecke, indem seine schwarze Seele zur Hölle fährt."

**Hochverratsprozesse**

Ein Herr stürmte mit geschwungenem Stock in die Schenke der Madame Brasienne und rief: „Einen Becher Beaune, Madame. Der Majestätsverbrecher Biron ist vor einer Stunde zum Tode verurteilt worden. Eben hat es mir mein Neffe verraten." Marlowe, der im Hintergrund der Schenke saß, merkte auf. Madame Brasienne fragte: „Wird er geviertelt?"

„Nein, wo denken Sie hin", wies Monsieur diese Vermutung zurück. „Obwohl ein Verräter, war er doch auch ein Held auf dem Schlachtfeld. Deshalb gewährt ihm der König die Gnade der Enthauptung im Hof der Bastille." Das Schankmädchen stellte ihm einen Becher mit rotem Burgunder auf den Tisch. Er trank einen großen Schluck und fuhr dann fort: „Übrigens soll auch der Kanzler Bellièvre an dem Komplott beteiligt gewesen sein. Er ist nicht verunglückt, wie verlautbart wurde, sondern er hat sich selbst gerichtet. Es sollen nicht weniger als sechshundert Herren von Stand in dieses Komplott verwickelt sein. Wenn ich der König wäre, ich hätte mit ihnen allen reinen Tisch gemacht, das wäre in einem Aufwasch gegangen."

Madame Brasienne erwiderte: „Vor zehn Jahren wären Sie da noch ganz anderer Meinung gewesen, Monsieur Laval. Damals zitterten Sie davor, dass Seine Majestät die verkündete Amnestie vielleicht nicht allzu genau einhalten würde. Die meisten dieser Leute hatten bestimmt gar keine eigene Meinung dazu und haben sich von diesem Schurken beschwatzen lassen."

Marlowe, der sich selten in Wirtshausgespräche einließ, konnte sich nicht enthalten, eine Bemerkung dazu zu machen: „Wenn man so will, kann man sich auch fragen, von wem sich Biron hat beschwatzen lassen. Gewiss hat da auch eine hübsche Stange Geld eine Rolle gespielt."

Die Wirtin winkte ab, aber Monsieur Laval fragte: „Was glauben Sie denn, Monsieur, von wem sich Biron hat bestechen lassen?"

„Überlegen Sie doch mal! Die Königin von England war es sicher nicht."

„Sie meinen die Spanier? Ich dachte, die sind pleite."

„So pleite auch wieder nicht, dass sie nicht Bestechungsgelder zahlen, wenn es darum geht, den französischen König zu beseitigen. Und ich wette, dass auch die Jesuiten dahinter stecken."

Monsieur Laval antwortete: „Könnte sein. Sie sind zwar des Landes verwiesen worden, aber wer sagt, dass sie nicht im Untergrund wühlen und ihre Fäden ziehen." Er nickte bedächtig und schlürfte an seinem Wein.

Ganz Paris sprach von nichts anderem als von der bevorstehenden Hinrichtung. Das Urteil war einstimmig gefällt worden, gestützt auf Zeugenaussagen, den verräterischen Vertrag mit Spanien, Quittungen erhaltener Bestechungsgelder aus Madrid, Listen der Verschwörer, Pläne usw. Das Urteil lautete: Tod durch das Schwert.

Im Hof der Bastille ragte das Schafott auf, ein zwei Meter hohes Podium. Für die Zeugen, den neuernannten Kanzler und zwölf Parlamentsmitglieder waren auf einer Empore Stühle aufgestellt. Sie nahmen ihre Plätze ein. Der Henker stand neben dem Block in rotem Gewand und Mantel auf dem Schafott. Auch ein Priester hatte sich eingefunden, um einen letzten Versuch zur Rettung einer sündigen Seele zu unternehmen. Die Tür des Kerkerflügels der Bastille sprang auf. Biron trat in den Hof. Er war nicht gefesselt. Er trug über der schwarzen Hose nur ein weißseidenes Hemd. Zwei Wächter folgten ihm. Er sah sich wie ein Raubtier um, das aus seinem dunklen Käfig auf einen hellen und weiten Platz gelassen wird. Er blieb stehen. Die Aufseher mussten ihn Schritt für Schritt dem Schafott entgegendrängen. Dann befand er sich an der Leiter und sah hinauf. Der Henker stand oben wie eine Bildsäule. Biron hob einen Fuß auf die unterste Leitersprosse und trat wieder zurück. Plötzlich riss er die Leiter aus ihrer Verankerung und warf sie zur Seite. „Ich lasse mich nicht ermorden", schrie er. Die Wächter packten ihn, die Leiter wurde wieder befestigt und er wurde mit Gewalt hinaufgeschoben, obwohl er sich heftig wehrte. Die Gehilfen des Henkers folgten ihm, aber der Priester wagte sich nicht auf das Podium. Der Henker gab einem Gehilfen das Schwert und machte den Versuch, Biron die Augen zuzubinden. Biron riss die Binde ab und warf den Henker zu Boden. Er hob mit erstaunlicher Kraft den Block hoch und schleuderte ihn vom Schafott auf den Hof hinab. Er gebärdete sich wie rasend und rang mit allen, die ihn umstanden. Dann stand er einen Augenblick schwer atmend still und blickte wild um sich. Da griff der Henker das Schwert und schlug zu.

Auch in England gab es einen Hochverratsprozess, der Marlowe viel näher ging. Schon im März 1601 verbreitete sich in Paris die Nachricht, Robert Devereux, der Earl von Essex sei wegen

Hochverrats hingerichtet worden. Im April erhielt Marlowe von Francis Bacon einen Brief, in dem er ihm die Hintergründe des Prozesses und den Tod seines Bruders Anthony mitteilte.

Marlowe wusste, dass Essex von vielen als das Enfant terrible am Hofe angesehen wurde. Er hatte sich etliche Male den Unmut der Königin zugezogen. Er litt unter maßloser Selbstüberschätzung, hatte sich dem Befehl der Königin widersetzt und benahm sich ihr gegenüber gelegentlich respektlos. Einmal hatte er sich zu ihrem Missfallen öffentlich mit Raleigh duelliert. Marlowe erinnerte sich nicht, was der Grund dafür gewesen war. Francis berichtete: *Essex wurde 1599 unter Hausarrest gestellt. Sein militärischer Einsatz in Irland war erfolglos geblieben und er hatte erneut einen Befehl der Königin missachtet. Daraufhin verfiel er in Melancholie, entwickelte einen Verfolgungswahn und einen Hang zu Verschwörungstheorien. Auch seine finanzielle Situation wurde immer verzweifelter. Essex hatte von seinem Vater immense Schulden geerbt, auch er selbst hatte große Schulden aufgehäuft, und nun verlor er seine wichtigste Einnahmequelle: Die Königin weigerte sich, seinen Steuerpachtvertrag zu verlängern.*

*Am 8. Februar 1601 versuchte er, mit einer kleinen Anhängerschar die Kontrolle über die Stadt London und den Kronrat zu bekommen. Er wollte sich seines Feindes Sir Robert Cecil entledigen. Der Staatsstreich verlief jedoch kläglich und Essex wurde noch in derselben Nacht verhaftet und wegen Verrats zum Tode verurteilt.*

*Kurioserweise war der Henker als Seemann in Cádiz 1596 zum Tode verurteilt und von Devereux begnadigt worden. Er brauchte drei*

*Schläge, um den Kopf des Aufrührers vom Rumpf zu trennen. Als Mitverschwörer wurden sechs weitere Personen hingerichtet. Sein enger Freund und Verbündeter, der Earl von Southampton wurde ebenfalls verhaftet. Er hätte auch den Weg zum Richtblock antreten müssen, wenn seine Mutter nicht mit ihren Bitten um Gnade bei der Königin Gehör gefunden hätte. Er wurde verschont und stattdessen in den Tower gesperrt.*

Marlowe dachte daran, dass er ihm sein Werk *Venus und Adonis* gewidmet hatte und überlegte: Er musste inzwischen etwa 27 Jahre alt sein.

Francis schrieb weiter:

*In der Anklageschrift wurde Essex vorgeworfen, mit dem Papst und dem König von Spanien paktiert zu haben, um sich selbst die Krone Englands und Irlands anzueignen. Essex behauptete jedoch, das Ziel sei gewesen, die Monarchin vor ihren Böses im Schild führenden Beratern zu schützen. Der Earl hielt sich zudem für das Opfer vielfältiger Hofintrigen, zu denen Sir Robert Cecil angestiftet habe. Mit seiner Revolte habe er nur seinen Gegnern zuvorzukommen wollen. So entschloss er sich, zusammen mit Anhängern und Gefolgsleuten den Palast in Westminster zu stürmen und die Kontrolle über den Hof an sich zu bringen. Er hat außerdem auf eine Erhebung des Volkes in den Straßen Londons hingearbeitet. Dies wollte er mithilfe des Theaters erreichen. Er brachte die Lord Chamberlains Men dazu, ein aufrührerisches Stück zu spielen, das die Bevölkerung aufrütteln sollte. Die Theater-Truppe hätte leicht in den Hochverratsprozess verwickelt werden können.*

*Die Erhebung von Devereux schlug auf katastrophale Weise fehl. Das Volk scharte sich nicht um seine Fahne, wie er gehofft hatte, und er wurde in seinem festungsähnlichen Londoner Stadthaus belagert.*

*Du weißt ja, dass sowohl mein Bruder als auch ich in engem Kontakt zu Essex standen. Als sein Sekretär war Anthony für die Übermittlung und den Empfang von Berichten, Dossiers und Informationen in den verschiedenen Teilen des Kontinents zuständig. Aus Angst vor einer Verhaftung floh mein Bruder aus seiner Wohnung und tauchte unter. Zwei Wochen später erhielt ich die Nachricht, dass er tot sei. Er hatte sich ins Haus von Lady Walsingham geflüchtet, wo sich auch Frances, die Witwe von Essex, aufhielt. Anthony litt ja seit Jahren an Nierensteinen und Gicht, aber das erklärt nicht, warum er so plötzlich gestorben ist. Ich weiß nicht, was es mit seinem Tod auf sich hat, und Frances wollte oder konnte mir darüber nichts sagen.*

Marlowe war erschüttert, vor allem über den Tod Anthonys. Er war eine verwandte Seele gewesen und er hatte viele gute Gespräche mit ihm geführt. Anthony hatte sich zu Männern und Knaben hingezogen gefühlt und war in Bordeaux einmal wegen Sodomie angeklagt worden. In Frankreich galt eine strenge Gesetzgebung: Jeder, der der Sodomie überführt wird, wird mit dem Tode bestraft. Nur die Intervention des Königs von Navarra hatte ihn vor dem Todesurteil gerettet.

Marlowes Gedanken schweiften ab zu Tom, die vergangene Liebe seines Lebens. Er fühlte keinen Schmerz mehr, aber in letzter Zeit hatte er oft Lebensüberdruss empfunden. Sexualität war ihm zuwider. Deshalb war er auch keine neue Liebschaft eingegangen.

„O Geist der Liebe, wie sprudelnd und launisch bist du! Weit und unersättlich wie die See, aber auch darin ihr ähnlich, dass nichts da hineinkommt, von so hohem Wert es auch immer sei, das nicht in einer Minute von seinem Wert herab und zu Boden sinke."

# 3. Teil: Rückkehr

## Der neue König

Am 24.3.1603 starb Elisabeth I. Als Marlowe diese Nachricht erhielt, brach er Hals über Kopf nach England auf. Er verfiel in eine euphorische Stimmung und dachte, dass jetzt eine neue Zeit anbreche. Er würde wieder in London als Stückeschreiber leben können. Völlig überraschend traf er bei Francis Bacon in London ein, der ihn jedoch herzlich begrüßte und ihm anbot, bei ihm zu wohnen. Marlowe war noch unter dem Namen Le Doux eingereist, nannte sich jedoch fortan John Matthew.

Die Königin hatte den schottischen König Jakob, Sohn der Maria Stuart zum Nachfolger bestimmt. Er wurde nun Herrscher über beide Königreiche.

Marlowe unterhielt sich mit Bacon darüber, wie seine Chancen unter dem neuen König stehen würden. Ob er wohl unbehelligt in London würde leben können? Bacon hatte sich durch seine Arbeit im Parlament die Gunst von Königin Elisabeth verscherzt, war aber auf König Jakob auch nicht gut zu sprechen.

Francis Bacon

„Jakob ist ein Erzpedant und rechthaberischer Schulmeister. Er steht unter der Fuchtel seiner Frau Anna von Dänemark. Ich verspreche mir von ihm nichts. Er hält sich für den Weisesten unter den Menschen und verachtet jede Popularität. Doch das Volk feierte ihn wie einen Messias, als er in London Einzug hielt. Aber man wird bald erkennen, was für ein Wechselfälscher er ist."

Marlowe achtete in der folgenden Zeit auch auf Klatsch und Tratsch der Londoner Bevölkerung. Es wurde verbreitet, dass Jakobs Beine halb gelähmt seien, dass er Knaben liebe, dass er unmöglich der

Vater seiner Kinder sein könne und schon zum Frühstück Whisky trank.

Jakob hatte den Earl von Southampton sofort aus dem Tower geholt und zum Minister und Vertrauten beordert. Henry Percy, der Earl von Northumberland und William Stanley, der Earl von Derby, erfreuten sich ebenso der besonderen Gunst des Schottenkönigs.

Die dicke Königin Anna war pompös und aufgedonnert in London aufgetaucht. Im Gegensatz zu ihrem Gemahl schwärmte Anna für Festlichkeiten großen Stils, für Bälle und besonders für Schauspiele jeder Art. Doch war sie nicht unbedingt eine Anhängerin der Stücke von Shakespeare, den sie für viel zu trocken hielt. Ihrer Meinung nach enthielten sie viel zu wenig Empfindung und zu viele Gedanken.

Nicht lange nach der Thronbesteigung Jakobs kündigte sich ein Sondergesandter aus Frankreich an, der Jakob zu einem Bündnis bewegen wollte.

Das war Anlass zu einem Gespräch zwischen Francis und Marlowe. Francis schenkte Wein in zwei Becher und meinte: „Die zielbewusste Politik von Königin Elisabeth und ihres klugen Ratgebers Lord Burghley ist vorbei. Politische Parteiungen waren unter ihrer Herrschaft nur selten zutage getreten. Jetzt gibt es am Hofe vier sich gegenseitig bekämpfende Parteien: die Schotten, die alles Englische hassen; spanisch Gesinnte, die alles Französische hassen; die Partei, die die Isolation Englands propagiert und die Anhänger der Königin Anna, die in irgendeiner Weise gegen Jakob opponieren."

Marlowe erzählte Francis daraufhin von seiner Mission in Spanien: „Es ist unglaublich, welche List und Tücke die Jesuiten anwenden. Ich habe einen kleinen Teil dazu beigetragen, dass dieser Biron aufgeflogen ist, der im Auftrag Spaniens einen Aufstand gegen Henri angezettelt hat. Hierbei haben die Jesuiten eine entscheidende Rolle gespielt. Nun höre ich, dass sie sich von Frankreich nach England begeben haben, um eine Rebellion gegen Jakob in Gang zu bringen."

„Ja, ich bin nach wie vor voller Argwohn gegen diese Fanatiker. Die Kassen Spaniens sind allerdings völlig erschöpft. Der Sondergesandte aus Frankreich strebt einen Friedensvertrag mit England an, das wäre ein starkes Bündnis."

„In Spanien ist es zur Tradition geworden, Völker durch Schwert und Kreuz, durch Gewalt und Glaubensregeln unterjocht zu halten. Ein Philipp erbt diese Gepflogenheit vom vorhergehenden. Doch Henri hat es sich zur Lebensaufgabe gemacht, durch Herbeiführung eines vollkommenen Gleichgewichts in Europa den Frieden der Nationen zu sichern."

„Schöne Utopie. Aber ein Bündnis mit Frankreich kann nicht schaden."

Sie prosteten einander zu und kosteten den Wein. Marlowe wechselte das Thema:

„Ich war gestern im *Globe* und habe mir *Troilus und Cressida* angesehen. Mich wundert, dass das Stück durch die Zensur geschlüpft ist, denn ich habe das gesamte Leben bei Hofe zum Gegenstand von Spott und Hohn und zur Zielscheibe von schwarzem Humor gemacht". Marlowe lachte.

„Ich habe das Stück schon vor einiger Zeit gesehen, ich konnte mich des Eindrucks nicht erwehren, dass sich darin das Scheitern der Rebellion von Essex spiegelt. Zumindest durchzieht das ganze Werk eine Atmosphäre von Bedrücktheit und Niedergeschlagenheit. Durch die Zensur ist es deshalb gekommen, weil es nicht am englischen Hof, sondern in Troja spielt."

„Mir ging es vor allem darum, Brutalität, Gefühllosigkeit und Scheinheiligkeit zu entlarven. Außerdem wollte ich eine wütende Satire auf die Liebe und den Krieg schreiben."

„Dein Missfallen am Krieg hast du ja auch im Hamlet schon ziemlich deutlich gemacht."

Marlowe nahm seinen Wein, trank einen Schluck und zitierte, den Becher in der ausgestreckten Hand: „Ich seh indes beschämt den nahen Tod von zwanzigtausend Mann, die für 'ne Grille, ein Phantom des Ruhms, zum Grabe gehen wie ins Bett. Sie kämpfen um ein Stückchen Boden, das nicht groß genug wäre für ein Grab der Erschlagenen."

„Aber was hast du gegen die Liebe", fragte Francis mit schiefem Lächeln.

„Krieg und Liederlichkeit, die bleiben immer in der Mode. Dass ein brennender Teufel sie holte!", rief Marlowe aus.

„Redest du jetzt nur noch in Zitaten zu mir?"

„Warum nicht? Wenigstens weißt du, dass ich mich selbst zitiere und nicht diesen Shakespeare."

Francis ging auf die Bitterkeit von Marlowes Aussage nicht ein. Er sagte mit aufgesetzter Fröhlichkeit: "Shakespeares Truppe, bisher die Truppe Pembrokes, kann sich übrigens der Zustimmung des Königs rühmen. Sie bezeichnen sich neuerdings als '*The Kings Men*'. Sei froh! Deine Stücke werden künftig an allerhöchster Stelle gespielt. Was schreibst du zurzeit?"

„Eine dunkle Komödie mit dem Titel *Ende gut, alles gut*. Es geht darin um ein Mädchen, das sich in einen Grafen verliebt, aber keine Gegenliebe findet. Nachdem sie den König von einer schlimmen Krankheit geheilt hat, will der König ihr einen Wunsch erfüllen und sie wünscht sich, mit diesem Grafen verheiratet zu werden. Doch dieser sucht nach der Vermählung das Weite, ohne die Ehe vollzogen zu haben."

„Dem Titel nach zu schließen, geht die Geschichte trotzdem gut aus."

„Der Angetraute schreibt seiner Frau aus der Ferne, dass er als ihr Ehemann mit ihr leben würde, wenn sie an den Ring, den er am Finger trägt, gelangt und ein Kind von ihm erwartet. Daraufhin folgt Helena ihrem Mann in den Krieg und gewinnt beides mithilfe einer List."

„Da sind wohl beide zu bedauern. Der Graf, weil er mit einer Frau leben muss, die er nicht lieben kann und die Frau, weil sie mit einem Mann lebt, den sie zwar liebt, aber der ihre Liebe nicht erwidert. Ist da wirklich am Ende alles gut?"

„Ich sagte ja schon, dass es eine düstere Komödie wird. Düstere Gedanken schwingen sich auf und gleiten in ein dunkles Tal, das sich als unfruchtbar und öde erweist."

Francis wollte Marlowe mit Mary Sidney, einer sehr gebildeten Dame, bekanntmachen, woraufhin Marlowe antwortete: „Ich kenne sie schon lange. Ich war ja auch mit ihrem Bruder befreundet. Sie wird mich vermutlich wiedererkennen. Ihren verstorbenen Gatten, den Earl von Pembroke, kannte ich natürlich ebenfalls."

Marlowe wollte sich nicht dauernd verstecken und ging das Risiko ein, sich mit Francis zu einer Abendgesellschaft von Mary zu begeben. Er stellte sich ihr mit dem Namen John Matthew vor. Mary sah ihn halb schalkhaft, halb wissend an und sagte: „Sie kommen mir sehr bekannt vor, Herr Matthew."

Alles, was Rang und Namen hatte, war auf dieser Gesellschaft vertreten. Schriftsteller, Schauspieler, Theatermanager, Kunstförderer, Adlige. Er traf Ben Jonson, die Burbage-Brüder und William Shakespeare. Letzterer war dank der Dramen Marlowes zum angesehensten Theaterdichter Englands aufgestiegen und wurde geradezu gefeiert. Als sich Marlowe zu der Gruppe gesellte, die sich um Shakespeare scharte, hörte er Komplimente wie: „Ihr Hamlet ist ein Meisterwerk." „Also, dieser Othello, wirklich sehr außergewöhnlich." „Ich habe mich bei Ihrer Komödie *Was ihr wollt* sehr amüsiert."

Marlowe grinste breit und prostete Shakespeare zu. Es war eine Weile her, da sie einander vorgestellt worden waren, deshalb erkannte Shakespeare Marlowe nicht. Er sah ihn nur irritiert an. Später kamen sie ins Gespräch, Marlowe hätte einiges dafür gegeben, seine Identität preisgeben zu können. Er fragte Shakespeare: „Waren Sie schon einmal in Venedig."

Er antwortete: „Nein. Warum fragen Sie?"

„Nun, Sie haben die Schauplätze und die Atmosphäre in ihren Stücken ziemlich gut getroffen. Erstaunlich, dass Sie noch nie dort waren."

„Kennen Sie die Stadt?"

„Ja, ich war mehrfach dort. Zudem in Verona, Padua und Rom. Ich hielt mich lange in Paris auf und reiste vor einigen Jahren auch nach Spanien."

Shakespeare antwortete: „Da sind Sie viel herumgekommen, alle Achtung."

Marlowe fuhr fort: „Ich war als Begleitung von einigen Lordschaften, teilweise in geheimer Mission unterwegs."

Ben Jonson trat zu ihnen, ein Glas Brandy in der Hand. Marlowe erzählte weiter: „Ich war in Valladolid, als Philipp starb, und habe im Escorial an den Trauerfeierlichkeiten teilgenommen. Meine Mission war, im Auftrag des französischen Gesandten die Jesuiten auszuspähen."

„Und was hecken diese Vögel aus?", fragte Jonson.

„Sie haben es immer noch auf Henri abgesehen, das Edikt von Nantes ist ihnen nach wie vor ein Dorn im Auge. Dennoch will der französische König sie wieder in seinem Land dulden."

„Er ist einfach zu gutmütig", sagte Shakespeare.

„Nein, er möchte Frieden im eigenen Land. Er muss Katholiken wie Protestanten bei Laune halten", erklärte Marlowe.

„Das wird auf Dauer nicht gutgehen", argwöhnte Jonson. „Wie finden Sie es, dass dieser König mehrfach die Konfession gewechselt hat?"

„Mehrfach? Er ist protestantisch erzogen worden, wurde später von dieser blutgierigen Katharina von Medici festgesetzt und gezwungen, das katholische Bekenntnis anzunehmen ..."

Jonson unterbrach ihn und führte den Gedankengang fort: „Nach seiner Flucht wurde er wieder protestantisch, und als er die Chance hatte, König von Frankreich zu werden, wird er sich gedacht haben: Paris ist eine Messe wert."

Marlowe zuckte die Schultern, er hatte keine Lust, sich zum Verteidiger Henris aufzuschwingen, auch wenn er die Einschätzung von Jonson etwas oberflächlich fand. Stattdessen sagte er: „Frankreich strebt ja nun ein Bündnis mit England an. Wie findet ihr das?"

Shakespeare wurde plötzlich von Theaterleuten umringt, die ihm mitteilten, sie wollten zusammen mit der Gastgeberin einige Szenen aus Othello darbieten. „Lady Mary möchte die Desdemona spielen. Du musst uns beraten, welche Szenen sich am besten eignen." Sie zogen ihn mit sich.

Jonson antwortete, ohne auf die Unterbrechung zu achten: „Da bin ich gespannt. Der König soll ja eigentlich Spanien mit ausgeprägter Sympathie gegenüberstehen und ein Bündnis mit Frankreich wäre ein Affront gegenüber Philipp."

Dann fragte Jonson: „Sie sagten, Sie waren in Venedig? Haben Sie da die *Comedia dell arte* kennengelernt?"

Marlowe nickte begeistert und begann, Jonson ausführlich über die verschiedenen Typen wie den Arlecchino, die Columbina, den Pantalone und den Dottore zu berichten und schmückte seine Ausführungen mit vielen lustigen Beispielen aus, über die sie laut lachten. „Diese Komödien sind sehr amüsant und deshalb auch sehr beliebt."

„Da hätte ich direkt Lust, mal etwas in dieser Art zu schreiben", meinte Jonson.

Wenige Tage später ritt Marlowe nach Scadbury, um Tom zu besuchen. Er hatte ihm, als er nach England gekommen war, eine Nachricht gesandt, jedoch noch nichts von ihm gehört. Er fühlte sich nervös und bedrückt. Er wusste nicht recht, wie er seiner alten Liebe begegnen sollte. Doch als er dann vor ihm stand, war das Eis schnell gebrochen. Sie umarmten sich herzlich. Toms Frau Audrey kam mit den beiden Kindern Mary und Tom. Mary war etwa vier und Tom ein Jahr alt. „Wie niedlich", sagte Marlowe. Mary sah ihn mit großen Augen neugierig an und der kleine Tom strampelte fröhlich auf dem Arm der Mutter und lächelte. Sie setzten sich in den Garten und unterhielten sich. Marlowe fragte nach den alten Gefährten.

„Dein Mörder läuft in meinem Garten frei herum", scherzte Tom. Audrey blickte ihn erschrocken und fragend an.

„Eine alte Geschichte, meine Liebe."

Marlowe sagte: „Ich hoffe, dass ich nach dem Regierungswechsel wieder unbehelligt in England bleiben kann, natürlich unter meinem jetzigen Pseudonym."

Tom erwiderte: „Du vergisst den Erzbischof. Die Gefahr kam damals ja nicht von den Lords im Kronrat, sondern von Whitgift."

„Der wird ja auch nicht ewig leben. Ist er nicht uralt?"

Audrey unterbrach sie und forderte: „Wollt ihr mir nicht mal sagen, worum es geht? Was ist mit Mister Matthew?"

Tom blickte fragend auf Marlowe. Der zuckte nur mit den Schultern.

„Also unser Matthew hier ist eigentlich der ermordete Dichter Marlowe. Wir haben damals den Mord nur vorgetäuscht. Marlowes Leben war bedroht; er wurde vor dem Kronrat wegen Ketzerei angeklagt."

Audrey hob die Hand an den Mund und starrte Marlowe an. „Du liebe Zeit! Und da traut er sich wieder hierher?"

Tom antwortete: „Er hängt einfach zu sehr an Old England. Er war vor etwa fünf Jahren schon einmal da. Erinnerst du dich nicht? Damals hatte er sich den Namen Le Doux zugelegt und lebte eine Weile in Rutland."

„Ja", rief Audrey, "er kam mir doch gleich so bekannt vor."

Tom und Marlowe wechselten Blicke.

Tom sagte zu Audrey: „Du bist jetzt in ein Geheimnis eingeweiht, das nur wenige kennen."

„Versteht sich, dass ich es bewahren werde", beteuerte Audrey und schluckte, als müsse sie einen Kloß im Hals loswerden. Der kleine Tom fing an zu weinen und sie ging mit ihm ins Haus. Mary lief durch den Garten und pflückte Blumen. Tom nahm Marlowes Hand und flüsterte: „Dir ging es nicht gut in den letzten Jahren."

„Nein", antwortete Marlowe.

„Keine neue Liebe?"

„Nicht einmal eine Liebschaft."

„Dein Herz hängt noch an mir."

„In gewisser Weise. Aber der Schmerz ist vergangen."

„Ach Kit, bedenke, es wäre uns ohnehin nicht vergönnt gewesen, zusammenzuleben, auch wenn du nicht hättest fliehen müssen und ich nicht geheiratet hätte."

„Ja, Tom. Wir hätten immer fürchten müssen, wegen Sodomie angeklagt zu werden. Weißt du, dass Anthony in Frankreich nur knapp einer Verhaftung entgangen ist, weil er unter diesem Verdacht stand?"

Tom schüttelte den Kopf. Mary kam angelaufen und reichte Marlowe einen kunterbunten Strauß mit Wiesenblumen. „Für dich", sagte sie und lächelte scheu. Marlowe nahm die Blumen und strich dem Kind über die Haare. Mary lief wieder in die Wiese und tanzte darin herum.

„Der Hamlet ist sehr düster, teilweise lebensverneinend. Ich nehme an, er spiegelt deine Stimmung."

„Ich habe sie größtenteils überwunden", beteuerte Marlowe.

Tom rückte zu Marlowe, nahm ihn in die Arme und drückte ihn an sich. „Kit! Was kann ich für dich tun?" Marlowe legte seinen Kopf auf Toms Schulter und flüsterte: „Halt mich einfach fest, so wie jetzt."

Später beim Abendessen kamen sie auf die Essex-Affäre zu sprechen und Tom meinte: „Francis hat sich beim Prozess gegen Essex kein Ruhmesblatt erworben. Er wurde von der Königin aufgefordert, am Prozess gegen den Earl teilzunehmen und er vertrat die Anklage mit aller Schärfe. Dabei hatte er Essex viel zu verdanken, er hat ihn immer gefördert und unterstützt."

„Francis sagte mir, dass nach Lage der umfangreichen Dokumente der Tathergang eindeutig war, eine Verteidigung wäre nicht mehr möglich gewesen. Er wollte wahrscheinlich an seiner Treue zur Königin keinen Zweifel lassen, auch wenn sie ihn nicht sehr begünstigt hat. Er konnte sich in seiner Position als Anwalt der Krone auch nicht aus dem Verfahren heraushalten. Wenn er das versucht hätte, hätte er sich in falschen Verdacht gebracht. Nach der Exekution von Essex hat die Königin Bacon beauftragt, über die gesamte Affäre einen Bericht zu verfassen, der kurz danach veröffentlicht wurde. Ich nehme an, du hast ihn gelesen. Anthony hat dem Earl wohl mehr Loyalität entgegengebracht. Dafür musste er aber auch fliehen und mit seinem Leben bezahlen."

Tom sah von seinem Teller auf und fragte: „Was meinst du damit?"

Marlowe seufzte und antwortete: "Ist doch seltsam, dass er gerade auf seiner Flucht und ausgerechnet im Haus deiner Tante gestorben ist."

Nachdenklich entgegnete Tom: „Vermutlich hatte er keine andere Zuflucht, nachdem er nicht mehr im Haus von Essex wohnen konnte."

„Er wohnte bei Essex?", rief Marlowe verwundert aus.

Tom nickte und fuhr fort.

„Ich habe damals mit meiner Cousine Frances gesprochen, aber unser Thema war hauptsächlich die Hinrichtung ihres Mannes. Soweit ich mich erinnere, ist Anthony an einem Nierenleiden gestorben."

„Ja, so hat es mir sein Bruder Francis ebenfalls berichtet", bestätigte Marlowe.

Tom nahm einen Schluck Wein und fuhr fort:

„Was Essex angeht, war der Tathergang keineswegs so eindeutig. Er hatte auch nicht in Irland versagt, wie es von offizieller Seite dargestellt wurde. Seine Kriegsführung war umsichtig und energisch. Die Erfolge im Süden Irlands, trotz unzulänglicher Einheiten, unzureichendem Nachschub und infolgedessen starken Verlusten hatten Tyrone, der mit seinen Streitkräften Ulster beherrschte, mürbe und verhandlungsbereit gemacht. Elisabeth hatte Essex zwar angewiesen, alles Unterhandeln strikt abzulehnen, dennoch schloss er einen Waffenstillstand, denn es war ihm daran gelegen, kein unnötiges Blut zu vergießen und Irland zu befrieden. Der Weg zu einer dauernden Verständigung war geöffnet. In dieser Situation untersagte Elisabeth ihm ausdrücklich die Rückkehr an den Hof. Meiner Meinung nach steckten Intrigen von Leuten dahinter, die Essex ausschalten wollten. Tyrone bestand darauf, dass sein Friedensangebot der Königin mündlich überbracht werden sollte. Also blieb Essex gar nichts anderes übrig, als nach London zu reisen. Aber in ihrem Groll dachte Elisabeth nur, dass Essex sich ihrem Befehl widersetzte. Ohne ihn anzuhören, verurteilte sie ihn zu Arrest und Gewahrsam."

„Francis war zunächst davon überzeugt, dass der Konflikt zwischen Essex und der Königin schnell beigelegt werden würde. Er war zu diesem Zeitpunkt nicht über alles, was im Staatsrat verhandelt wurde, im Bilde. Er wollte zudem einen Skandal vermeiden. Die Öffentlichkeit glaubte mehr und mehr, dass Essex Unrecht geschah."

„Ja genau! Volkes Stimme. Der Earl lag wochenlang schwerkrank im Haus des Lord Keepers, streng bewacht und abgeschlossen von der Außenwelt. Erst als man um sein Leben fürchtete, wurde Frances gestattet, ihn zu besuchen."

„Bacon hätte sich jeden Einfluss verscherzt, hätte er versucht, Essex zu rechtfertigen. Seine Anhänger erreichten mit ihren öffentlichen Anklagen gegen Elisabeth und ihre Ratgeber nur, dass Essex noch mehr in den Verdacht der bewussten Widersetzlichkeit geriet. Deshalb riet Francis zur Geduld."

„Aber Monate vergingen und Elisabeth war immer noch nicht versöhnlich gestimmt. Sie war entschlossen, Essex zu züchtigen, wie sie es selbst formulierte."

„Francis schien dies das kleinere Übel, er wollte einen endgültigen Bruch vermeiden."

Tom lehnte sich zurück und warf voller Unmut seine Serviette auf den Tisch.

„Ich verstehe nicht, warum du meinst, Bacon verteidigen zu müssen."

„Entschuldige, aber ich habe natürlich mit ihm über diese Geschichte gesprochen. Er hat mir seine Beweggründe dargelegt."

Tom beugte sich über den Tisch zu ihm hinüber und sagte: „Er wird verständlicherweise nicht zugeben, dass er sich falsch verhalten hat, auch wenn ihm vielleicht selbst Zweifel gekommen sein mögen. Ich lege dir einfach mal meine Version vor, dann magst du entscheiden, wem du glauben willst."

Eine Bedienstete räumte das Geschirr ab und fragte, ob sie die Nachspeise bringen sollte. Lady Audrey nickte.

„Gut. Ich höre", antwortete Marlowe bereitwillig.

„Nachdem Essex unerlaubterweise von Irland zurückgekehrte, war die Königin dazu entschlossen, Essex zu demütigen. Er wurde von einem Gremium von achtzehn Männern verurteilt. Er durfte sich nicht verteidigen. Man machte ihm klar, dass er einen Schuldspruch akzeptieren müsse, wenn er die Begnadigung der Königin erlangen wollte. Und so beugte er sich dem Urteil. Es lautete: Enthebung von den Ämtern als Staatsrat, Großmarschall und Feldzeugmeister sowie Haft bis zu dem Augenblick, da die Königin gewillt war, ihm die Freiheit wiederzugeben. Es verstrichen zwei Monate, bis sie die Haft aufhob und Essex gestattete, sich frei im Land zu bewegen. Es war ihm allerdings strengstens verboten, Zutritt bei Hofe zu begehren. Die Königin ließ ihn warten, ließ ihn ihre Macht spüren und stürzte ihn absichtlich in die schwerste Verlegenheit, denn sie entzog ihm stillschweigend seine wichtigste Einnahmequelle, das Süßweinmonopol. Sie wusste, dass Essex dadurch eine Beute seiner zahlreichen Gläubiger werden musste, denn nur die Einnahmen aus dieser Geldquelle hatten es ihm bisher ermöglicht, seine Schulden von Zeit zu Zeit abzutragen. Aber keine Fürsprache vermochte Elisabeth zu rühren. Sie antwortete lediglich: 'Einem ungebärdigen Pferd muss man das Futter kürzen, damit es sich besser lenken lässt.'

In dieser Situation ließ sich Essex von einigen seiner Freunde davon überzeugen, dass die Königin nicht mehr Herrin ihrer Entschlüsse sei, dass sie den Einflüsterungen seiner Feinde, Cecil und Raleigh, Gehör schenke und dass deren Ziel seine dauernde Ausschließung vom Hofe und von den Staatsaufgaben sei. Nach fünf Monaten peinvollen Wartens und vergeblicher Demütigung erlosch in Essex die Hoffnung auf eine Versöhnung und er gab dem Gedanken Raum, dass nur eine gewaltsame Entfernung seiner Widersacher ihm den Weg zur Aussöhnung mit der Königin bereiten könne. Ab da zerriss auch die Gemeinsamkeit zwischen ihm und Bacon und die beiden sahen sich erst wieder, als der eine, des Hochverrats angeklagt, vor den Schranken des Gerichts stand, der andere aber sein Ankläger war, und zwar ein unerbittlicher, unbarmherziger Ankläger.

Essex versuchte, die Gunst der Königin durch einen Akt der Gewalt wiederzuerlangen. Der verzweifelte und unausgegorene Plan, den Essex schmiedete, erklärt sich aus der eigensinnigen Härte

Elisabeths. Man fragt sich schon, warum Bacon nicht wenigstens auf die mildernden Umstände hingewiesen hat, die für den Earl ins Feld geführt werden konnten. Bacon hat es aus durchsichtigen Gründen versäumt, sich in die seelische Verfassung des Mannes zu versetzen, dem er so viel verdankte. Er hat von seinem Auftreten gegen Essex materiellen Vorteil gehabt. Eine Parteinahme zugunsten des Grafen wäre für seine pekuniäre Lage wie für seine politische Stellung ruinös gewesen."

Nun schaltete sich Marlowe wieder ein und entgegnete: „Ich weiß aber, dass sich Francis für Essex eingesetzt hat, und zwar so sehr, dass die Königin es eine ganze Weile vermied, Bacon in juristischen Fragen heranzuziehen, nur weil sie seine neuerliche Fürsprache für den Earl befürchtete."

„Das sagt **er**! Und vielleicht stimmt es ja auch, dass er sich eine Zeitlang für Essex einsetzte, fest steht aber ebenso, dass er sich im Prozess nicht sehr entgegenkommend zeigte. Doch höre weiter: Essex wurde nach seiner Revolte in den Tower abgeführt und drei Tage später erhielt Bacon den Auftrag, an der Untersuchung gegen den Earl teilzunehmen. Die Vorgänge um den Aufstand ergaben mitnichten ein klares Bild, allerdings hatte sich Essex damit unmöglich gemacht. Er war zu sehr eine Gestalt der Öffentlichkeit, als dass man sein Verhalten irgendwie im Sande verlaufen lassen konnte. Die Untersuchung ergab, dass ein Plan zur Überrumpelung des Hofes bis in alle Einzelheiten ausgearbeitet worden war. Die Leibwache sollte entwaffnet, die Minister dingfest gemacht und die wehrlose Königin alsdann um Versöhnung angefleht werden. Natürlich gab es kaum noch eine Möglichkeit, diese Torheit in harmlosem Licht zu sehen. Und natürlich konnte Bacon dem Auftrag der Königin, im Prozess gegen Essex als Ankläger aufzutreten, nicht ausweichen. Es gibt aber keine Bekundung, dass er in einen Zwiespalt der Gefühle gekommen sei. Wir vermissten ein Zeichen, dass er unter der Notwendigkeit, am Verderben des Earls mitzuwirken, litt.

Ich persönlich glaube nicht, dass Essex einen Umsturz plante, es war eine Verzweiflungstat, töricht, unbesonnen. Doch Bacon war daran gelegen, ihm Hochverrat zur Last zu legen. Die Königin entgalt ihm seine Arbeit in dem Verfahren mit einem Geschenk von 1200 Pfund. Mehr sage ich nicht dazu."

„Danke Tom, dass du mir eine andere Sichtweise der Vorgänge dargelegt hast. Woher weißt du darüber so genau Bescheid?"

„Natürlich von Essex Frau, meiner Cousine Frances. Selbstverständlich hat sie alles unternommen, um ihrem Mann zu helfen. Sie wandte sich unter anderem auch an mich. Aber ich hatte wenig Einfluss."

Lady Audrey, die die ganze Zeit aufmerksam zugehört hatte, sagte: „Mir hat der Earl leidgetan. Er war noch so jung. Ich glaube auch, dass die Königin ihn zur Verzweiflung getrieben hat, sonst hätte er diese Dummheit nicht begangen."

Marlowe blieb einige Tage bei Tom und machte sich dann auf, um seine Eltern zu besuchen. Er hatte in unregelmäßigen Abständen an sie geschrieben, aber dabei immer versucht, sein Inkognito zu wahren. Nach seiner Flucht aus Rutland hatte Tom ihnen zu ihrer Beruhigung eine Nachricht zukommen lassen, in der jedoch der wahre Grund für Marlowes erneute Reise nicht mitgeteilt wurde. Die Eltern waren schon seit 1593 gezwungen, sich nach und nach einiges zusammenzureimen.

Die Erinnerung an sein Elternhaus verband sich vor allem mit dem beißenden Geruch von abgeschälter Tierhaut und Gerberlohe, denn der Vater hatte das Geschäft eines Schusters unweit des Domes betrieben.

Marlowe fiel als erstes auf, wie alt sie geworden waren. Die Mutter umarmte ihn weinend und wollte ihn nicht mehr loslassen. Zwei seiner Schwestern und sein zwölf Jahre jüngerer Bruder waren da und nach der Begrüßung setzten sich alle zum Essen an den Tisch. Nachdem die erste Scheu überwunden war, wurden gegenseitig Fragen gestellt nach dem, was sich in den vergangenen Jahren zugetragen hatte. Marlowe wagte es zum ersten Mal, etwas genauer zu erklären, welcher Art seine Agententätigkeit gewesen war, und die Gründe für seine Flucht anzudeuten. Die Mutter schlug die Hände über dem Kopf zusammen und der Vater schüttelte den Kopf.

„Warum bist du auch nicht deiner Bestimmung gefolgt und Geistlicher geworden? Stattdessen hast du dich in London an den Theatern herumgetrieben. Das konnte ja nicht gutgehen."

„Vater, das ist nicht der Punkt. Mein Fehler war, mich von Walsingham anheuern zu lassen. Meine Agententätigkeit wurde mir zum Verhängnis, nicht das Theater."

„Fest steht, dass du ein Stipendium des Erzbischofs erhalten hast. Es ist für ihn bestimmt enttäuschend gewesen, dass du die geistliche Laufbahn nicht eingeschlagen hast."

Marlowe sah seinen Vater nachdenklich an.

Sein Bruder Thomas fragte: „Ist es denn nicht gefährlich, wieder in England zu sein?"

Marlowe zuckte mit den Achseln. „Ich denke nicht, dass der neue König diese alte Geschichte hervorkramt. Zudem lebe ich ja unter einem Pseudonym."

„Und wenn dich jemand erkennt?", fragte seine Schwester Margaret ängstlich.

„Darauf muss ich es ankommen lassen. Aber auch wenn mich jemand erkennt, heißt das ja noch nicht, dass er mich denunziert."

Ann erkundigte sich: „Du warst in Spanien? Hast du König Philipp gesehen?"

„Nein, nur seinen Sarg. Das war mir auch ganz recht so. Ein Glück, dass der alte Tyrann tot ist."

Thomas seufzte. „Ich beneide dich. Du bist jedenfalls viel herumgekommen und hast eine Menge gesehen. Wir hocken hier alle in dem alten Canterbury und langweilen uns zu Tode."

„Aber Junge, wie kannst du nur so etwas sagen!", tadelte die Mutter. „Stell dir vor, was Chris alles hat durchmachen müssen. So lange Reisen sind bestimmt sehr anstrengend."

Er war gerade wieder zurück in London, als er das große Ereignis einer Theater-Vorstellung bei Hofe erleben konnte.

Als der König die Tür zur Banketthalle durchschritt, begannen Hörner und Trompeten zu blasen. Er nahm unter einem

Thronhimmel Platz und winkte den Gesandten, sich unterhalb von ihm auf zwei Schemeln niederzulassen, während die hohen Kronbeamten und Richter sich auf Bänke setzten. Elisabeth hatte Whitehall vor etwa zwanzig Jahren errichten lassen. Marlowe erinnerte sich daran, dass er hier auch einer Inszenierung des Faust beigewohnt hatte, in einem anderen Leben. Die Halle war riesig, er glaubte sich zu erinnern, dass sie dreißig Meter lang war und nahezu 300 verglaste Fenster aufwies. Es gab zehn unterschiedlich hohe Ränge, auf denen die Leute stehen konnten.

Die Theatertruppe des Königs schickte sich an, *Maß für Maß* zu spielen. Marlowe war gespannt darauf, wie dieses Stück aufgenommen würde. Es ging um einen Herrscher, Herzog Vincentio, der keine Menschenmengen ertrug und ebenso wenig den Lärm von Applaus und lautem Rufen. In seinem Land hatte sich Korruption breitgemacht und die Sitten waren verroht. Um sich selbst ein Bild vom Ausmaß der Zustände zu machen, denkt sich der Herzog eine List aus. Er übergibt die Amtsgeschäfte an den rigorosen Moralisten Angelo und begibt sich als Mönch verkleidet in die Stadt. Doch der sittenstrenge Angelo erliegt den Verlockungen der Macht. Schauplatz war zwar das katholische Wien, dennoch hatte Marlowe eher an die Heuchelei der Puritaner gedacht, die moralisch sehr strenge Grundsätze vertraten, aber selbst nicht frei waren von allen möglichen Lastern. Am Schluss werden dunkle Machenschaften aufgedeckt und die Täter entlarvt.

Nach der Vorstellung standen die Zuschauer in Gruppen zusammen und unterhielten sich lebhaft. Getränke wurden herumgereicht. Marlowe stellte sich zu einer Gruppe, um zu hören, wie man das

Stück aufgenommen hatte. Jemand sagte großspurig: „Also der Herzog müsste eigentlich für Recht und Ordnung sorgen. Er drückt sich doch bloß davor."

Ein anderer antwortete: „Am Ende kommt er nicht umhin, alles wieder ins Lot zu bringen." Marlowe wanderte unauffällig zu einer weiteren Gruppe. Dort verkündete eine ältere Dame tadelnd: „Wer Recht sprechen will, muss wissen, was Recht ist. Muss wissen, was richtig ist und was falsch. Herzog Vincentio ist sich da nicht so sicher. So jemand kann eben nicht regieren." Ein junger Mann meinte: „Ich finde den Angelo furchtbar, so ein Tugend- und Racheengel. Ein gnadenloser Richter, der einen jungen Burschen zum Tode verurteilt, weil der sein Mädel geschwängert hat, ohne verheiratet zu sein. Das ist doch kein todeswürdiges Verbrechen." Viele in der Runde schmunzelten.

Später traf Marlowe mit Jonson und Shakespeare zusammen. Jonson sagte zu Shakespeare: „Ein böses Spiel über Moral und Macht, über Verführbarkeit und Gewalt, hast du da geschrieben. Herzog Vincentio hat die Gesetzeszügel schleifen lassen, will sie aber nicht selber wieder anziehen, weil er um seine Reputation fürchtet. Deshalb übergibt er die Macht für einige Zeit einem Stellvertreter, dem Moralisten Angelo. So kann man es auch machen." Jonson lachte zynisch. Shakespeare nickte nur und fing Marlowes Blick auf, der auf ihn gerichtet war. Marlowe hatte den Eindruck, dass er sich unwohl fühlte. Ob er mal offen mit ihm reden sollte?

Zuhause meinte Francis: „Der König ist kein wahrhafter Freund des Theaters. Ihm genügen seine eigenen Auftritte. Er bemüht sich jedenfalls redlich, seinen Untertanen seine Erhabenheit auf eine dramatische und symbolträchtige Weise vor Augen zu führen. Er sieht Theateraufführungen als eine schwache, schattenhafte Imitation der wirklichen Demonstration von Macht und Autorität an."

„Aber er hat sich doch zum Patron einer eigenen Theatergruppe gemacht."

„Ja, das gehört wohl zum Renommee", sagte Francis sarkastisch.

Westminster

Wie recht Francis hatte, erwies sich bei den Krönungsfeierlichkeiten, die erst ein Jahr nach dem Herrschaftsantritt stattfanden. Der Prozessionszug wand sich feierlich vom Tower bis zum Palast in Westminster durch die Londoner Straßen. Der König ritt unter sieben Triumphbögen hindurch, die den Bögen des antiken Rom nachempfunden waren. Es gab Ansprachen und Vorführungen zu Ehren des Königs. Eine war von Ben Jonson ersonnen worden.

Springbrunnen sprudelten an den Straßenrändern, an einigen Stellen loderten Flammen, Artisten traten als lebende Statuen auf. Das Ereignis fand vor einer riesigen Zuschauermenge und von Theaterdonner begleitet statt. Dreihundert Gefolgsleute wurden bei diesem Anlass zu Rittern geschlagen. Darunter auch Bacon, obwohl er Cecil vorher gebeten hatte, ihn vor der Schmach der herdenweisen Standeserhöhung zu bewahren.

Die Krönungszeremonie war eine der letzten Amtshandlungen John Whitgifts. Wenig später starb der Erzbischof, Marlowes großer Feind. Da sein Verfolger nun tot war, vergrößerte sich die Chance, in London unbehelligt leben zu können. Dachte er.

Im Sommer empfing Jakob den spanischen Sonderbotschafter mit seinem riesigen Gefolge, um einen Friedensvertrag zwischen den beiden Ländern auszuhandeln. Die Delegation wurde im Somerset House untergebracht, das einst der Privatpalast Elisabeths gewesen war.

Der Kommentar von Francis dazu lautete: „Ein Vertrag mit Frankreich ist nicht zustande gekommen, aber du wirst sehen, mit den Spaniern wird man sich einigen. Merkwürdig, dass Jakob als Protestant eher mit den Spaniern paktiert als mit Henri, der ja ein verkappter Hugenotte ist. Seine Konversion ist für viele nicht glaubhaft, und wenn man sich seine Politik betrachtet, so bemerkt man, dass er eher mit den Protestanten übereinstimmt."

„Er will eben Frieden zwischen den Konfessionen und die Macht des Papstes zurückdämmen", wandte Marlowe ein.

„Europa ist in zwei Parteien gespalten. An der Spitze der einen, der katholischen Partei, stehen Spanien und die spanischen Jesuiten. Sie streben eine christliche Monarchie für die spanische Krone an und wollen alles vernichten, was sich dem entgegenstellt. Die andere, die protestantische Partei, versucht die Übergriffe der Katholiken zu verhindern. Henris Politik ist gegen Spanien gerichtet, er gehört also zur protestantischen Partei."

„Das könnte der Grund sein, warum auf ihn ständig Attentate verübt werden. Viele gute Katholiken halten ihn für einen verkappten Ketzer. Sie zweifeln sogar die Gültigkeit der päpstlichen Absolution und die Legitimität seiner Königswürde an."

Francis nickte. „Diese Leute fragen sich, ob die Bekehrung echt war und ob er ein aufrichtiger Katholik ist. Für die strengen Dogmatiker unter den Katholiken lässt die Haltung Henris den Protestanten gegenüber Zweifel an der Aufrichtigkeit seiner Konversion aufkommen."


**Raleigh**


Marlowe besuchte Poley, der sich einen bescheidenen Reichtum erspitzelt hatte, aber nicht mehr als Agent tätig war. Marlowe wollte sich mit ihm über die alten Zeiten unterhalten, doch Poley platzte mit einer Neuigkeit heraus: „Raleigh ist verhaftet worden!"

„Warum das?", rief Marlowe entsetzt aus.

„Ihm wird Hochverrat vorgeworfen. Bislang gibt es nur Gerüchte. Allerdings weiß ich aus sicherer Quelle, dass er sich gegenüber einer hochgestellten Persönlichkeit abfällig über Jakob geäußert hat."

„Genügt das inzwischen schon, des Hochverrats angeklagt zu werden?"

„Nein. Aber man wird etwas Passendes stricken."

„Falschaussagen?"

„Raleigh hat sich nicht viele Freunde bei Hof gemacht. Ihn schützte lediglich die Gunst der Königin, auch wenn er sie zeitweise aufs Spiel gesetzt und verloren hat. Er hat eine Menge Privilegien erhalten. Ich nehme an, dass einflussreiche Kreise ihn beseitigen wollen."

Francis erzählte ihm später, Raleigh habe gegenüber Cecil lediglich geäußert, dass das schottische Gefolge Jakobs ziemlich großspurig auftrete. Als ihn Cecil wegen dieser Bemerkung zurechtwies, habe er spöttisch gesagt: „Haben Sie Ihren Kilt schon in Auftrag gegeben? Kennen Sie einen guten Schneider in den schottischen Bergdörfern?"

„Ich habe vor kurzem noch mit ihm gesprochen. Er war angewidert wegen der Heuchelei, die viele an den Tag legten. Diese lautstarken Treuebekundungen und der Übereifer. Die Herren aus Whitehall laufen um die Wette, vor Jakob das Knie zu beugen, um irgendwelche Ämter, Rangerhöhungen und Auszeichnungen zu erhalten. Diese Schleimerei ist nicht auszuhalten - Raleigh ist da eine Ausnahme."

Man erfuhr in den kommenden Wochen, dass Raleigh das Weinmonopol entzogen und er seiner Ämter enthoben wurde, zum Beispiel als königlicher Beauftragter für die Zinnbergwerke und als Gouverneur von Jersey. Er wurde vom König aufgefordert, Durham House zu räumen, weil sein Londoner Wohnsitz wieder von der Kirche genutzt werden sollte. Marlowe drängte es, mehr über Raleighs Schicksal zu erfahren und er nahm Kontakt zu seinem Diener Peter auf, der ihm berichtete:

Raleigh erhielt vom König eine Einladung zur Jagd in Windsor und so ritten wir an einem Spätnachmittag im Juni dorthin. Am Fuß des Burgbergs ließ Raleigh seinen Hengst im Schritt gehen. Die Wachen am Schlosstor ließen ihn ungehindert passieren. Im unteren Hof kümmerten sich Schlossknechte um die Pferde und ein Kammerherr führte ihn in einen Raum gegenüber der Georgskapelle. Erfrischungen standen bereit und er flüsterte mir leise zu: „Man ist offensichtlich auf meinen Empfang vorbereitet."

Kurze Zeit später brachte ihm der Kammerherr eine Nachricht von Robert Cecil. Er sagte, wenn er sich ausgeruht und erfrischt habe, würde sich der Erste Minister glücklich schätzen, ein wenig mit ihm zu plaudern. Sie trafen einander auf der Terrasse und Cecil begrüßte Raleigh freundlich. Vor uns lag der weite, mit Eichen, Buchen, Platanen und Kastanien bestandene Park. Im Hintergrund konnte man die das Gelände begrenzende Themse sehen, sogar die Bergrücken von Buckinghamshire zeichneten sich in feinem Dunstschleier gehüllt in der Ferne ab.

Raleigh sagte: „Die Königin pflegte manchmal hier zu stehen und das Bild zu genießen."

Sir Robert seufzte: „Ja, dazu bleibt mir jetzt allerdings keine Zeit. Der Staatsrat wartet auf mich."

Irritiert fragte Raleigh: „Der Staatsrat?"

„Fast alle Herren sind morgen bei der Jagd dabei, eine günstige Gelegenheit, den Vorabend für eine Zusammenkunft zu nutzen. Ich darf Sie übrigens bitten, daran teilzunehmen, Sir Walter."

Er war verwundert, doch ohne Misstrauen. Er erzählte mir später, dass die Mitglieder des Staatsrats bereits anwesend waren und ihn mit eisigen Mienen empfingen. Sie beschuldigten ihn, Pläne zum Sturz Jakobs geschmiedet zu haben. Als er Beweise sehen wollte, antwortete Lord Henry: „Zu gegebener Zeit." Sie überschütteten ihn mit Beschuldigungen und Verleumdungen. Schließlich forderte Cecil ihn auf, ein Geständnis abzulegen. Sir Walter entgegnete, er habe nichts zu gestehen und schickte sich an, zu gehen. Daraufhin wurde er von Wachen umringt und festgenommen.

Ziemlich genau zehn Jahre zuvor hatte Marlowe dem gleichen Gremium gegenübergestanden. Er hatte wirklich Glück gehabt und es galt für ihn immer noch die Abmachung, über seine Rettung Stillschweigen zu bewahren. Deshalb vermied er es, mit Leuten vom Theater in näheren Kontakt zu treten, die ihn noch von früher kannten. Es bestand die Gefahr, dass sie ihn erkannten. Nicht zuletzt ging es um den Ruf von Tom Walsingham und Robert Cecil, die ihn aus den Klauen des Kronrates gerettet hatten. Er wusste nicht, wie viel man Shakespeare anvertraut hatte bzw. wie viel er über ihn wusste. Umgekehrt war Marlowe im Bilde darüber, dass Shakespeare als Theatermanager recht wohlhabend geworden war. Nun erreichte ihn die Nachricht, dass er seinen Abschied von der Bühne genommen habe. Sein Einkommen hatte er sich durch den Erwerb eines Pachtvertrags in Stratford gesichert. Tom versicherte, dass Shakespeare bereit war, weiterhin seinen Namen für Marlowes Stücke zur Verfügung zu stellen. Umsonst tat er es gewiss nicht. Er war ja Geschäftsmann.

Marlowe saß ein paarmal mit Ben Jonson zusammen, um ihm beim Schreiben einer Komödie zu helfen, die im Stil der Comedia dell Arte konzipiert werden sollte. Als Marlowe ein paar Ideen ausführte, sagte Jonson plötzlich: „Ich habe ihn nicht sehr gut gekannt, aber irgendwie erinnerst du mich an den ermordeten Marlowe." Dieser sah nicht auf, sondern fixierte krampfhaft die Worte, die er gerade notiert hatte.

„Das war ja ein Teufelskerl. Man hat sich sozusagen nicht sehr gewundert, dass er ein solches Ende gefunden hat", fuhr Jonson fort.

„War das nicht der, der den Tamerlan geschrieben hat?" Marlowe war darauf bedacht, sich nichts anmerken lassen, aber seine Hand, die Feder hielt, zitterte. Zum Glück sah Jonson aus dem Fenster, als er antwortete: „Man hörte fast täglich von seinen Eskapaden. Messerstechereien, Duelle, Saufgelage ..." Jonson sog scharf die Luft ein, während Marlowe den Atem anhielt.

Er konnte sich nicht zurückhalten, ihm zu entgegen: „Als Dichter lebt man wohl besonders gefährlich. Warst du nicht auch schon im Gefängnis?"

„Ja, wegen der Zensur eines meiner Stücke."

„Soviel ich weiß, auch mal wegen eines Duells. Zeig mir mal deinen Daumen."

Marlowe wusste aus einem Brief von Anthony, dass Jonson ein T auf seinen Daumen eingebrannt worden war. Das T stand für Tyborn und Tyborn stand für Hinrichtung, sollte sich Jonson erneut duellieren.

Jonson sah Marlowe irritiert an. „Dafür, dass du lange im Ausland warst, weißt du eine ganze Menge über mich."

„Nun ja, als Agent hat man so seine Quellen."


In den folgenden Tagen hatte Marlowe manchmal den Eindruck, dass er beschattet wurde, auf dem Weg zu Jonson, auf dem Weg zu Francis, im Gewühl der Geschäfts- und Marktstraßen Londons.

Einmal ging er ins Globe-Theatre, um einer Vorstellung von "Ende gut alles gut" beizuwohnen. Er war nicht mehr so vorsichtig, wie vor Jahren, da die meisten Leute am Theater ihn nicht mehr kannten. Doch als er nach der Darbietung nach draußen trat, glaubte er das lauernde Gesicht von Baines in der Menge zu erkennen. Spielte ihm seine Einbildungskraft einen Streich? Vielleicht, weil Jonson seinen wirklichen Namen erwähnt und einiges aufgerührt hatte?

Er besuchte erneut Poley und fragte ihn, ob er Baines in letzter Zeit gesehen habe. „Baines? Ach ja. Er arbeitet jetzt, soviel ich weiß für Bankcroft, dem Nachfolger von Whitgift. Einer der vielen Schreiber, die der Erzbischof beschäftigt. Warum fragst du?"

„Ich habe so ein Gefühl, als ob er immer noch hinter mir her ist."

„Das bildest du dir ein. Hat er irgendeinen Grund, anzunehmen, dass du nicht 1593 ermordet worden bist?"

„Keine Ahnung. Vielleicht hat er mich irgendwo gesehen und mich wiedererkannt."

„Tja, da ist ein gewisses Risiko vorhanden. Weshalb bist du auch wieder nach London gekommen?"

Die Gerichtsverhandlung gegen Raleigh begann am frühen Morgen in Winchester. Zuschauer drängten sich zwischen den Pfeilern der Halle. In ihren Gesichtern las Marlowe Feindseligkeit, nicht Mitleid. Die Wache bahnte dem Angeklagten den Weg durch die Leute. Haar und Bart waren in den Wochen im Tower fast weiß geworden. Marlowe hatte davon gehört, dass er in seiner Zelle einen Selbstmordversuch unternommen hatte, doch ging er sehr aufrecht und selbstbewusst durch die Menge. Kein Zeichen von Niedergeschlagenheit. Er wurde in einen mit Seilen abgesperrten Freiraum vor einem Podest geführt. Dann erschienen zwei Gerichtsdiener mit erhobenen Amtsstäben in langen schwarzen Gewändern, ihnen folgte Lordoberrichter Popham im roten Talar. Ein hoher Beamter verlas die Anklageschrift. Raleigh wurde der Konspiration gegen den König bezichtigt mit dem Zweck, ihn seiner Herrschaft zu berauben, Aufruhr im Lande zu stiften und Arabella Stuart auf den Thron zu heben. Mitverschwörer seien einige katholische Priester und Adlige, darunter Lord Cobham, dem von Spanien sechshunderttausend Kronen bewilligt worden seien, wenn der Coup gelänge.

Marlowe schüttelte den Kopf. Raleigh war als Spanienhasser bekannt. Er hatte sowohl auf dem Meer als auch in Cádiz gegen sie gekämpft. Das war dummes Zeug. Er würde niemals England an Spanien verkaufen. Raleigh sprang auf, totenblass im Gesicht und rief empört: „Ich habe mehr als einmal mein Leben und mein Vermögen im Kampf gegen Spanien eingesetzt. Ich habe sogar seiner Majestät in einem Memorandum vorgeschlagen, keinen Friedensvertrag mit Spanien abzuschließen."

Der erste Kronanwalt schaltete sich ein und sagte: „Das war nur zur Tarnung Ihrer wahren Absichten gedacht, Sir Walter."

„Wo sind die Beweise dieser ungeheuerlichen Anschuldigung. Ich habe niemals mit Lady Arabella gesprochen."

Der Kronanwalt fixierte Raleigh mit kaltem Blick und begann, wortreich die Verwerflichkeit von Raleighs angeblicher Verschwörung auszuführen. Als Beweis ließ er ein Geständnis Cobhams verlesen, in dem dieser behauptete, Raleigh habe eine Rente von 1500 Pfund angenommen, um für Spanien zu spionieren.

Marlowe dachte: Welch eine Farce!

Popham forderte den Angeklagten auf, endlich zu gestehen. Raleigh antwortete, er habe nichts zu gestehen.

Es wurde noch ein weiteres vermutlich fingiertes Geständnis vorgelesen und ein Zeuge befragt. Dann zog sich das Gericht zur Beratung zurück. Es dauerte keine Viertelstunde. Popham verlas das Urteil, Raleigh war schuldig des Hochverrats und sollte gehängt und geviertelt werden.

Doch die Vollstreckung zog sich hin. Francis kam eines Tages mit der Nachricht, dass Raleigh zu lebenslanger Haft begnadigt worden sei.

Da erreichte Marlowe die Mitteilung vom Tod seines Vaters. Er reiste nach Canterbury zur Beerdigung und um seiner Mutter beizustehen. Sie war untröstlich über den Tod ihres Mannes. Marlowe blieb eine Weile bei ihr und ging dann nach London zurück. Wenige Monate später hatte er Anlass, erneut nach Canterbury zu reiten. Eine seiner Schwestern benachrichtigte ihn, dass die Mutter schwer erkrankt war. Es dauerte nicht lange und sie folgte ihrem Mann ins Grab.

**Die Pulververschwörung**

Die Verschwörer

Am 5. November 1605 raste wie ein Lauffeuer die Nachricht durch London, dass ein Anschlag auf König und Parlament im letzten Moment verhindert worden war. Die Gerüchteküche brodelte und mit Sicherheit konnte nur gesagt werden, dass ein Sprengmeister namens Fawkes festgenommen worden war und gestanden hatte. Mit Schießpulver, das im Keller unter dem Parlamentsgebäude gelagert worden war, wollte er das gesamte Parlament in die Luft zu sprengen. Unter der Folter gab er Hintergründe und Hintermänner preis.

Katholische Rebellen hatten den dreisten Plan ersonnen, nicht nur den König zu ermorden, sondern das ganze Parlament mit einem Schlag loszuwerden. Der Kopf der Verschwörung war Robert Gatesby. Eine besondere Rolle kam auch Thomas Percy zu, der zur Nobelgarde des Königs gehörte. Er mietete ein Haus, das nur durch eine Brandmauer vom Parlamentsgebäude getrennt war. Die Verschwörer versammelten sich hier, um im Keller einen Durchbruch durch die dicke Mauer zu schlagen, der direkt unter den Versammlungssaal führte. Hier war ein Kohlenvorrat untergebracht, den Percy aufkaufte. Er mietete die Kellerräume und kaufte in Holland tonnenweise Schießpulver, das dorthin gebracht wurde.

Alles war bereit. Fawkes sollte die Sprengung am 7. Oktober hochgehen lassen, doch dann erfuhren die Verschwörer, dass die Parlamentssitzung auf den 5. November verschoben worden war. Wenige Tage später erhielt Lord Monteagle einen Brief, in dem er gewarnt wurde, nicht im Parlament zu erscheinen, denn alle dort Versammelten würden einen furchtbaren Schlag bekommen. Der Lord nahm den Brief nicht sonderlich ernst, fühlte sich dennoch verpflichtet, ihn dem Staatssekretär Graf Salisbury zu übergeben. Dieser wiederum legte ihn dem König vor. Jakob nahm den Brief ernst, erriet er doch den Sinn des Angedeuteten. Er hatte zuvor ein Schreiben vom französischen König erhalten, in dem er ihn vor einem geplanten Handstreich der Papisten warnte und ihn bat, sich das Schicksal Heinrichs III. als Warnung zu nehmen. Sofort ordnete er eine Untersuchung der Gebäude und Keller an. Weiterhin verfügte er, dass man diskret vorgehen sollte, damit die Verschwörer nicht zu schnell Wind davon bekämen, dass ihr Plan aufgeflogen war. Lord Chamberlain, der Earl von Suffolk, leitete die Untersuchungen. Er erfuhr, dass Percy den Kohlenkeller gemietet hatte. Als Suffolk mit seinen Männern den Keller betrat, trafen sie dort einen Bediensteten an, der angab, dass sein Herr hier die Kohlen für die Winterfeuerung gelagert habe. Suffolk spielte den Ahnungslosen und kehrte mit seinen Leuten zurück. Die Verschwörer sollten sich vorerst sicher fühlen.

In der Nacht vom 4. auf den 5. November wurde das Gebäude umstellt. Einige betraten den Keller und ergriffen Guy Fawkes, der als Wächter und Sprengmeister hier ausharren sollte. Er hatte eine Blendlaterne, ein Feuerzeug und Lunten dabei. Als die Polizisten Reisig und Kohlen wegräumten, fanden sie eine Unmenge an Pulverfässern. Unverschämterweise rief Fawkes: „Hättet ihr mir doch etwas Zeit gelassen, dann hätte ich uns ein schönes Feuer gemacht." Im Verhör leugnete er nichts, behauptete jedoch es sei sein eignes Vorhaben gewesen. Erst auf der Folter gab er Auskunft über das Komplott und nannte die Beteiligten.

Das Gerücht der Festnahme verbreitete sich blitzschnell in London und gab den Verschwörern Zeit, sich nach Warwickshire zu flüchten. Sie entschlossen sich zu einem offenen Aufruhr und riefen alle Katholiken dazu auf, sich ihnen anzuschließen. Doch sie brachten nicht mehr als hundert Mann zusammen. Die Rebellen flüchteten sich vor der Verfolgung in ein Haus, in dem sie sich verschanzten. Sie leisteten ihrer Festnahme heftigen Widerstand, doch aus Unvorsichtigkeit ging ein Pulverfass hoch, das für die Männer des Sheriffs gedacht war, und sprengte einen Teil des Hauses in die Luft. Als sie hinausstürmten, wurden viele sofort getötet, andere erst nach weiterer Gegenwehr, der Rest wurde festgenommen. Auch der Jesuit Henry Garnet wurde verhaftet.

Am 9. November eröffnete Jakob das Parlament mit einer langen Rede, in der er die Ereignisse darstellte und kommentierte. Er nahm die Katholiken in Schutz. Er sagte, dass die große Mehrzahl von ihnen an dieser Revolte keinen Anteil gehabt hätte. Allerdings wetterte er gegen die Puritaner, die mit der ganzen Sache überhaupt nichts zu tun hatten.

Dann begann der Prozess gegen die Verschwörer und die gründliche Suche nach weiteren Beteiligten. Es gab viele unberechtigte Bezichtigungen und Bestrafungen auch bei mangelnder Beweislage. Missliebige wurden verfolgt und verurteilt. Zwei Lords wurden hohe Geldstrafen auferlegt, weil sie am Tag der Parlamentssitzung nicht in London gewesen waren und deshalb verdächtigt wurden, von der Verschwörung gewusst zu haben. Mehrere Jesuiten wurden als geistige Urheber des vereitelten Anschlags verhaftet.

## Gatehouse

Eines Morgens kamen bewaffnete Männer, zerrten Marlowe aus dem Haus und brachten ihn zum Gatehouse-Gefängnis. Der Untersuchungsrichter warf ihm vor, Kontakt zu Jesuiten in Spanien gehabt zu haben. Marlowe zitterte am ganzen Körper. Seine Hände waren mit einem Strick zusammengebunden. Er schluckte ein paarmal, räusperte sich und es dauerte eine ganze Weile, bis er seine Stimme unter Kontrolle hatte und etwas sagen konnte. Der Richter drängte ihn mehrere Male, zu antworten.

„Ja, ich hatte Kontakt zu Jesuiten in Valladolid, allerdings im Auftrag von Lord Butzenval, dem Gesandten in Paris. Ich sollte sie ausspionieren, weil es Hinweise gab, dass sie dem französischen König nach dem Leben trachteten. Ich habe dazu beigetragen, dass ein Komplott aufgedeckt wurde. Ich musste mich natürlich verstellen und so tun, als sei ich einer von ihnen. Ich wäre fast aufgeflogen und musste in aller Eile aus Spanien fliehen."

Der Untersuchungsrichter fragte nach weiteren Namen und Details und machte sich Notizen. Schließlich sagte er: „Es wird einiger Prüfungen Ihrer Aussagen bedürfen, so lange bleiben Sie in Haft."

Glücklicherweise war Gatehouse nicht mit Newgate zu vergleichen. Marlowe bekam eine kleine Zelle zugewiesen, in der es ein vergittertes Fenster gab, eine Pritsche, einen Tisch und einen Schemel. Aber es war kalt. Man hatte ihm nicht einmal Zeit gelassen, seinen Mantel mitzunehmen. Er untersuchte seine Westentaschen. Geld hatte er auch nicht dabei. Von seiner Inhaftierung in Newgate war ihm noch in Erinnerung, dass es von großem Vorteil war, etwas Kleingeld dabeizuhaben. Er musste an Watson denken, mit dem er eine furchtbare Nacht in einem finstern Loch zugebracht hatte. Was hatte Watson damals gesagt? Es steht in unserer Macht, das Unangenehme zu verstärken oder zu vermindern. Mit Hilfe unserer Gedanken können wir aus einer widerwärtigen Situation fliehen oder ihr einen anderen Wert geben. Es fiel Marlowe schwer, diesem Rat zu folgen. Seine Gedanken kreisten sorgenvoll um das, was ihm bevorstand. In der Nacht konnte er vor Kälte nicht schlafen und seine Gedanken rotierten noch ängstlicher in seinem Kopf.

Am nächsten Morgen wurde seine Zelle aufgeschlossen, ein mürrischer Wärter reichte ihm einen Becher Wasser und ein Stück Brot. Er fragte, ob er ihm eine Decke bringen könne. Der Aufseher schnaubte nur und verschwand. Es dauerte nicht lange, da wurde die Zelle erneut geöffnet. Francis kam herein und sagte: „Tut mir leid, schneller konnte ich nicht zu dir vordringen. Ich habe den Wärter bestochen, damit ich mit dir reden kann."

Marlowe saß wie ein Häufchen Elend zitternd mit angezogenen Beinen auf der Pritsche und antwortete nur: „Ich friere."

"O Kit, so weit habe ich gar nicht gedacht. Ich werde dir eine Decke besorgen. Ich habe etwas zu essen für dich. Und Wein." Er holte eine Flasche Burgunder aus einer Tasche und entkorkte sie. „Hier trink!"

Marlowe setzte die Flasche an seine Lippen. Francis zog seinen Mantel aus und warf ihn dem Inhaftierten um die Schultern. Er ließ sich auf dem Hocker nieder und legte Schinken, Käse und Brot auf den Tisch. Dann musste Marlowe berichten, weshalb man ihn festgenommen hatte. Francis versprach, sich bei verschiedenen einflussreichen Leuten für ihn zu verwenden. Vor allem wollte er an Lord Butzenval schreiben, damit dieser die Aussagen Marlowes bestätigte. Am nächsten Tag brachte er einige Dinge, um die Marlowe gebeten hatte. Auch etwas Geld, um den Wärter gnädig zu stimmen.

Marlowe beschloss, sich mit Schreiben abzulenken. Er erinnerte sich an seinen kurzen Aufenthalt in Schottland und an eine Geschichte über einen Than namens Macbeth.

*Macbeth und Banquo reiten mit Soldaten und Gefolge durch die schottische Heidelandlandschaft. Ein Gewitter mit Blitz, Donner und gewaltigen Regenmassen geht nieder.*

*Da tauchen drei wilde Gestalten auf mit grauen Haaren. Sie sehen aus wie Frauen, tragen jedoch Bärte. Sie begrüßen Macbeth: 'Heil dir, Than von Glamis, Heil dir Than von Cawdor und Heil dir, Macbeth, der einst König sein wird.' Und Banquo verkünden sie, dass er zwar selbst kein König sein, aber Könige zeugen wird.*

*Die drei Hexen verschwinden als wären sie eine Blase im Wasser oder Atem, der in der Luft verschwindet.*

Marlowe schrak auf, als der Wärter die Zelle öffnete, um ihm eine karge Mahlzeit zu bringen. Er aß seine Suppe, schenkte sich etwas von dem Wein ein, den ihm Francis gebracht hatte, und schrieb sogleich weiter. Es ging um Verrat, um eine Welt voller Blut und Verrat.

*Eine Weissagung der Hexen erfüllt sich unmittelbar danach, als zwei Boten des Königs Macbeth verkünden, dass er zum Than von Cawdor ernannt wurde. Macbeth wird nun dazu verführt, zu glauben, dass auch die zweite Prophezeiung sich erfüllt. Doch Banquo warnt ihn: 'Um uns zu unserem Verderben zu gewinnen, sagen uns die Werkzeuge der Finsternis Wahrheiten, bestechen uns mit Kleinigkeiten, um uns zu Verbrechen mit den schrecklichsten Folgen zu verleiten.'*

*Macbeth überlegt: Ich bin Than von Cawdor, das hat sich bewahrheitet. Wenn das Schicksal will, dass ich König werden soll, so mag das Schicksal mich krönen, ohne dass ich danach strebe. Komme, was kommen mag. Die Zeit rennt mit ihrem Stundenglas durch den raschesten Tag.*

*Der König ehrt Macbeth für seine Siege, doch dieser hegt schwarze Gedanken.*

*Er schreibt seiner Frau von den Weissagungen und bald kündigt ein Bote ihr an, dass sich Macbeth und der König der Burg nähern.*

*Lady Macbeth: 'Der Rabe selbst würde mir lieblich singen, der mir Duncans fatale Ankunft unter meine Zinnen krähen würde. Kommt, ihr Geister, deren Geschäft es ist, tödliche Gedanken einzuhauchen, füllt mich vom Wirbel bis zu den Zehen mit Grausamkeit an. Macht mein Blut zähflüssig und verstopft die Zugänge der Reue, dass keine Stiche des Gewissens mein grässliches Vorhaben erschüttern oder zwischen den Gedanken und seine Ausübung treten! Kommt in meine weiblichen Brüste und macht meine Milch zu Galle, ihr mörderischen Geister, wo auch immer ihr in unsichtbaren Gestalten auf das Verderben der Menschen lauert. Komm tiefste Nacht und hülle dich in den schwärzesten Dampf der Hölle, damit mein scharfer Dolch die Wunde nicht sieht, die er verursacht, noch der Himmel durch den Vorhang der Finsternis schaut und Einhalt gebietet.'*

*Lady Macbeth wird nun die treibende Kraft bei der Planung und Ausübung des Königsmords.*

*Macbeth denkt: 'Wenn alles vorbei wäre, so wär's gut. Es soll schnell getan werden. Wenn doch nur der Meuchelmord zugleich die Folgen aufsaugen würde und dieser einzige Streich alles beenden würde, so hätte ich den Mut, auf dieser Sandbank der Zeit über das künftige Leben hinwegzuspringen. Aber in solchen Fällen empfängt man meistens sein Urteil schon hier. Wenn wir andern blutigen Unterricht geben, fällt er auf des Erfinders eigenen Kopf zurück. Die ausgleichende Gerechtigkeit nötigt uns, die Hefe unseres eigenen Giftkelches auszutrinken. Duncan ist mein Verwandter, ich sein Vasall. Beides sind starke Beweggründe gegen die Tat. Außerdem bin ich der Gastgeber, der den Gast vor einem Mörder schützen müsste. Duncan hat so untadelig regiert und ist mir so wohl gesonnen. Seine Tugenden werden wie Engel mit Trompetenzungen tiefe Verdammnis über seine Ermordung ausrufen. Des Himmels Cherubim auf unsichtbaren Rossen der Luft reitend werden die entsetzliche Tat in jedes Antlitz blasen, bis Tränen den Wind ersäufen. Ich habe keinen Ansporn ...'*

Die Kerze auf Marlowes Tisch erlosch. Er hatte nicht daran gedacht, sich weitere Kerzen bringen zu lassen. Es war stockfinster und er konnte sich nur mühsam zur Pritsche hintasten und sich hinlegen.

Doch seine Gedanken waren weiterhin bei seinem Helden, bis er einschlief.

Einige Tage später kam Francis erneut und brachte Lebensmittel und Wein mit. Marlowe fragte ihn, ob er Genaueres über seine Anklage gehört habe. „Wieso wussten die, dass ich in Valladolid Kontakt mit Jesuiten hatte."

„Das wussten sie gar nicht. Sie haben dir einfach unterstellt, Jesuiten zu kennen und du hast ihnen deine Geschichte erzählt. Dass du nach Spanien gereist bist, haben sie auch nur vermutet."

„Und nun?"

„Wenn du Glück hast, wird Lord Butzenval an das Gericht schreiben und bestätigen, dass du für England bzw. Frankreich die Jesuiten ausspioniert hast."

Francis hielt inne und griff nach einem der Blätter auf dem Tisch. „Was schreibst du?"

Marlowe gab ihm den ungefähren Inhalt wieder und las eine kurze Stelle vor. Francis sprang auf. „Bist du verrückt, in deiner Situation über Verrat und Königsmord zu schreiben? Was, wenn einer deiner Untersuchungsrichter das liest?"

„Ich heiße Verrat und Königsmord ja nicht gut. Ich lasse keinen Zweifel daran, wie schändlich das ist."

„Meinst du, sie halten sich damit auf, das genau zu untersuchen? Gib mir das Geschriebene."

„Nein", sagte Marlowe empört, „dann kann ich ja nicht überarbeiten und weiterschreiben."

„Solange du hier sitzt, schreibst du besser eine unverfängliche Komödie."

„Auch meine Komödien sind nicht unverfänglich, wie du weißt!"

Francis setzte sich wieder auf den Hocker und stützte seinen Kopf in seine Hand. Dann sagte er: „Du wolltest doch gerne hier in London bleiben."

Marlowe zuckte mit den Schultern und antwortete kleinlaut: „Ja."

„Dann musst du dich unauffällig verhalten und nicht die Justiz auf dich aufmerksam machen."

„Das tue ich ja nicht. Wenn die Tragödie fertig ist, wird sie unter dem Namen Shakespeare über die Bühne gehen. Ich bin nur ein Reisender. Ein heimatloser Obdachloser, der bei Freunden Unterschlupf findet oder im Gefängnis."

Marlowe überkam mit einem Mal großes Selbstmitleid und ihm traten Tränen in die Augen. Francis sagte: „Tut mir leid, ich wollte dich nicht kränken. Du musst selbst wissen, was du tust. Ich hoffe, dass sie dich bald freilassen." Er stand auf und legte Marlowe die Hand auf die Schulter. Bevor er ging, sagte er noch: „Tom wird dich in den nächsten Tagen besuchen kommen."

Als Francis gegangen war, legte Marlowe seinen Kopf auf die Unterarme auf dem Tisch und weinte bitterlich.

Als der Wärter das Essen brachte, hatte er sich wieder beruhigt. Er gab ihm einige Münzen und bat ihn, ihm Kerzen zu bringen.

Dann tunkte er die Feder ein.

*Macbeth zu seiner Frau: 'Wir lassen diesen furchtbaren Plan fallen. Duncan hat mich mit Ehrenzeichen überhäuft und schätzt mich sehr.'*

*Lady Macbeth: 'War die Hoffnung trunken, die dich vor kurzem noch so entschlossen machte? Hat sie geschlafen und erwachte sie nun, um so bleich und grün beim Anblick dessen, was sie vorher liebte, auszusehen? Fürchtest du derjenige in der Tat zu sein, der du zu sein wünschst? Strebtest du nach dem, was du für die Zierde des Lebens ansiehst, und willst in deinen eignen Augen als eine Memme leben? Du kommst mir vor wie eine Katze, die gern Fische finge, wenn sie sich nur die Füße nicht nass machen müsste.'*

*Macbeth lässt sich von seiner Frau überreden, den Plan der Ermordung Duncans weiterzuverfolgen. Nach dem Gastmahl zieht sich der König über die Maßen vergnügt in sein Schlafgemach zurück.*

*Als Macbeth sich anschickt, den König zu umzubringen, sieht er einen Dolch vor sich, der in der Luft schwebt, mit dem Griff zu seiner Hand gekehrt. Er kann ihn aber nicht fassen.*

*'Bist du, fatales Gesicht, nicht eben so fühlbar, wie du sichtbar bist? Oder bist du nur ein Dolch meiner Seele, ein täuschendes Geschöpf des fiebrigen Gehirns? Ich seh dich in ebenso körperlicher Gestalt wie diesen, den ich hier ziehe. Du zeigst mir den Weg, den ich gehen wollte, und ein solches Werkzeug, wie du bist, wollt' ich gebrauchen.*

*Ich sehe dich noch immer und auf deiner Klinge sind Blutstropfen, die zuvor noch nicht da waren. Es ist nichts Wirkliches. Es ist das blutige Werk meiner Seele, das sich so in meinen Augen abbildet. Jetzt scheint auf der Hälfte der Welt die Natur tot und schlimme Träume missbrauchen den einhüllenden Schlaf. Jetzt begeht Zauberei den furchtbaren Dienst der blassen Hekate und der grässliche Mord, von seinem heulenden Wächter, dem Wolf, aufgeweckt, geht mit Tarquins räuberischem Schritt, wie ein Gespenst, seinem Werk entgegen. Du feste, unbewegliche Erde, höre meine Tritte nicht, damit nicht deine Steine selbst dieses schreckliche Stillschweigen unterbrechen, das so gut zu meinem Vorhaben geeignet ist, und verraten, warum ich noch wach bin. Ich gehe und es ist getan. Die Glocke ruft. Höre sie nicht, Duncan, denn es ist die Glocke, die dich gen Himmel oder zur Hölle zitiert.'*

*Macbeth erdolcht den schlafenden König. Nach der Tat ist Macbeth sehr verstört und sagt zu seiner Frau: 'Es war mir, als hörte ich eine Stimme, die dem Schlafenden zurief: Schlafe nicht länger! Macbeth ermordet den Schlaf, den unschuldigen Schlaf. Den Schlaf, der die Stirne des Kummers entrunzelt, die Geburt von jedes folgenden Tages Leben, den Balsam verwundeter Gemüter, die heilsamste Erquickung der Natur und die nahrhafteste Speise im Gastmahl des Lebens.*

*Es war, als ob es im ganzen Hause schreie: Wacht auf, schlaft nicht mehr, Clamis hat den Schlaf ermordet und dafür soll Macbeth nicht mehr schlafen.'*

*Lady Macbeth: 'Was für fieberhafte, deines Heldenmuts unwürdige Einbildungen sind das? Geh, nimm ein wenig Wasser und wasche diese garstigen Blutspuren von deinen Händen. Warum brachtest du diese Dolche mit, sie sollen doch dort liegen bleiben. Geh zurück und beschmiere die schlafenden Kämmerer mit dem Blut und lege die Dolche daneben.'*

*Macbeth: 'O nein, das tue ich nicht. Ich erschrecke vor dem Gedanken, was ich getan habe. Mach du es, ich kann nicht.'*

*Lady Macbeth: 'Schwache Seele! Gib mir die Dolche. Schlafende und Tote sind nur Gemälde. Nur Kinder fürchten sich vor einem gemalten Teufel. Wenn er noch blutet, so will ich damit die Gesichter der Pagen besudeln, denn sie sollen als die Täter angesehen werden.'*

*Als es spät in der Nacht an der Pforte klopft, erschrickt Macbeth zutiefst: 'Was wird aus mir werden, wenn jeder Laut mir zuzurufen scheint: Was für Hände sind das? Sie reißen mir meine Augen aus! Kann des großen Neptun ganzer Ozean dieses Blut von meiner Hand waschen?'*

*Der Türhüter ist ungehalten über das hartnäckige Klopfen und mault vor sich hin: 'Wer ist da in Dreiteufelsnamen! Vielleicht ein Jesuit, der mit einer Distinktion oder einer doppelten Meinung ja und nein beschwören kann, der Verrätereien genug um Gottes willen begangen hat und mit allen seinen Subtilitäten sich doch nicht hat in den Himmel hineinlügen können.'*

So, dachte Marlowe, das sollen sie nun ruhig lesen, wenn sie wollen. Er fühlte sich unendlich erschöpft und legte sich auf die Pritsche. Francis hatte ihm ein Kopfkissen und eine Decke ins Gefängnis gebracht, sodass er ein Minimum an Bequemlichkeit hatte. Er schlief ein, aber ihn quälten seltsame Träume. Drei Hexen brauten einen höllischen Trank in einer finsteren Höhle, in deren Mitte ein großer Kessel über einem Feuer stand. Sie warfen alle möglichen Ingredienzien hinein: Froschzehen, Otterzungen, Eidechsenbeine, Schierlingswurzeln, Ziegengalle, die Leber eines Juden, die Lippen eines Türken. Sie kochten es und kühlten es dann mit Säuglingsblut ab. Sie tanzten um den Kessel und sangen. Sie zwangen ihn, von dem Gebräu zu trinken und ihm wurde auf einmal sehr heiß. Vergeblich versuchte er, die Augen zu öffnen. Dann wurde alles schwarz.

Als er wieder zu sich kam, sah er ein fremdes Gesicht über sich und dahinter das von Tom. „Er öffnet die Augen", sagte der Fremde. „Gott sei Dank", seufzte Tom, trat an die Pritsche und nahm Toms Hand. Er tauchte einen feuchten Lappen, der auf Marlowes Stirn lag, in eine Schüssel mit kaltem Wasser und tupfte damit seine Stirn ab.

„Durst", murmelte der Kranke. Tom hob seinen Kopf an und flößte ihm warmen Tee ein. Der Arzt war ein Bekannter von Francis, wie Marlowe später erfuhr. Er war keiner von denen, die als einziges Mittel den Aderlass einsetzten, sondern die ärztliche Kunst einer kritischen Revision unterzog. Der Arzt hatte Marlowe zwei Tage lang Tee aus Holunderbeeren und Weidenrinde eingeflößt, der das Fieber gesenkt hatte.

Francis hatte erwirkt, dass Marlowe vorläufig aus dem Gefängnis entlassen wurde. Er hatte die Auflage, London nicht zu verlassen, bis sein Prozess entschieden sei. Sie schafften den Kranken zu Francis und ließen ihm jede Pflege und Annehmlichkeit angedeihen, so dass es ihm schnell besser ging.

Er saß im Bett, beschriebene Blätter um sich herum, die Feder quer im Mund, als der Arzt ihn eine Woche später aufsuchte.

„Der Patient sollte sich noch schonen", sagte der Medicus im Hereinkommen.

Marlowe nahm die Feder aus dem Mund und sagte: „Das tue ich, wie Sie sehen können."

Der Arzt lachte. „Was machen Sie, wenn Sie sich nicht schonen?"

„Wenn ich mich nicht schone, reise ich durch Italien oder nach Schottland oder lasse mich ins Gefängnis werfen."

Am 30. Januar wurden Sir Everard Digby, Robert Wintour, John Grant und Thomas Bates vor dem westlichen Ende der St Paul's Kathedrale hingerichtet. Am nächsten Tag starben im alten Palasthof von Westminster Thomas Wintour, Ambrose Rookewood, Robert Keyes und Guy Fawkes.

Am 15. Februar wurde Marlowe vor dem Gericht in Gatehouse freigesprochen. Lord Butzenval hatte seine Angaben über die Reise nach Valladolid bestätigt. Marlowe war sehr erleichtert, er hatte in der letzten Zeit häufig unter Magenkrämpfen gelitten, da eine unterschwellige Angst ihn peinigte.

Er schrieb weiter an *Macbeth* und plante eine Reise nach Schottland, um die Atmosphäre der Schauplätze noch besser wiedergeben zu können. Im Frühling wollte er sich aufmachen.

Das Gerichtsverfahren gegen den Superior der Jesuiten, Henry Garnet zog sich hin. Zwar zweifelte man nicht daran, dass er der geistige Urheber der Pulververschwörung war, doch wollte man ihn aus politischer Rücksichtnahme vor ganz Europa zweifelsfrei überführen. Zur allgemeinen Stimmung gegen Garnet trug bei, dass bei vielen Komplotten und Attentaten in der jüngsten Vergangenheit die Jesuiten ihre Hand im Spiel gehabt hatten. Zudem war Garnet als Jesuitenoberer schon vorher in kirchenpolitische Konflikte verwickelt gewesen. In den Jesuiten verknoteten sich die Bestrebungen der großen, unsichtbaren katholischen Liga, deren Ziel es war, den Protestantismus auszurotten. So waren die Kronrichter überzeugt, dass Garnet Urheber und Förderer der höllischen Verschwörung gewesen war, doch wollte man ihm Gelegenheit geben, sich zu verteidigen.

Die Richter warfen ihm vor, geheime Verbindungen mit Spanien unterhalten zu haben. Garnet gab zu, Geldzuwendungen von Spanien für arme Katholiken bekommen zu haben. Der Staatsanwalt wies darauf hin, dass das Geld dazu benutzt wurde, um eine Armee anzuwerben.

Garnet wurde nachgewiesen, dass er Kontakt zu Gatesby, dem Kopf der Verschwörer gehabt hatte. Durch ihn und den Jesuiten Greenwell sei er über das Komplott unterrichtet gewesen. Garnet rechtfertigte sich, indem er behauptete, Greenwell hätte ihm es ihm in der Beichte anvertraut. Außerdem habe er versucht, die Betreffenden von dem Plan abzubringen. Er habe den König wegen des Beichtgeheimnisses nicht warnen können.

Die Kronrichter hielten ihm immer wieder vor, er habe die Verschwörung quasi abgesegnet. Er als Superior hätte Gehorsam einfordern und das Komplott verbieten können.

Die Verteidigung Garnets war in den meisten Punkten nicht überzeugend und der Kronrat war am Ende stolz darüber, dass die Wahrheit ohne Anwendung der Folter ans Licht gekommen sei und verurteilte Garnet zum Tode.

Garnet gestand: „Die Absicht der Verschwörer war verwerflich und die Ausführung wäre grausam gewesen. Ich verabscheue dies von ganzer Seele. Aber ich hatte von dem Vorhaben durch Gatesby nur eine allgemeine Kenntnis. Mein Vergehen ist, dass ich mein Wissen nicht weitergegeben und mich nicht mit aller Kraft bemüht habe, den Anschlag zu verhindern."

Er wurde als Mitwisser und Beteiligter an der Pulververschwörung am 3. Mai 1606 gehängt und geviertelt. Marlowe dachte bei all diesen Hinrichtungen nur: Hoffentlich überleben sie das Hängen nicht. Denn den Verurteilten wurde nach dem Hängen der Bauch aufgeschlitzt und die Gedärme herausgerissen. Oft noch bei lebendigem Leib.

Mitte April, als sie abends zusammensaßen, verkündete Francis unvermittelt: „Ich werde heiraten."

Marlowe war überrascht. „Meinen Glückwunsch! Wer ist es denn?"

„Sie heißt Alice Barnham, ist vierzehn Jahre alt und bringt eine ansehnliche Mitgift in die Ehe. Offen gesprochen, das ist der eigentliche Grund für meine Heirat. Ich bin seit Jahren in ziemlicher

Finanznot und immer von irgendeinem Höfling abhängig gewesen. Die Eltern des Mädchens haben wohl deshalb eingewilligt, weil sie denken, ich könne unter dem neuen König Karriere machen."

Marlowe dachte: Du lieber Himmel! Ein so junges Ding. Das ist ja noch ein Kind. Und Francis ist schon 45.

Francis lachte. „Ich kann mir vorstellen, was du denkst. Ich finde sie reizend, aber ich bin nicht verliebt. Ich sagte ja schon, es ist ein Geschäft. Das Mädchen ist versorgt und ich bin meine finanziellen Sorgen los."

Marlowe wusste nicht recht, was er sagen sollte, und schwieg deshalb lieber. Und Francis begann auf einmal, von sich zu erzählen, es hörte sich an wie eine Bilanz seines bisherigen Lebens.

„1584 erhielt ich mit Hilfe meines Onkels, dem Schatzkanzler Lord Burghley einen Parlamentssitz. Zu dieser Zeit fing ich auch an, der Königin meine Dienste als Berater anzubieten. Ich hoffte, die Position eines Hofrates zu erlangen. Ich versuchte dies durch Anfertigung sachkundiger politischer Expertisen, die sich mit dem Thema der Religionen befassten. Zum Beispiel schlug ich darin vor, den Loyalitätseid zu mildern, der die Katholiken zwang, die Treue zur Krone unter allen Umständen über die zum Papst zu stellen. Das bringe sie in einen unauflösbaren Konflikt.

Als weiteres Problem griff ich den Glaubenskrieg zwischen verschiedenen protestantischen Richtungen auf. Da die anglikanische Hochkirche stark reglementiert und das protestantische Glaubensgut durch theologische Experten festgeschrieben ist, fühlen sich Nonkonformisten um das Recht des freien Gottesdienstes und der freien Bibelauslegung gebracht. So begannen die Puritaner, geheime Gottesdienste und Synoden abzuhalten.

Ich stieg zu einem wichtigen Redner im Parlament auf und beschäftigte mich intensiv mit einer Reform der Wissenschaften. Meine Bestrebungen, Karriere am Hof zu machen wurde durch eine Auseinandersetzung durchkreuzt, die mich in einen Gegensatz zur Königin brachte. Ich sprach mich gegen eine Erhöhung der Steuer aus, weil ich fürchtete, dass das Volk dagegen rebellieren könnte, und fiel dadurch in Ungnade. Wie du weißt, blieb ich im Dienst von Essex und baute zusammen mit Anthony ein Agentennetz auf, entschlüsselte Geheimschriften und analysierte die Bewegungen der katholischen Liga.

Ein Staatsamt war nicht erreichbar, auch wenn ich bei Verhören von Staatsverbrechern als außerordentlicher Berater der Königin tätig war. Ich machte mir einen Namen als Schriftsteller, indem ich religiöse Meditationen und Essays schrieb, die das ganze Spektrum philosophischer Themen enthielten. Doch ich versuchte vergeblich, mir mit staatsanwaltschaftlichen und geheimdienstlichen Ermittlungen Anspruch auf ein höheres Staatsamt zu erarbeiten.

Zweimal wurde ich auf Betreiben meiner Gläubiger von der Straße weg in den Schuldturm geführt, einmal hat Anthony für mich gebürgt, beim zweiten Mal hat sich Cecil für mich verwendet.

Seit Jakob die Thronfolge angetreten hat, habe ich Hoffnung, endlich ein Staatsamt zu erhalten, damit ich über ein selbständiges Einkommen verfüge."

Marlowe hielt Bacon für einen der klügsten Köpfe Englands. Trotz seines brennenden Ehrgeizes hatte er immer wieder Anfälle von moralischen Bedenken, die ihm nicht gut bekommen waren. Gewiss war er ein geeigneter Kandidat für hohe Ämter. Soweit Marlowe es beurteilen konnte, war Bacon ziemlich einsam und nicht an Frauen interessiert. Er umgab sich gern mit jungen Dienern, die ihn viel Geld kosteten, aber die Luft mit Lachen, Freude und Energie erfüllten. Der ein oder andere dieser Diener leistete ihm gewiss auch gelegentlich im Bett Gesellschaft.

Marlowe sagte rundheraus: "Wenn ein Amt nun in greifbare Nähe gerückt ist, verstehe ich aber nicht diese überstürzte Geldheirat."

„Wer sagt, dass es überstürzt ist?"

„Dann hattest du das schon länger vor?"

„Ja. Seit etwa einem Jahr. Die Eltern wollten, dass ich den vierzehnten Geburtstag des Mädchens abwarte. Ich hoffe, du kannst deine Reise bis nach der Hochzeit verschieben."

„Wann findet sie statt?"

„Am 5. Mai."

„Gut. Ich wollte ohnehin nicht früher los."

Marlowe hatte wenige Tage später Gelegenheit, die junge Braut in Augenschein zu nehmen, denn sie kam in Begleitung ihrer Mutter zum Tee. Sie hatte kastanienbraune Haare, eine runde weiße Stirn, eine kleine Nase und einen schmalen Mund. Ihre Augen waren blau. Sie trug ein blau-weiß gemustertes Seidenkleid mit tonnenförmigem

Reifrock. Sie redete mit einer naiven Unverblümtheit, die Marlowe amüsierte.

Die Hochzeit wurde feierlich zelebriert. Francis zog mit Freunden und einigen weitläufigen Verwandten zum Haus der Brauteltern, wo der Vater dem Bräutigam die Braut übergab. Alice trug ein Kleid aus Seidendamast in den Farben Rot und Gold mit einer kurzen Schleppe, der Ausschnitt war mit Rubinen und Granaten eingefasst. Francis war nicht minder kostbar in ein dunkelblaues mit Edelsteinen besticktes Seidenwams mit großer Halskrause gekleidet. Das Hemd darunter war aus Batist. Die Hose war nur mäßig aufgeplustert. Weiterhin trug er seidene Strümpfe, mehrfarbige Lederschuhe und einen kurzen Umhang, der über der Schulter hing. Dazu kamen noch ein hoher Hut mit Krempe und Zierband sowie ein Zierdegen.

Marlowe ging durch den Kopf, dass diese edle Kleidung bestimmt mit Vorgriff auf die Mitgift angefertigt worden war.

Der Vater von Alice überreichte Francis nun symbolisch ein Schwert, was bedeutete, dass die Braut fortan unter dem Schutz des Ehemanns stehen sollte. Das Paar kniete nieder und empfing den elterlichen Segen. Danach begab sich der Zug der Verwandtschaft der Braut wie des Bräutigams zur Kirche. Vor dem Portal legte der Geistliche ihre Hände ineinander und sie gaben sich das Eheversprechen. Dann betraten alle die Kirche und das Paar wurde vom Pfarrer gesegnet.

Das Hochzeitsmahl fand bei dem Stiefvater der Braut Sir John Packington statt, der sich nicht lumpen und ein üppiges Mahl in mehreren Gängen auftragen ließ. Es gab Salate, gefüllte Hühner,

Hammelfleisch, Pasteten, Wildbret, gebratene Tauben, Reiher, Wildgänse, Pfauen und Schwäne, Kalbfleisch, Lammfleisch, Früchte aller Art, Torten, Konfekt, Waffeln, Kuchen, Gebäck. Dazu verschiedene Weine und Bier.

Nach dem Essen setzten sich die Brautleute nebeneinander vor die abgetragene Tafel und nahmen die Geschenke der Gäste entgegen. Neben ihnen stand ein Cousin von Francis, der säuberlich in ein Heft notierte, wer was geschenkt hatte. Marlowe überreichte Alice und Francis eine Papprolle, in der ein Bild steckte, das er in Venedig erworben hatte. Francis entrollte gespannt die Leinwand. Das Bild zeigte die Hochzeit zu Kana. „Wundervoll", sagte er und Alice stimmte mit ein. Sie schlug vor, das Bild über dem großen Tisch im Speisezimmer aufzuhängen.

Schließlich wurde im Innenhof getanzt. Die Jüngeren den Canary mit Sprüngen und Hopsern, die Älteren die Pavane mit würdevollem Schreiten.

Nach der Hochzeit zog Francis mit seiner Frau in das Haus von Sir John, das groß und geräumig war. Er bat Marlowe, ihm bei der Sichtung seiner Papiere und Bücher zu helfen, um sie ohne großes Durcheinander zu seiner neuen Bleibe zu transportieren. Beim Sortieren fiel Marlowe ein Tagebuch in die Hände, das er neugierig durchblätterte. Es stammte allem Anschein nach von Anthony. Marlowe konnte sich nicht zurückhalten, zu vieles war im Leben des Freundes rätselhaft gewesen, vor allem sein Tod. Er begann, darin zu lesen.

Anthony berichtete von seinen Liebschaften, den ständigen Geldsorgen und anhaltenden gesundheitlichen Problemen, was alles nicht so neu für Marlowe war. Schließlich beschrieb er seine Aufgaben als Sekretär von Robert Devereux.

„Der Earl hat mir angeboten, in seinem Haus zu wohnen. Er ließ mir ein schönes Zimmer herrichten, aus dem ich auf den Garten schauen kann. Auch wenn er mir für meine Arbeit nichts bezahlt, er ist sehr freundlich und unterstützt mich auf vielfältige Art und Weise. Ich bin froh, in seiner Nähe zu sein."

„Der Earl schien heute Morgen äußerst melancholisch und ich hatte großes Mitgefühl mit ihm, als er mir von seinen Sorgen erzählte. Er hatte durch die Ungnade der Königin seine wichtigste Einnahmequelle, das Monopol zur Einfuhr von Wein eingebüßt. Seine Schulden erdrückten ihn schier. Ein Problem, dass ich selbst zur Genüge kenne. Er vertraute mir an, dass hinter all den Fallstricken, die man ihm in den Weg legte, die Intrigen seines Feindes Cecil steckten. Als er seufzte und sich verzweifelt durch sein Haar fuhr, hätte ich ihm gerne etwas Tröstendes gesagt, doch es war mir möglich."

„Lord Essex wirkt zunehmend nervös und unruhig. Er sagte zu mir, er werde verfolgt. Cecil habe Spitzel auf ihn angesetzt. Er deutete an, dass er eine Verschwörung plant, um sich aus einer für ihn unhaltbaren Situation zu befreien. Ich habe Angst um ihn."

„Ich kann ihn nicht verlassen. Auch wenn er mich mit in den Abgrund reißen sollte. Ich käme mir wie ein Verräter vor.

Inzwischen weiß ich mehr über seine Pläne, mit denen er seinen Gegnern zuvorkommen will."

„Die Verschwörer treffen sich hier im Haus. Sie beabsichtigen den Palast in Westminster zu stürmen und die Kontrolle über den Hof an sich zu bringen. Danach soll die Königin von ihren falschen Beratern befreit werden. Lord Essex glaubt, dass die Bevölkerung von London sich hinter ihn stellen wird. Um sicherzugehen, wollen die Verschwörer sich die Macht des Theaters und seinen Einfluss zunutze machen, indem sie im Globe ein aufrührerisches Stück spielen lassen."

„Nun wird mir erst klar, dass die Verschwörer Elisabeth absetzen und Jakob von Schottland in ihre Nachfolge einsetzen wollen. Francis überredete mich, das Haus von Essex zu verlassen und mich zu verstecken."

„Die Erhebung des Lords schlug auf katastrophale Art und Weise fehl. Er wurde zusammen mit seinen Gefolgsleuten festgenommen. Es ist furchtbar!"

„Francis sagte mir, er habe im Namen der Königin die Strafverfolgung im Fall Essex übernommen. Er will dafür sorgen, dass mein Name nicht im Zusammenhang mit der Verschwörung genannt wird. Auch wenn ich nicht direkt beteiligt sei, so hätte ich doch von dem Vorhaben gewusst. Mein Bruder meint es gut."

„Ich habe im Haus von Lady Walsingham Zuflucht gefunden. Auch Frances, Essex Frau, ist hier. Für ihren Mann wird es wohl keine Gnade geben. Mein Bruder führt den Prozess gegen den Lord mit aller Härte."

„Essex wurde enthauptet. Wie soll ich jetzt weiterleben? Alles ist unendlich grau und öde."

„Die Verzweiflung in mir wächst ins Unermessliche. Ich habe mir Gift besorgt."

Marlowe fühlte sich tief betroffen. Und mit einem Mal schlug ihm auch sein Gewissen wegen der Indiskretion, die er begangen hatte. Francis hatte ihm Vertrauen geschenkt und nun hatte er es auf schändliche Weise missbraucht. Er würde niemals mit ihm über Anthony offen sprechen können. Er versteckte das Tagebuch unter anderen Büchern und tat so, als ob nichts geschehen wäre. Doch das fiel ihm sehr schwer. Immer wieder musste er daran denken, wie Anthony gestorben war. Er war froh, dass er sich auf den Weg nach Schottland machen konnte. Das würde ihn hoffentlich ablenken.

**Schottland**

Marlowe schiffte sich in Deptford ein und segelte, wie er es schon vor vielen Jahren einmal getan hatte, an der Ostküste entlang bis Edinburgh. Von dort ritt er weiter in Richtung Perth, kam auch wieder zum Loch Leven, der diesmal nicht mit wabernden Nebeln behangen war, sondern im Sonnenlicht glitzerte. In dem Castle auf einer kleinen Insel mitten auf dem See war die schottische Königin Maria Stuart von ihrem eigenen Volk gefangen gehalten worden, weil weder ihre Politik noch ihr Privatleben der Vorstellung der mächtigen Clans gefallen hatte. Jemand verhalf ihr zur Flucht und sie floh nach England, wo sie Zuflucht erhoffte, aber erneut im Gefängnis landete. Obwohl entmachtet, hatte sie danach die europäische Politik mächtig durcheinandergewirbelt, aber auch ihr Tod hatte keine Entspannung gebracht. Nun saß ihr Sohn auf dem Thron, vereinigte die Königreiche von England und Schottland, wie sie es gerne unter ihrem Zepter schon verwirklicht hätte.

Er dachte nach über die vielfältigen Versuchungen der Macht, denen die Herrscher und Herrscherinnen der Welt ausgesetzt waren. Tamerlan. Edward. Heinrich. Elisabeth. Katharina. Jakob. Macbeth. Wie sie auch alle heißen mochten. Er selbst hatte sich als sehr junger Mann bereits in den Dienst von Machtinteressen gestellt. Wunderte es da, dass er bei diesem Geschäft fast umgekommen wäre? Doch war es möglich, sich aus der Politik herauszuhalten, wenn man Dichter war? Nein. Es war lediglich machbar, die allzu brisanten Sachverhalte der Gegenwart in die Vergangenheit zu projizieren. Hier am Loch Leven waren ihm vor vielen Jahren die Verse eingefallen, die er nun in seinem Macbeth verwenden wollte: „Foul ist fair and fair ist foul." Wer wusste schon so genau, was gut und was böse war? Aber auch das war eine Versuchung, es nicht wissen zu wollen, nicht danach zu fragen. Macbeth. In diesem Land hatte er gelebt. Hatte sich verführen lassen, auf dem Weg zur Macht keine Skrupel gelten zu lassen.

Er hatte in London gehört, dass die Schotten sehr abergläubisch wären, selbst der König glaubte an Hexen und Geister. Manche meinten sogar, dass sie gar keine Christen wären, sondern noch an den keltischen Bräuchen festhielten. In Edinburgh hatte er viele Schotten im Kilt gesehen, in den unterschiedlichen Tartans ihrer

Clans. Er war gespannt, was ihn erwarten würde, wenn er nun in die sagenumwobenen und berüchtigten Highlands käme. Er hatte hier keine Anlaufstellen, keine Adressen. Niemand im Süden des Landes kannte jemanden aus dieser wilden Gegend. Vielleicht war es auch leichtsinnig von ihm, allein zu reisen. Doch hatte er in Edinburgh keine Reisegruppe, auch keine Händler gefunden, die in Richtung Norden reisten. Das Land war ziemlich menschenleer, was wenn er Wegelagerern in die Hände fiel? Er tätschelte seinem Pferd den Hals, denn es hatte ihm, seit er vor drei Tagen in aller Frühe aus Edinburgh aufgebrochen war, sehr gute Dienste geleistet. Er hatte sich mit einem dicken wollenen Umgang mit Kapuze versehen für den Fall, dass Regen einsetzen würde. Er betrachtete die weiten Felder zu seiner Rechten, die zu einem Kloster gehörten, das er in der Ferne sah. Eine günstige Gelegenheit, Unterkunft zu finden.

Das schöne Wetter hielt an und nach einigen Tagen kam er in ein wundervolles Tal, das ihn verzauberte. Die Berge ragten links und rechts von ihm empor und erstrahlten in saftigstem Grün. Die Sonne schien auf die Wiesen, die sich im Tal erstreckten. Hier und da türmten sich raue Felsen, die dem Tal eine Schroffheit verliehen, die jedoch von einer einzigartigen Schönheit war. Marlowe war überwältigt. Er atmete die frische Brise ein, die ihm ins Gesicht blies, und wunderte sich darüber, wie heimisch er sich hier fühlte.

Bald ragte Clamis Castle in der Ferne auf. Er hatte gelesen, dass es im Jahr 1372 von Robert II., dem ersten König der Stuarts, an Sir John Lyon übergeben worden war. Um diese Burg rankten sich viele Legenden. Das war genau der richtige Ort, an dem sich die Ermordung Duncans durch Macbeth abgespielt haben könnte.

Marlowe wollte dem Inhaber der Burg einen Besuch abstatten, wurde aber nicht vorgelassen. Einer der Bediensteten bat ihn jedoch in eine Stube und bot ihm Whisky an. Marlowe hatte schon eine Weile nichts gegessen und fürchtete, dass der Whisky ihn umwerfen würde. Doch konnte er das Angebot nicht ablehnen, wenn er den Mann nicht beleidigen wollte. Da waren die Schotten empfindlich. Als der Mann ihm das zweite Glas einschenkte, frage Marlowe, ob er eine Kleinigkeit für ihn zu essen habe. Der Bedienstete ging an die hintere Tür und rief etwas in Gälisch in den Flur. Dann stellte er sich als Colin Macfie vor und fragte Marlowe nach dem Woher und Wohin. Schließlich kam der Imbiss und Marlowe machte sich über Brot und Schafskäse her. Als er Colin berichtete, er sei Dichter und wolle ein Drama schreiben, das sich an dieser Burg abspielen sollte, erzählte ihm Colin:

„In dieser Burg fand tatsächlich ein Königsmord statt. Im 11. Jahrhundert. Der damalige Burgherr verletzte sein Gastrecht in schändlicher Weise. Er ermordete Malcolm, während er schlief. Seit dieser Zeit liegt ein Fluch auf dieser Burg. Vor knapp fünfzig Jahren lebte hier eine Hexe. Lady Janet Douglas, die Witwe des damaligen Lords, trieb an diesem Ort ihr Unwesen. Sie verhexte Mensch und Vieh. Ihr wurde der Prozess gemacht und sie wurde verbrannt."

Marlowe fragte: „Wie hat sie das angestellt, das Verhexen?"

Colin antwortete: „Sie hat eklige Tränke gebraut und den Teufel beschworen, sagt man." Er senkte seine Stimme und raunte: „Es gibt in dieser Burg ein geheimes Zimmer, in dem ein Adliger mit dem Teufel gewürfelt haben soll. Er wusste, dass seine Seele dem Satan verfallen war, doch er konnte ihn überreden, mit ihm um sie zu würfeln. Ich weiß allerdings nicht, wer gewonnen hat, aber die Tür zu diesem Zimmer wurde zugemauert. Niemand kann sagen, wo es sich befindet."

„Was ist denn mit dem derzeitigen Burgherrn? Warum will er mich nicht empfangen?"

„Schwermütig von Kindheit an. Er ist der Sohn von Lady Janet. Hat als Kind erleben müssen, wie seine Mutter verbrannt wurde. Schlimm, auch wenn sie eine Hexe war."

Nach einigen Tagen Aufenthalt in der Umgebung der Burg, ritt Marlowe in Richtung Nordwesten und kam in ein Tal, das rechts und links von steilen Felsen gesäumt war. Dann öffnete sich das Tal und er sah auf eine ausgedehnte Ebene. Weit und breit keine Felder, ja nicht einmal Schafsherden, nur Ödnis. Der Boden wurde zunehmend matschig und in der Ferne, egal, in welche Richtung er blickte, blinkten Seen oder Tümpel. Es wuchsen überall Gräser mit kleinen wolligen Bäuschen. Er hielt inne. Über ihm zogen dunkle Wolken auf und er dachte, dass es das Beste sei, zurück in das Tal zu reiten. Doch bevor er dies in die Tat umsetzte, stand er eine Weile wie gebannt da. Ein Blitz, gefolgt von einem ohrenbetäubenden Donner zerriss die Wolken, sein Pferd scheute und preschte von sich aus zurück ins Tal. Nur mit Mühe konnte Marlowe das Tier zügeln, und noch bevor er dazu kam, seinen Wollmantel überzuziehen, goss es wie aus Eimern. Er saß ab und führte das Pferd am Zaum. Er hielt Ausschau nach einer Höhle und wurde glücklicherweise alsbald fündig. Sie bot allerdings nicht genügend Raum für das Pferd. Er band es unter einer Gruppe von Tannen in der Nähe an. Er selbst kroch mit seinen wenigen Habseligkeiten in die Höhle und machte mit dürren Zweigen, die er zwischen den Tannen zusammenlas, ein kleines Feuer. Er packte seinen Proviant aus, trank ein paar Schlucke Whisky und starrte in die züngelnden Flammen.

*Drei Hexen sitzen um einen Kessel, der über einem Feuer hängt.*

*Macbeth: Wie geht's, ihr geheimnisvollen, schwarzen Zauberinnen? Was tut ihr da?*

*Die drei Hexen: Ein Werk ohne Namen.*

*Macbeth: Bei eurer dunklen Kunst beschwöre ich euch, mir meine Fragen zu beantworten.*

*Hexe: Wir wollen antworten. Doch willst du die Antwort lieber aus unserem Mund oder von unserm Meister hören.*

*Macbeth: Ruft ihn, ich will ihn sehen.*

*Eine Hexe zur anderen: Nehmt Blut von einer Sau, die ihre neun Ferkel gefressen hat, und das Fett, das vom Galgen eines Mörders getrieft, und gebt es in die Flamme.*

*Alle drei: Komm, wer du auch seist. Zeige dich.*

*Donner und Blitz*

*Eine Erscheinung von einem bewaffneten Haupt steigt aus dem Boden empor und spricht: Sei blutig, kühn und entschlossen, verlache, was ein Mensch gegen dich vermag, denn von niemand, der von einem Weibe geboren wurde, soll Macbeth jemals besiegt werden.*

*Sei mutig wie ein Löwe, stolz und unbekümmert. Wer murrt und sich auflehnt, wer sich gegen dich verschwört, hat keine Chance. Denn Macbeth soll niemals bezwungen werden, bis der große Wald von Birnam auf Dunsinans Hügel gegen ihn angezogen kommt.*

*Macbeth: Das wird nie geschehen. Wer kann den Bäumen von Birnam befehlen, dass sie ihre tiefen Wurzeln entfesseln?*

*Doch noch etwas möchte ich wissen. Wird Banquos Nachkommenschaft jemals in diesem Reich herrschen?*

*Die Hexen: Verlange nicht mehr zu erfahren.*

*Der Kessel versinkt im Boden.*

*Macbeth: Warum verschwindet der Kessel? Und was ist das für ein Tönen?*

*Man hört einen Marsch von Oboen.*

*Die Zauberinnen: Erscheine! Erscheine vor ihm und verwunde sein Herz!*

*Acht Könige tauchen nacheinander auf und gehen langsam an Macbeth vorbei. Banquo ist der letzte und hält einen Spiegel in der Hand.*

*Macbeth: Du gleichst zu sehr dem Geist des Banquo - hinweg! Deine Krone verwundet meine Augäpfel. Der Achte trägt einen Spiegel, worin er mir noch viele andere zeigt. Was seh ich? Die Kronen, die Reichsäpfel verdoppeln sich, die Zepter werden dreifach! Abscheulich! Banquo grinst mich an und deutet mit der Hand auf diesen endlosen Zug seiner Nachkommen.*

*Hexe: Ja, Sir, so ist es.*

*Der Spuk verschwindet. Die Hexen ziehen davon.*

*Macbeth: Verpestet sei die Luft, durch die sie reiten und verdammt alle, die ihnen trauen.*

Marlowe erwachte. Das Feuer war erloschen und er fror erbärmlich in seinen klammen Kleidern. Er kroch aus der Höhle, der Himmel war dunkelblau und die Vögel begannen zu zwitschern. Er gähnte und überlegte, ob er weiterschlafen oder weiterreiten sollte. Er entschied sich dafür zurückzureiten, von wo er gekommen war.

## Politik

Die Vorwürfe gegen Raleigh hatten einen realen Hintergrund, denn Arabella Stuart hatte durch ihre Abstammung von Margaret Tudor einen Anspruch auf die englische Krone. Auch Jakob stammte von ihr ab, doch war er als Schotte eigentlich Ausländer, und diese waren von der englischen Thronfolge ausgeschlossen, weshalb sein Anspruch nicht unangefochten war. Manche Zeitgenossen fanden Arabellas Recht begründeter als Jakobs, weil sie im Gegensatz zu ihm in England geboren war. Einige hielten sie für die rechtmäßige Nachfolgerin Königin Elisabeths.

Jakob holte seine Cousine an den Hof, sie wurde Ehrendame von Königin Anna. Oft trug sie ihre Schleppe und erhielt nach der Königin den Vortritt vor allen anderen Damen. Von offiziellen Auftritten abgesehen lebte sie jedoch eher zurückgezogen.

Jakob vertrat die Auffassung, dass der königlichen Macht keine irdischen Schranken gesetzt sind. Als Schotte hatte er keine Ahnung von englischem Recht und er fühlte sich auch nicht geneigt, sich damit zu beschäftigen.

Als er König von England wurde, war er zugleich König von Schottland geblieben. Da lag es nahe, aus England und Schottland ein Reich machen zu wollen. Doch dabei galt es, Schwierigkeiten zu überwinden. Sollte in dem vereinigten Reich das schottische Recht zugunsten des englischen aufgehoben werden oder umgekehrt? Sollte es nur ein Parlament geben und nach welcher Verfassung sollte es sich zusammensetzen? Dazu kam, dass weder Schotten noch Engländer Begeisterung für die Union zeigten. Rechtsbegriffe und Sitten unterschieden sich zu sehr und beide betrachteten sich gegenseitig als Fremde oder gar Feinde.

Viele Engländer störten sich daran, dass nun viele Hofämter von Schotten besetzt wurden.

Gegen diese Stimmung, die sich im Unterhaus breitmachte, trat Bacon auf. Er sah vor allem die Aussicht, dass aus der britischen Insel ein starkes Königreich werden könnte. Er vertrat auch die Ansicht, dass Britannien berufen war, die Nachfolge Spaniens als "Weltmonarchie des Westens" anzutreten. Doch das Unterhaus blieb taub gegenüber diesen Vorstellungen. Es weigerte sich, den ersten Schritt zur Union gutzuheißen, der darin bestehen sollte, dass denjenigen Engländern und Schotten, die nach der Thronbesteigung König Jakobs geboren waren, das Bürgerrecht in beiden Königreichen zuerkannt werden sollte.

Jakob war weit davon entfernt, die Erbschaft Spaniens anzutreten und die stärkste Macht der Welt zu werden. Aber er wusste es zu würdigen, dass jemand, aus welchen Motiven auch immer, für die Union eingetreten war. Und so berief er Bacon im Juni 1607 auf die freigewordene Stelle des Zweiten Kronanwalts. Was Bacon von Elisabeth vergeblich erhofft hatte, gewährte ihm nun Jakob. Doch der König war ein Absolutist, ein Feind der ständischen Rechte und

Freiheiten, für die sich Bacon stets ausgesprochen hatte. Ob er sich da immer mit ihm würde einigen konnte, war fraglich.

Lady Alices Familie konnte zufrieden sein mit der Partie, die ihre Tochter gemacht hatte. Denn Sir Francis Bacon war nun nicht mehr darauf angewiesen, von ihrer Mitgift zu zehren. Zudem wurde er Sekretär der Sternkammer, die ebenfalls frei geworden war. Beide Positionen wurden sehr gut bezahlt, so dass Bacon ein wohlhabender, ja reicher Mann wurde.

Diese Ereignisse waren vorausgegangen, als Marlowe von seiner Schottlandreise zurückkam. Doch fand er keinen zufriedenen Francis vor. Er gestand ihm, dass er bei diesen Ernennungen keine Freude oder Genugtuung, sondern Melancholie und Ekel empfunden habe.

„Das verstehe ich nicht", sagte Marlowe, "das wolltest du doch immer! Ein eigenständiges Einkommen, Anerkennung, Würdigung deiner Verdienste."

„In Wahrheit ist der Posten des Zweiten Kronanwalts eher eine Abfindung als eine Beförderung. Ich habe keine Befugnisse, ich muss der Krone nur jederzeit zur Beratung in rechtlichen Fragen zur Verfügung stehen. Ich bin abhängig von Cecil, der sich immer mehr als Leiter der gesamten englischen Politik etabliert.

Auch ist mir die Vorgeschichte meiner Ernennung nicht verborgen geblieben. Mehrfach sind Ämter neu besetzt worden, mich hat man jedes Mal übergangen. Coke, der abscheulichste meiner Widersacher, ist zum Lord Oberrichter aufgerückt. Man hat mich abgespeist. Ich habe festgestellt, dass mir keine wichtigen Sachen übertragen werden."

„Vielleicht ergeben sich ja noch neue Aufstiegsmöglichkeiten", versuchte Marlowe zu trösten. Bacon winkte ab und sagte: „Ich schreibe an einer Abhandlung über den Fortschritt der Wissenschaften. Ich bin der Meinung, dass wir alle Grundsätze und Maximen, die uns überliefert wurden, kritisch hinterfragen müssen. Wir sollten aus der Beobachtung vieler Einzelheiten zum Begriff des wahrhaft Allgemeinen kommen. Ich habe Kontakt aufgenommen zu einigen aus der *Schule der Nacht* und will mit ihnen darüber sprechen." Marlowe merkte auf. „Wirklich!"

„Ja, zu dem Mathematiker Harriot, zu Northumberland, dem Wizard-Earl, und Raleigh. Du weißt ja, dass der Earl wegen angeblicher Beteiligung an der Pulververschwörung ebenfalls im Tower sitzt und dort mit Raleigh intensiven Kontakt pflegt.

Man hat Raleigh nach und nach kleine Vergünstigungen gewährt. Die Tür zu seinem Turmzimmer bleibt einige Stunden am Tag unverschlossen. Er kann auf die Plattform des Turms steigen und von da auf der inneren Towermauer entlanggehen. Er hatte einen Schlaganfall, seitdem muss er sich auf einen Stock stützen. Er hat mir erzählt, dass er vom Towerkommandanten gelegentlich zum Essen eingeladen wird und in seinem Garten spazieren gehen kann. Er pflanzt dort sogar Heilkräuter und Gewächse aus Virginia und Guayana, die ihm sein Diener aus seinem Garten in Sherborne geholt hat. Seine Frau darf ihn besuchen. Doch sein Gesuch um Freilassung wurde vom König strikt abgelehnt."

„Heißt das, man kann Raleigh im Tower besuchen?"

„Ja. Wenn du willst, kann ich versuchen, auch eine Erlaubnis für dich zu bekommen."

Der Tower von London überragte als finstere Trutzburg die östliche Stadtmauer an der Stelle, wo sie auf die Themse stieß. Es war ein furchtbarer Ort. Der Gestank des Festungsgrabens übertraf den der Themse um ein Vielfaches, da hier besonders viele Abwässer eingeleitet wurden. Der zentrale Block, der so genannte White Tower, der noch aus der Zeit Wilhelms des Eroberers stammte, war ein Symbol der Macht.

Trotz der schneidenden Kälte ging Raleigh auf der Außenmauer spazieren und sah auf die Themse hinunter. Der Fluss war zugefroren und statt mit Booten versuchte man mit Schlitten oder Schlittschuhen vorwärtszukommen. Die großen Handelsschiffe saßen fest. Der Gefangene sah, dass die Menschen aus der Not eine Tugend machten und einen Jahrmarkt abhielten. Er sah eine Zeltstadt auf dem Fluss und Menschen, die sich mit Eis-Kegeln vergnügten. Da sich herumgesprochen hatte, dass er häufig auf der Außenmauer spazieren ging, gab es auch Leute, die zu ihm hinaufwinkten.

Raleigh blieb stehen und sah hinüber zu den Raben, die über dem White Tower kreisten. Schneeflocken fielen auf sein Gesicht und schmolzen in den Falten seiner Haut. Schwarze Wolken verdunkelten den Winternachmittag, die Wege und Höfe im Tower lagen wie ausgestorben. Die Raben krächzten laut. Als Raleigh in den Innenhof hinunterging, kam ihm Henry Percy entgegen. Raleigh klagte: „Nun bin ich schon fast vier Jahre hier gefangen."

„Ein guter Grund, etwas zu trinken", antwortete der Earl und zog ihn mit sich. Er ging mit kleinen Schritten, vorsichtig, um nicht auszurutschen und hielt sich an Raleighs Arm fest.

Raleigh sagte: „Habe ich Ihnen schon gesagt, dass ich mich damals, als man Sie hierher brachte, gefreut habe? Nicht dass ich es Ihnen wünsche, im Tower zu sein, aber ich war froh, jemanden zu treffen, mit dem ich mich unterhalten kann."

„Ohne Sie könnte ich es hier auch nicht ausgehalten", erwiderte Northumberland.

„Ich glaube, Sie halten es überall aus, wenn man Ihnen nur Bücher gibt und die Möglichkeit, an Kolben und Destillierapparaten zu hantieren."

Der Earl war zu lebenslänglicher Haft verurteilt worden wegen angeblicher Beteiligung an der Pulververschwörung. Immerhin hatte er gemütliche Wohnräume, dazu einen Raum, in dem er seine alchimistischen Versuche fortführen konnte, und eine Reihe von Dienstboten. Für Insassen, die Geld hatten, glich das Leben im Tower dem in einer mittelmäßigen Herberge mit einem übellaunigen Wirt. Sir Henry führte Raleigh zu einem Destilliergerät mit einem Gewirr von Kolben und Röhren und erklärte ihm ausführlich, was er dort ausprobierte. Dann gingen sie in seine Wohnung, wo es Whisky, Bier und heiße Pasteten gab.

„Sind Sie mit Ihrer Arbeit weitergekommen?", erkundigte sich der Earl.

„Ich glaube, es ist ein vermessenes Unterfangen, eine Geschichte der Welt seit Beginn der Schöpfung schreiben zu wollen, noch dazu im Gefängnis. Es ist immer wieder schwierig, die notwendigen Bücher zu beschaffen. Aber ich brauche diese Beschäftigung, um die Haft ertragen zu können. Ich arbeite jetzt am fünften Buch."

Percy sagte versonnen: „Vor meiner Inhaftierung habe ich übrigens John Dee getroffen. Es schien ihm nicht besonders gut zu gehen. Er kam mir sehr hohlwangig vor."

Der Earl zündete sich eine Pfeife an. Einer seiner Diener kam und meldete: „Mylord, da sind zwei Herren, die Sie besuchen wollen."

Sir Henry drehte sich überrascht um und rief: „Ach Bacon, Sie sind's, nur hereinspaziert. Und Sie haben noch jemanden mitgebracht. Sehr erfreut!"

Die Herren begrüßten einander und Francis stellte Marlowe unter dem Namen Matthew vor. Raleigh musterte ihn ausgiebig. Bacon unterhielt sich mit dem Earl über seine alchimistischen Experimente, während Raleighs Blick immer wieder verstohlen zu Marlowe wanderte.

„Bewegung ist stets Bewegung von Materie", erklärte Bacon, worauf der Earl antwortete: „Dann muss es ein Wärmeatom geben, das die Materie dazu bringt, sich auszudehnen."

„Mag sein. Jedenfalls ist die Welt nicht auf ihre Substanzen hin zu betrachten, sondern auf ihre Dynamik, womit zugleich gesagt ist, dass alles, was wir als Substanzen aufzufassen gewohnt waren, nur Durchgangsstadien gewisser dynamischer Beziehungen sind.

Deshalb ist es falsch, wenn ihr Alchimisten immer nach der Ursubstanz sucht."

Bevor der Earl dazu kam, zu protestieren, fuhr Raleigh auf und rief laut deklamierend dazwischen:

„Gen Indien lass ich fliegen sie nach Gold
und Perlen fischen in dem Ozean,
durchsuchen jeden Fleck der Neuen Welt
nach süßer Frucht und fürstlichem Genuss ..."

Francis und Sir Henry sahen Raleigh irritiert an, während Marlowe rot wurde. Er als einziger hatte verstanden. Er senkte den Kopf.

„Marlowe?", fragte Sir Walter schließlich unsicher und fügte dann kopfschüttelnd hinzu: „Das kann nicht sein. Er ist seit 10 Jahren tot."

Marlowe räusperte sich verlegen und schaute zu Francis hinüber, der nun auch begriffen hatte. Der Earl kramte in einer Schublade und brachte Augengläser zum Vorschein. Er setzte sie umständlich auf seine Nase und musterte den Angesprochenen.

„Ja", meinte der dann bedächtig, „könnte sein. Eben zehn Jahre älter. Nicht mehr diese Pfirsichhaut. Aber die gleichen braunen Augen: klug, keck, herausfordernd."

Marlowe lächelte, biss sich auf die Unterlippe und nickte. Raleigh sprang auf und machte einen Schritt auf ihn zu. Dann lagen sie sich in den Armen.

„Ist Bewegung wirklich immer Bewegung von Materie, Sir Francis?", spottete der Earl, um seine Rührung zu verbergen.

Als sie sich einigermaßen gefasst hatten, wollte Raleigh wissen, was geschehen war. Doch so dringend seine Fragen auch waren, er musste sie zurückstellen. Der Towerkommandant kam und forderte Raleigh auf, in seine Zelle zu gehen. Er wurde dort wieder eingeschlossen und die Besucher mussten sich verabschieden.

Bacon beantragte sogleich eine neue Besuchserlaubnis, die aber erst eine Woche darauf genehmigt wurde. Raleigh war so aufgewühlt, dass er unfähig war, an seiner Weltgeschichte weiterzuschreiben.

Sir Henry bat Marlowe in einem Brief, sich doch mal nach John Dee zu erkundigen und ihm gegebenenfalls unter die Arme zu greifen. Daraufhin fuhr Marlowe nach Mortlake und nahm zunächst Kontakt zu Dees Freund Price auf. Price berichtete, dass Dee bis zum Äußersten verarmt und verwahrlost sei. „Als ich ihn das letzte Mal aufsuchte, fielen ihm wirre schneeweiße Haarsträhnen in die Stirn, sein silberfarbener Bart wuchs ungepflegt aus Nase und Ohren hervor. Sein Haus ist zerfallen, das steinerne wie das aus Fleisch und Knochen. Er lebt allein, in Lumpen und räudiges Fell verpackt unter einem Notdach, das über der Ruine des einst stattlichen Edelsitzes errichtet wurde. Das letzte Stückchen Land um die Ruine herum wurde versteigert. Ich kümmere mich ein wenig um ihn, damit er das Notdürftigste hat. Er hatte sich an den König gewandt, doch der verweigerte ihm jegliche Hilfe."

Marlowe besuchte Dee einige Male und sorgte zusammen mit Price für ein wenig Behaglichkeit. Sie brachten ihm einen bequemen Lehnstuhl, neue Kleider und warme Decken.

Marlowe hatte inzwischen *Macbeth* fertiggestellt und über Poley an Shakespeare weitergereicht. Dieser gab das Stück an das Globe-Theater, wo es bald aufgeführt werden sollte. Vermutlich würde es König Jakob gefallen, da hier die Herrschaft der Stuart-Dynastie angekündigt wird und Jakobs Lieblingsthema, die Hexerei, eine große Rolle spielt.

Marlowe hatte bereits eine neue Tragödie im Visier, sie sollte den sagenhaften König Lear zum Thema haben.

Er zerbrach sich den Kopf, was er Raleigh und dem Wizard-Earl beim nächsten Besuch im Tower sagen durfte. Sie wussten ja immerhin schon, dass er noch lebte.

Als sie die Wohnung des Earls im Tower betraten, wurden sie bereits sehnlichst erwartet. Vor allem Raleigh war begierig zu hören, was geschehen war. Marlowe verpflichtete die beiden zunächst zu tiefstem Stillschweigen und berichtete dann von seiner Anklage vor der Sternkammer, von seiner Rettung und seinen Reisen auf dem Kontinent.

„Und die Stücke, die unter dem Namen Shakespeare über die Bühne gingen, stammen alle von Ihnen?", rief Raleigh ungläubig aus. Marlowe nickte.

„Romeo und Julia, Richard II., Der Kaufmann von Venedig, Hamlet, Othello, Maß für Maß - all diese Werke. Ich fass es nicht!"

Raleigh schwieg und schien über etwas nachzudenken. Dann meinte er: „Mich hat man ja auch häufig genug des Atheismus bezichtigt und den Earl der Hexerei. Aber warum waren ausgerechnet Sie im Visier?"

Marlowe antwortete: „Offen gesprochen hatten wir damals den Verdacht, dass ich nur der Köder sein sollte, um Sie zu fangen. Es gab ja nicht wenige am Hofe, die gegen Sie intrigiert haben und nicht wollten, dass Sie da jemals wieder Fuß fassen."

„Ich bin immer davon ausgegangen, dass es Cecil war, der mich ausschalten wollte. Es gab sicher auch andere, weniger einflussreiche Leute. Und natürlich war mir Essex nicht wohlgesonnen. Wenn Cecil Ihnen zur Flucht verholfen hat, muss er ein doppeltes Spiel gespielt haben."

„Oder er dachte, er kriegt Sie auch auf eine andere Art klein. Zu Zeiten von Königin Elisabeth ist es ihm nicht gelungen, aber unter dem jetzigen König, wie man sieht."

„Ein weiterer Gegenspieler war Thomas Howard, der zum Flottenadmiral ernannt wurde, obwohl ich der Königin davon abriet. Ich nahm ja zusammen mit ihm und Essex an der Eroberung von Cádiz teil. Daher habe ich auch meine Verwundung am Bein. Also Howard hat sich bei dieser Operation nicht unbedingt taktisch klug verhalten, ebenso wenig wie Essex. Aber sie ließen sich nach unserer Heimkehr als Helden feiern. Mir hat es immerhin die Versöhnung mit der Königin eingebracht. Nach fünf Jahren!"

Der Kommandant erschien an der Tür, er hatte ihnen dieses Mal wirklich viel Zeit gelassen, doch nun mussten sie sich verabschieden. Es war nicht klar, ob es ein weiteres Treffen geben konnte.

Im Sommer 1608 wurden die Theater geschlossen, da sich erneut die Pest ausbreitete. Zudem war die Ernte wegen der ungünstigen Witterungsbedingungen sehr schlecht, es brach eine Hungersnot aus.

Marlowe traf sich in diesen Tagen mit Jonson, der ihm erzählte, dass Shakespeare trotz dieser misslichen Umstände zusammen mit sechs anderen das Blackfriars Theater gepachtet habe. Das war ein geschlossener Theaterbau, innerhalb der Mauern der City in einem noblen und respektablen Viertel. Hier befanden sich Maler-Ateliere und Werkstätten. Die Schulen der Rechtsgelehrten, deren Mitglieder eifrige Theatergänger waren, waren nicht weit entfernt. Marlowe freute sich und sagte: „Jetzt haben die King´s Men zwei Häuser zur Verfügung, das Globe als offenes Theater für den Sommer und im Winter kann im geschlossenen Theater in Blackfriars gespielt werden."

Jonson meinte: „Ich hoffe nur, dass die Pestepidemie bald vorbei geht. Ich rechne fest damit, einige Aufträge zu bekommen. Ich schreibe gerade an einem Stück über Scharlatanerie und Quacksalberei mit dem Titel 'Der Alchemist'."

„Aha. Hast du da an jemand bestimmten gedacht?"

„Es laufen genügend Betrüger und selbsternannte Propheten herum, die den Leuten das Geld aus der Tasche ziehen. Ich kann die Faszination, die von ihnen auszugehen scheint, schwer nachvollziehen."

„Kennst du John Dee?"

„Gehört habe ich schon mal von ihm. War er nicht seinerzeit Astrologe von Königin Elisabeth?"

„Ich habe ihn damals kennengelernt. Er war ein tiefsinniger Gelehrter und hatte eine umfangreiche Bibliothek. Wie so mancher andere hat er auch Alchemie betrieben. Er lebt nun im Elend, weil König Jakob ihn für einen Hexer hält."

„Hat er nicht mit diesem Medium gearbeitet, um mit Engeln in Kontakt zu treten?"

„Ja, Ned Kelley hieß der."

„Entschuldige, aber das ist doch alles Humbug, wenn nicht Betrug. Die Leichtgläubigkeit der Leute spielt ihnen in die Hände."

Marlowe seufzte und zitierte sich selbst: „Es gibt mehr Dinge zwischen Himmel und Erde, als sich unsere Schulweisheit träumen lässt."


Mochte Cecil auch noch so eifersüchtig darüber wachen, dass der Zweite Kronanwalt nicht mit allzu wichtigen Aufgaben betraut wurde, er konnte nicht verhindern, dass Bacon im Parlament von Jahr zu Jahr unentbehrlicher wurde. Seine Autorität als Kenner des Verfassungsrechts stieg um so höher, als er seine Gutachten und Vorschläge nicht in trockenem akademischem Ton vortrug, sondern virtuos die Register wirksamer Rhetorik einsetzte. Keiner wusste so klar und so gewichtig zu sprechen wie er, keiner duldete so wenig Leeres und Überflüssiges in dem, was er sprach. Seine Hörer vermieden zu husten oder anderswohin zu sehen, um nicht etwas Wichtiges zu verpassen.

Zwischen Jakob und dem Parlament zeigten sich Gegensätze, die die Gefahr eines offenen Kampfes in sich bargen. Es ging vor allem um die Frage der Kroneinkünfte und die immensen Schulden der Krone. Das Parlament sträubte sich nicht grundsätzlich gegen eine Neuregelung und Erhöhung dieser Einkünfte, doch sollte der König keinesfalls in diesen finanziellen Belangen unabhängig sein vom Parlament. Bacon strebte danach, jeden offenen Konflikt darüber zu vermeiden. Es war aber nicht möglich, diese Gegensätze unausgesprochen zu lassen. Letztlich ging es um die Frage nach den Grenzen der königlichen Souveränität. In dem Augenblick, wo die beiden politischen Machtfaktoren Krone und Parlament uneins wurden, schoben sich als ein dritter Machtfaktor die Hüter des Rechts, die Richter, in den Vordergrund. Diese dritte Partei bedeutete praktisch eine Verstärkung des Parlaments, denn sie wollte sich ja ebenfalls von der Krone unabhängig erhalten. Der Lord Oberrichter, Sir Edward Coke, wollte sich eine solche Gelegenheit nicht entgehen lassen, die es ihm erlaubte, Macht über die Krone auszuüben. Er hatte sich in den Prozessen gegen Essex und Raleigh in den Dienst des Königs gestellt, doch nun änderte er diese Haltung. Damit trat auch der Kampf zwischen ihm und Bacon in ein neues Stadium, denn Bacon geriet in die Rolle des Verteidigers der Krone, obwohl er die Machtbefugnisse des Parlaments erhalten wollte.

Coke trat dem König entgegen, wann immer er konnte. Es war nicht Jakobs Art, sich gegen solche Widerstände sogleich durchzusetzen. Er gehörte zu den Menschen, die ihren Groll lange aufspeichern, um ihn dann in einem Augenblick des Unmuts mit verstärkter Wucht zu entladen.

Schließlich kam dieser Augenblick. Er schrieb an Robert Cecil: „Sieben Jahre lang habe ich mit dieser Versammlung Geduld gehabt und von ihr dafür mehr an Schimpf und Schande erfahren, als je ein Fürst ertragen musste." Er löste das Parlament auf. Dieses willkürliche und unbedachte Vorgehen konnte Bacon natürlich nicht offen kritisieren, er vertrat stattdessen die Auffassung, Cecil sei für den Fehlschlag verantwortlich, obwohl dieser einen recht guten Kompromiss vorgeschlagen hatte. Cecil verlor zusehends an Einfluss, auch wenn er im Amt blieb. Jakob war jedoch unfähig, die Zügel der Regierung selbst in die Hand zu nehmen. Er entzog sich der Führung erfahrener Politiker und gab sich der Neigung zu seinen Günstlingen hin. Bisher hatte er sich nur mit ihnen vergnügt, nun aber duldete er, dass sie Einfluss auf die Politik nahmen. Doch sie verstanden darunter lediglich die Ausnutzung des Staates zu ihrem persönlichen Vorteil.

Zu Martini ließ Jakob seine Schauspieler im renovierten Banketthaus von Whitehall *König Lear* spielen. Die Hofgesellschaft war überrascht, dass Jakob nach seiner fiebrigen Erkältung nicht lieber eine Komödie hätte sehen wollen. Aber ihn interessierte das Leben des unglücklichen Königs, der sein Reich an seine beiden undankbaren Töchter verschenkte und die Tochter, die ihn liebte, verstieß.

Königin Anna gähnte, doch Jakob lauschte aufmerksam, da ihm vieles in der Tragödie bedenkenswert erschien. Welch kluge Sprüche

Shakespeare dem Narren in den Mund gelegt hatte. Er nahm sich jedoch vor dem Dichter zu sagen, dass sein Stück im Ganzen töricht war, weil nur ein Dummkopf die Macht zu früh aus der Hand legt. Er selbst besaß ja wie Lear drei Kinder. Taugte Henry nichts, würde er auf den schwachen, stotternden, aber folgsamen Charles bauen und nicht davor zurückschrecken, den widerspenstigen Henry zugunsten des Jüngeren zu entmündigen.

Nach dem Mahl in der großen Halle, bemerkte Henry Howard, wie weise ein König sei, der zur rechten Zeit Gefahren vorbeuge, die Krone und Reich von seinem eigenen Blut drohten. Mehr als einmal schaute der König zu den Schauspielern hinüber, die am Martinstag das außer-ordentliche Privileg genossen, im gleichen Raum, wenn auch an einer gesonderten Tafel, speisen zu dürfen. Noch während die Diener auftrugen und leere Schüsseln wegräumten, ließ der König Shakespeare zu sich rufen. Der Stückeschreiber kniete mit gesenktem Kopf vor ihm. Jakob wandte sich ihm halb zu, stopfte einen großen Löffel Süßspeise in sich hinein und grollte mit vollem Mund: „Sie nehmen sich viel heraus, Master Shakespeare."

Der vermeintliche Dichter sah zu ihm auf. Tiefe Falten in der hohen Stirn und das weit zurückgewichene, mit grauen Fäden durchzogene helle Haar verrieten, dass er auf die Fünfzig zuging. Feingezeichnete Brauen schwangen sich über den dunklen Augen, die ihn furchtsam anblickten. Die schmalen, von einem Bärtchen umrahmten Lippen jedoch lächelten verbindlich. „Womit habe ich den Unwillen Eurer Majestät erregt?", fragte er betroffen.

„Wiederholen Sie doch, was Lear im dritten Aufzug über die Armut schwatzt."

„Meinen Majestät die Szene in der Heide?"

„Genau die."

Shakespeare zitierte: „Arme nackte Unglückselige, wo ihr auch seid, der Wut dieses unbarmherzigen Sturms ausgesetzt! Wie sollen eure unbedeckten Häupter und ausgehungerten Körper, eure zerlumpte, durchlöcherte Blöße euch gegen ein Wetter wie dieses schützen? O, ich habe zu wenig daran gedacht! Nimm diese Arznei ein, Pracht! Setze dich in die Umstände zu fühlen, was diese Elenden fühlen, damit du ihnen deinen Überfluss zukommen lässt, und die Gerechtigkeit des Himmels gerettet werde."

„Glauben Sie, ich merke nicht, wie das gemeint ist, Master Shakespeare?", sagte Jakob laut und drohend. „Der König soll mit den Armen fühlen und den Tagedieben und Hungerleidern vielleicht noch eine Rente aussetzen. Ich sage Ihnen, Armut verschuldet jeder selbst, oder sie ist eine Strafe Gottes. Wer sich über den Zustand der Welt beklagt, der stellt die gottgewollte Ordnung in Frage. Das werde ich nicht zulassen. Wir haben euch Komödianten nicht zu königlichen Kammerherren erhoben und ehrbar gemacht, damit ihr mir Ratschläge erteilt oder an mir herumkrittelt. Mir entgeht keine Anspielung, so sorgfältig sie auch im Historienspiel verpackt ist."

Shakespeare stotterte: „Eure Majestät, ich wollte ..."

Der König verbot dem Dichter grob das Wort. Befriedigt bemerkte er Shakespeares verschüchterte Miene.

Es war ratsam, diesen Künstlern hin und wieder ihre Grenzen zu zeigen, sonst wurden sie übermütig und dachten, man ließe ihnen alles durchgehen. Andererseits wäre es unklug, ihnen jede Freiheit zu nehmen. Der kleine Francis Bacon, dessen Rat er von Jahr zu Jahr mehr schätzte, hatte jüngst geäußert, ein sicheres Mittel gegen innere Schwierigkeiten im Staat bestehe darin, Unwillen und Unzufriedenheit ein gewisses Maß an Luft zu lassen, soweit das ohne Duldung von allzu großer Unverschämtheit und Herausforderung geschehen könne.

Und die Dichter muss man wie Kutschpferde behandeln, dachte der König, die Zügel fest anziehen, wenn's nottut, sie aber auch laufen lassen und ihnen das Gefühl geben, nicht im Geschirr zu stecken, damit sie das Temperament nicht verlieren. Etwas wohlwollender fügte er hinzu: „Dein Stück über den törichten Lear gefällt mir nicht. Schreib doch eines über einen klugen König."

„Gewiss, Eure Majestät", beteuerte Shakespeare.

„Ich würde es ja selbst versuchen, aber du weißt, dass ich wenig Zeit habe. Vielleicht helfe ich dir ein bisschen", versprach der König und lächelte selbstgefällig. „Aber ich will dir nicht dein Brot wegnehmen."

Als Marlowe davon hörte, dachte er: Manchmal hat es auch seine Vorteile, wenn die eigenen Werke unter einem anderen Namen veröffentlicht werden.

**John Dee und Prospero**

Anfang des Jahres 1609 erhielt Marlowe von Price, John Dees letztem Freund, die Mitteilung, dass Dee gestorben sei. Er legte ihm die Abschrift seiner letzten Tagebuchblätter bei.

*Was bedeuten die Tierkreiszeichen am Himmel? Ein drehendes Rad. Jahre gleiten vorüber. Geschwärzte Mauern umgeben mich. Über ehemalige Türschwellen stolpert mein Fuß. In welchen Raum führen sie? Ich gehe nicht, ich schleiche nur, schlurfe so müde, so müde. Ich klettere eine halbverbrannte Holzstiege empor. Splitter und rostige Nägel reißen mir am zerschlissenen alten Rock. Ich betrete meine Alchemie-Küche, in der Ecke ein Herd. Abgedeckt ist der Raum gegen den freien Himmel mit einer schrägen Bretterlage, durch deren Ritzen der kalte Herbstwind hereinwinselt. Das ist von Schloss Mortlake übriggeblieben, wo einst die Königin über die Schwelle trat. Die Küche ist der besterhaltene Bereich in dem Gemäuer. Ich habe ihn mit eigener Hand notdürftig hergerichtet, damit er mir mit Eulen und Fledermäusen zur Wohnung dient.*

*Mich friert, obschon mein alter Freund Price mich in mitgebrachte Decken hüllt. Tief innen friert mich vor Alter. Immer wühlt ein Schmerz tief drinnen in meinem morschen Leib: ein nagendes Etwas, das sich abmüht, die Kanäle des Lebens zu verschütten.*

*Und Königin Elisabeth ist lange tot.*

*An meinem Platz am Backsteinherd sitze ich unter dem Bretterdach, von dem polternd von Zeit zu Zeit der Schnee abrutscht, und wühle in*

*Vergangenheit. Price erscheint auf der Treppe, der alte Price, mein Arzt und letzter Freund. Ich spreche mit ihm von Königin Elisabeth.*

*Ich bin allein. Price ist nicht mehr bei mir. Ich kauere am Herd und stochere mit zittrigen Händen in der erloschenen Glut. Schräge Sonnenstrahlen flimmern durch Lattenritze im Dach über meinem Kopf.*

*Mein Medium Edward Kelley hat ein schreckliches Ende gefunden in Prag. Der Kaiser ließ ihn in den Kerker werfen, er warf ihm vor, ein Scharlatan zu sein. Auch hat er für den englischen Geheimdienst gearbeitet. Für Burghley war er eine Quelle der Information über Komplotte englischer Katholiken in Prag. Kelley war in die Intrige um Lord Strange verwickelt.-*

*Bilder kommen mir in den Sinn wie farbiger Nebel. Wälder gerinnen daraus. Die Wälder Böhmens. Über Wipfeln ein Turmdach mit der schwarzen Wetterfahne, dem Habsburger Doppeladler. Hoch im Wehrturm, der auf glattem Braunerzfelsen aufgemauert ist, ein aufgebrochenes Kerkerfenster. Und an der schwindeltief abstürzenden Kalkwand klettert ein Mensch zu Tal wie eine kleine schwarze Spinne. Unsäglich dünn ist der Faden, an dem sie hängt. Mühsam wickelt sich das schwache Seil über das Fensterkreuz ab. Bald baumelt das Wesen frei in der Luft, denn die Mauer ist mit sanfter Schweifung einwärts gebogen. Sorgfältig hat der Baumeister dieses ewigen Kerkers an jede Möglichkeit des Entfliehens gedacht. Da ist kein Entkommen. Arme Menschenspinne. Er hängt nun in freier Luft und dreht sich langsam. Dann ein kaum sichtbarer Ruck, das Seil reißt und er stürzt in die grüne Tiefe.*

*Ich sitze Tag für Tag am kalten Herd und warte. Es ist ja nichts mehr zu versäumen. An allen Zusagen der Sterblichen wie der Unsterblichen habe ich Schiffbruch erlitten bis zuletzt. Alles Sterbliche ist zweizüngig und der Zweifelnde muss daran verzweifeln. Ich habe den Weg verloren. Der weise Rabbi Löw sagte einst zu mir: „Der Weg findet dich, nicht du findest den Weg."*

*Tief bin ich gesunken.*

*Mir ist, ich schlafe. Und schlafe doch nicht. Ich gehe durch die alten Gassen der Stadt Prag, gehe über den baumbestandenen Wall, der zum Pulverturm führt. Das Laub der Bäume ist bunt gefärbt. Es ist kühl. Ein später Oktobertag. Nun biege ich durchs Tor in die Zeltnergasse ein. Mein Ziel ist das jüdische Rathaus. Ich will zu Rabbi Löw. Ich habe durch Vermittlung meines liebenswürdigen Gastwirtes Doktor Hajek seine Bekanntschaft gemacht. Wir haben ein paar Worte gewechselt über die Geheimnisse.*

*Da bin ich auch schon in des Rabbis niedriger, kahler Stube und spreche mit ihm. Nur ein Strohsessel und ein rohgehobelter Tisch stehen im Raum. Der Rabbi steht in einer Nische, sein Blick ist unverwandt auf die mit Kreide an die Wand ihm gegenüber hingezeichnet geometrische Figur des kabbalistischen Baumes gerichtet. Er blickt kaum auf, als ich eintrete. Sein Gesicht ist von Runzeln übersät, sein Kopf erinnert an den eines Raubvogels. Tiefliegende kleine, lustig funkelnde Augen blitzen unter schweren Brauen hervor. Der große, schmale Leib ist in einen rein und gut gehaltenen schwarzseidenen Kaftan gehüllt. Die Schultern sind hochgezogen.*

*Wir sprechen von den Mühsalen der unwissenden Menschen um die Geheimnisse Gottes und der irdischen Bestimmung.*

*„Man muss dem Himmel Gewalt antun", sage ich und verweise den Rabbi auf den Kampf Jakobs mit dem Engel.*

*Der Rabbi erwidert: „Gott wird bezwungen durch Gebet."*

*„Ich bete mit dem Herzen und aus allen Kräften meiner Seele."*

*„Und worum?"*

*„Um den Stein!"*

*Der Rabbi wiegt das Haupt: "Gebet will gelernt sein."*

*„Was wollt Ihr damit sagen?"*

*„Euer Gebet muss in Gottes Ohr treffen."*

*„Warum sollte es nicht?"*

*„Ihr zielt falsch und trefft selten."*

*„Ein Gebet ist doch keine Kugel!"*

*„Ein Gebet ist ein Pfeil in Gottes Ohr. Wenn der Pfeil trifft, ist das Gebet erhört. Jedes Gebet wird erhört, das Gebet ist unwiderstehlich - wenn es trifft."*

*„Und wenn es nicht trifft?"*

*„Dann fällt es wie ein verlorener Pfeil wieder herunter. Er wird manchmal auch abgefangen vom Teufel und seinen Dienern. Die erhören dann das Gebet auf ihre Weise."*

*Der Blick des Rabbi geht in die Ferne: „Man soll nicht um den Stein beten, wenn man nicht weiß, was er bedeutet."*

*„Der Stein bedeutet die Wahrheit!", rufe ich aus.*

*Als der Rabbi schweigt, sage ich: „Ich weiß, der Stein ist innerlich zu finden, aber er wird dann auch von außen bereitet."*

*„Gib nur acht, wenn du um den Stein betest. Gib acht auf den Pfeil, das Ziel und den Schuss! Damit du nicht den falschen Stein bekommst. Das Gebet kann etwas Furchtbares werden."*

*„Ist es denn so schwer, richtig zu beten?"*

*„Ungeheuer schwer ist es, Gott ins Ohr zu treffen."*

*„Mein Gebet geschieht nicht ohne Weisung und Lehre. Ich selbst mag den Pfeil schief auflegen, aber ein Engel lenkt mein Geschoss.*

*Nicht zu beschreibende Unruhe treibt mich die Treppe zum Schloss hinauf. Man kennt mich oben im deutschen Viertel als den Alchimisten aus England, der Zutritt zur Burg hat. Meine Schritte werden zwar immer belauert, aber ich kann hier oben umherlaufen, wie ich will. Und ich brauche diese stillen Gassen und Baumwege. Ich verirre mich und gelange zu einem spitzbogigen Toreingang, daneben ist ein Brunnen, auf dem steht „Gott ist Geist."*

*Ja, denke ich, Gott ist Geist nicht Gold. Aber der Kaiser will Gold.*

*Neben Kaiser Rudolf ragt ein Mann mit schwarzer Soutane und rotem Käppchen auf. Kardinal Malaspina. Er spricht mit muschelscharf sich schließenden Lippen. Langsam werden mir seine Worte verständlich: „Und also kann Eurer Majestät der unvernünftige Vorwurf der Menge nicht erspart bleiben, dass Sie die Schwarzkünstler begünstigen und denen, die im Verdacht der Teufelsbrüderschaft stehen, freien Aufenthalt, ja noch größere Gunst in Euren katholischen Ländern zugestehn."*

*Der Kaiser wirft den Geierkopf vor. „Gewäsch! Der Engländer ist ein Goldmacher. Das Goldmachen ist eine Sache der natürlichen Kunst. Ihr Priester haltet den Menschengeist nicht auf, der durch die Geheimnisse der Natur zu den heiligen Geheimnissen Gottes vordringt."*

*Der Kardinal entgegnet: „Wie auch über das Goldmachen zu urteilen sei, dieser englische Edelmann samt seinem abenteuerlichen Genossen hat öffentlich bekannt, dass es ihm eben nicht um Gold und Silber zu tun ist, sondern um die Macht zu zaubern. Ich klage deshalb diesen John Dee und seinen Gesellen der teuflischen Künste, der schwarzen und mit dem zeitlichen und ewigen Tode bedrohten gotteslästerlichen Magie an. Das weltliche Schwert kann sich seines Amtes nicht entziehen."*

John Dee

*Der Kaiser murrt: „Soll ich alle Narren in die vatikanischen Kerker und auf die Holzstöße eures Pfaffendünkels liefern? Ich mache mich nicht zum Büttel des Papstes, sonst könnte es noch so weit kommen, dass ich das Todesurteil über Rudolf von Habsburg mit eigener Hand unterschreiben müsste - wegen schwarzer Magie!"*

*Der Kardinal antwortet mit verkniffenem Mund: „Ich bin nur ein Diener des Herrn und trage das Lob Gottes auf den Lippen."*

*„Und den Verrat im Herzen!", stößt der Kaiser nach.*

*Der Kardinal verbeugt sich. „Wir verraten, wo wir können, die Finsternis an das Licht, den Betrüger an die Wachsamkeit des gerechten Richters. John Dee und sein Anhang sind der Ketzerei in ihren ärgsten Auswüchsen entsprungen. Er trägt das Stigma der Gotteslästerung. Es würde dem Heiligen Vater in Rom leidtun, wenn er dem Arm der weltlichen Macht vorgreifen und den Prozess gegen diesen John Dee zum Schaden der kaiserlichen Autorität vor alle Welt bringen müsste."*

*Der Kaiser wirft einen flammenden Blick voller Hass zum Kardinal hinüber. Er wagt keinen Schnabelhieb mehr. Der Adler hat die Schlange aus den Fängen verloren.*

*Wieder versuche ich, im Gassengewirr des Hradschin zu mir selbst zu kommen. In einem finsteren Durchlass fühle ich mich plötzlich von fremden Männern umringt. Sie schieben mich in einen Seitengang, durch eine eisenbeschlagene Tür in einen langen Verbindungsgang, dessen vermoderte Fußbodenplanken unter unseren Schritten stauben. Den Gang erhellen seltene, hoch oben angebrachte Lichtschlitze. Angst will mich überkriechen, ich bin in eine Falle gegangen. Die Gestalten, die sich um mich drängen, sind maskiert und bewaffnet. Einer hebt nun die Maske und sagt: „Auf Befehl des Kaisers."*

*Ich weiche zurück und frage erschrocken: „Bin ich verhaftet?"*

*Der Offizier schüttelt den Kopf: „Nicht von Verhaftung ist die Rede, Sir! Der Kaiser hat Gründe, Euren erwünschten Besuch geheim zu halten. Folgt uns!"*

*Der Gang senkt sich zusehends in die Tiefe. Das letzte Tageslicht schwindet. Die Holzbohlen unter den Füßen hören auf. Glitschige, modrige Erde beginnt. Nasse, notdürftig geglättete Wände neben mir. Ich mache mich auf eine plötzliche, grausame Todesart gefasst. Da flammt plötzlich eine Fackel auf, mehrere Fackeln werden entzündet. Wir befinden uns in einer Art Bergwerksstollen. Mächtige Balken stützen das aus dem natürlichen Stein gebrochene Gewölbe der Decke. Über unseren Köpfen donnert von irgendwoher ein dumpfes Rollen. Wir gehen sehr lange durch den Gang, bis er merklich ansteigt. Schließlich gelangen wir über viele Stufen bis zu einer eisernen Falltür, die zwei der Männer mit Mühe aufdrücken. Dann steigen wir hindurch und befinden uns in einem einfachen kahlen Raum. Der Offizier weist mich an, durch die Tür in den angrenzenden Raum zu treten. Vor mir sitzt in einem mächtigen Ohrenstuhl Kaiser Rudolf. Durch das Fenster neben ihm dringt der warme Schein der Nachmittagssonne. Der Kaiser nickt mir stumm zu und wehrt mit der fahlen Hand meiner Ehrfurchtsbezeugung. Er zeigt auf einen bequemen Sessel ihm gegenüber. Der Kaiser richtet sich in seinem Sessel langsam auf. „Ich habe Euch zu mir kommen lassen, Magister Dee, weil ich erfahre, dass Eure Goldmacherei Fortschritte gemacht hat, falls Ihr nicht doch zwei ganz abgefeimte Betrüger seid."*

*Ich schweige.*

*Der Kaiser ruckt mit dem Kopf. „Ihr könnt also Gold machen. Solche Leute habe ich lange gesucht. Was verlangt Ihr?"*

*Ich antworte: „Ich habe nicht den Ehrgeiz der Marktschreier und alchimistischen Scharlatane. Vom kaiserlichen Adepten wollte ich Weisung und Rat. - Wir suchen den Stein der Verwandlung."*

*Rudolf legt den Kopf auf die Seite und ruft: „Das ist Ketzerei! Was uns verwandelt, ist das Sakrament. Der Leib und das Blut Christi."*

*Ein Schauer überläuft mich. Der lauernde Blick des Kaisers streift mich: „Ich warne Euch. Wenn Ihr Euch verwandeln wollt, verwandelt Euch rasch. Die Inquisition interessiert sich nämlich auch lebhaft für Eure Verwandlung. Ich bin nicht in der Lage, Euch vor der Anteilnahme dieser wohltätigen Institution zu schützen."*

*Mir hebt es die Brust. Kaiser Rudolf, der mächtigste Mensch auf der Erde kapituliert vor der Inquisition. Doch warnt er mich höchstpersönlich.*

*Ich irre durch die ältesten verkommenen Viertel des mittelalterlichen Prag und merke plötzlich, dass ich ins Ghetto hinabgeraten bin. Mich trifft erstickender Gestank eines unbarmherzig auf ein paar Gassen zusammen-gepferchten Volkes. Was ist mein Hoffen verglichen mit dem Harren und Hoffen dieser elenden Hebräer? Mich überfällt ein heißes Verlangen, Rabbi Löw aufzusuchen und ihn zu befragen über die unerträglichen Geheimnisse des Wartens auf Gott.*

*Price ist heute ausgeblieben. Ein furchtbares Gewitter ist aufgezogen, es verfinstert den Himmel. Ein flackernder Blitz erleuchtet meinen Herdkamin. Es folgen ohrenbetäubende Donnerschläge. Mir fallen alte, halb vergessene Beschwörungsformeln ein. Blitze der Vernichtung, Donnerschläge der Erkenntnis und der Verzweiflung hauen auf mich ein. Klage quillt in meiner Brust zu einem Strom von Tränen. Meine Freunde haben mich verlassen.*

*Ich warte auf den Tod.*

Das Schicksal Dees bewegte Marlowe und er beschloss, ein Stück zu schreiben, das eine Würdigung für ihn beinhalten sollte. Jonsons Stück *Der Alchemist* war eine satirische Kritik an der zeitgenössischen Faszination durch Astrologie, Alchimie und Quacksalbertum. Er ließ kein gutes Haar an diesen Leuten, er unterschied nicht zwischen Betrügern und solchen Gelehrten wie Dee und dem Wizard Earl, die die Grenzen des Wissens ausweiten wollten. So wie die einen auf der Suche waren nach neuem Wissen, waren die anderen auf der Suche nach neuem Land. Die „Sea Venture", das Flaggschiff einer Flotte von englischen Kaufleuten nach Virginia, war bei einem Sturm vor den Bermudas auf ein Riff gelaufen. Die Schiffbrüchigen konnten jedoch alle gerettet werden. Die Bermudas galten bei den Seeleuten allgemein für verzaubert und von Hexen und Teufeln bewohnt, denn gewaltige Orkane und gefährliche Felsen hielten alle Fahrzeuge von den Inseln fern. Geister und Zauberer erzeugten furchtbare Seestürme, deren Stimmen man in der Luft zu hören glaubte.

Marlowe nannte sein Stück *Der Sturm oder die bezauberte Insel*, Hauptfigur war ein Magier namens Prospero. Dieser war als Herzog von Mailand von seinem Bruder vertrieben worden und mit seiner Tochter auf eine Insel geflüchtet. Mit Hilfe magischer Kräfte und unterstützt von dem Luftgeist Ariel lässt er zwölf Jahre später das Schiff seines Bruders in einen Seesturm geraten und auf der Insel stranden.

Marlowe schwelgte in Zaubereien, Maskenspielen, Tanz und Musikeinlagen, für die das Stück viele Möglichkeiten bot. Den Zuschauern sollte ein ununterbrochenes Spektakel geboten werden. Dann ließ er Prospero verkünden:

„Unser Schwelgen ist nun zu Ende. Diese unsere Schauspieler, wie ich euch vorhersagte, waren alle Geister, und zerflossen in Luft, in dünne Luft. Und, wie das haltlose Gebilde dieser Vision, sollen sich die mit Wolken bedeckten Türme, die stattlichen Paläste, die ehrwürdigen Tempel und der große Globus selbst und alles, was er in sich trägt, auflösen. Und wie dieses dürftige Schauspiel verschwand, lassen sie nicht einen Fetzen zurück. Wir sind aus solchem Stoff, aus dem die Träume entstehen, und unser kleines Leben wird mit einem Schlaf abgerundet."

**Königsmord**

Im Juni 1610 erhielt Marlowe einen langen Brief von seinem ehemaligen Auftraggeber Lord Butzenval aus Paris. Er wunderte sich, denn er hatte seit seiner Verhaftung im Jahr 1604 nichts mehr von ihm gehört und selbst auch nicht mehr an ihn geschrieben. Er brach das Siegel auf und begann zu lesen:

*Verehrter Monsieur Matthew!*

*Ein trauriger Anlass bringt mich dazu, Ihnen zu schreiben. Gewiss werden Sie entsetzt sein, wenn Sie meinen Bericht lesen.*

*Um es vorweg zu sagen, sie haben es endlich doch geschafft. König Henri wurde ermordet. Soviel ich weiß, gab es im Verlauf seiner Regierungszeit mindestens 18 Attentatsversuche. Nun ist einer zum Ziel gekommen. Ich will Ihnen darüber berichten, so wie ich es aus zuverlässigen Quellen gehört habe.*

*Am 14. Mai, gegen zwei Uhr nachmittags verlangte der König nach seinem Wagen, um im Arsenal mit Herzog von Sully zu konferieren. Er verließ den Louvre, begleitet von den Herzögen Montbazon und Epernon, drei Marschällen und zwei weiteren Personen. Vitry, der diensthabende Hauptmann der Garde fragte ihn, ob es ihm genehm sei, wenn er ihn begleite. Der König antwortete:*

*„Nein, nein, ich brauche weder Sie noch die Garde."*

*Vitry begab sich also ins Palais, um die Vorbereitungen für die Königin zu beschleunigen, und ließ die Garde im Louvre zurück. Nur eine kleine Schar Edelleute mit ihren Lakaien begleitete den König, die einen in seinem Wagen, die anderen zu Pferde. Henri bestieg eine Kutsche mit offenen Schlägen, zusammen mit Epernon, Montbazon und Lavardin. Das Wetter war schön, und der König wollte die Vorbereitungen für den Einzug der Königin in Augenschein nehmen. Die Kutsche nahm den Weg über die Croix-du-Tiroir, folgte der Rue Saint-Honoré und bog in die Rue de la Ferronnerie ein, eine enge, schlecht befahrbare Straße längs des großen Friedhofs Saint-Innocent. Dort stellte sich ihr ein Hindernis in den Weg. Auf der einen Seite befand sich ein Weinkarren, auf der anderen ein mit Heu beladener Wagen. Die königliche Kutsche kam vor dem Haus eines Notars namens Poutrain zum Stehen. Der größte Teil der Lakaien ging über den Friedhof, um vor der Kutsche des Königs das Ende der Straße zu erreichen. Nur zwei blieben zurück. Einer lief nach vorne, um das Hindernis zu beseitigen, der andere beugte sich hinunter, um sein Knieband zu richten. Der König reichte Epernon einen Brief, den er vorlesen sollte, da er seine Augengläser nicht dabei hatte. Die Kutsche hielt sich links, um an dem Karren vorbeizukommen. Plötzlich sprang ein Mann auf ein Rad der Kutsche und stieß blitzschnell ein Messer in die Brust des Königs. Der König schrie auf. Der Attentäter stach erneut zu. Alles geschah so schnell, dass keiner der Herren im Wagen gesehen hatte, wie das zugegangen war. Hätte der Attentäter das Messer fortgeworfen, hätte man nicht gewusst, wen man hätte ergreifen sollen. Der Mörder, ein großer, kräftiger rothaariger Mann, blieb jedoch stehen, als seien seine Kräfte erschöpft. Mit dem Messer in der Hand. Einer der der Edelleute stürzte sich auf ihn und wollte ihn mit seinem Degen erstechen, doch Epernon hielt ihn davon ab. Man ergriff den Mörder und führte ihn ab. Das Blut floss in Strömen aus dem Mund des Königs. Epernon warf einen Mantel über ihn und rief der Menge zu, der König sei nur leicht verletzt. Sie fuhren zum Louvre. Als sie dort ankamen, war Henri tot. Die Ärzte, die ihn untersuchten, fanden drei Einstiche in der Brust des Königs.*

*Den Mörder brachte man in das nahegelegene Hotel de Retz, aus Furcht, das Volk würde sich auf ihn stürzen und ihn in Stücke reißen. Dort wurde er auf Anordnung des Marschalls de La Force gefoltert und von zwei Staatsräten einem ersten Verhör unterzogen. Man wollte, dass er seine Komplizen preisgibt. Es folgten an den nächsten Tage weitere Verhöre. Es ging den Richtern weniger darum, die Persönlichkeit des Mörders zu erforschen als darum, zu ermitteln, wer hinter der Tat steckte. Sein Name ist Ravaillac und er behauptete immer wieder, er habe die Tat allein geplant und ausgeführt. Den Richtern jedoch erschien diese Behauptung unglaubhaft.*

*Henri war in den Wochen zuvor großen Spannungen ausgesetzt gewesen: die Kriegsvorbereitungen, die feindlichen Strömungen am Hof, ständiges Aufflammen von gegenseitigen Angriffen der beiden Konfessionen und das Beharren Marias von Medici auf ihrer Krönung, die am Tag vorher stattfand.*

*Der König war dabei, in einen Krieg zu ziehen, von ihm gewollt und geplant, der sowohl bei der spanischen als auch bei der ultra-katholischen Partei auf heftigsten Widerstand stieß. Rom sah das Gespenst eines Konflikts auf sich zukommen, der durchaus mit einem Sieg der Protestanten enden konnte. Henri wollte mit einem Heer von dreißigtausend Mann in die Grafschaft Mark an der Ruhr ziehen, um den protestantischen Fürsten, dem Kurfürsten von Brandenburg und dem Pfalzgrafen von Neuburg, beizustehen, ihr Recht gegen den Kaiser zu verteidigen.*

*Merkwürdig ist auch die eigensinnige Beharrlichkeit, mit der Maria auf ihrer Krönung bestand. Es lag ihr viel daran, im Falle Henri etwas zustoßen sollte, die Regentschaft zu übernehmen, da ihr Sohn Ludwig erst neun Jahre alt ist. Ihre drei Freunde Concini, Epernon und Entragues stehen alle mehr oder weniger im Sold Spaniens. Nun ist ihr Weg nach oben frei. Das Attentat kam einigen sehr gelegen.*

*Da gehen einem seltsame Gedanken im Kopf herum, die man jedoch nicht laut äußern kann.*

*Henris Hauptratgeber Sully wurde verabschiedet.*

*Eine Verbindung des Attentäters mit den Jesuiten konnte nicht nachgewiesen werden, es würde mich dennoch nicht wundern, wenn sie dahinter steckten, zusammen mit der spanischen Partei, die jetzt die Politik bestimmen wird.*

*Ravaillac wird morgen grausam hingerichtet, auf ihn wartet die Vierteilung. Die abschreckende Wirkung kommt für Henri allerdings zu spät.*


Die Reaktion König Jakobs auf die Nachricht von der Ermordung Henris war fatal. Er war davon überzeugt, dass auch auf ihn ein Attentat geplant werde. Seine Furcht davor steigerte sich zeitweise zum Wahn. Er verstärkte die Leibwache und umgab sein Bett mit Barrikaden aus verschiedenen Möbelstücken. In London ging das Gerücht, dass der König anfange zu kreischen, sobald er blanken Stahl sieht.

Elisabeth hatte sich trotz vieler Komplotte nicht davon abbringen lassen, sich furchtlos inmitten der Bevölkerung zu zeigen. Sonntags ging sie regelmäßig von ihrer Kapelle zum Audienzsaal und reiste im Sommer im Land umher. Das war für Jakob undenkbar, nicht nur wegen seiner Angst vor einem Attentat. Er hasste Menschenmengen. Nun verlangte er, dass etwas zur Abschreckung von Hochverrätern geschehe, und bestand darauf, ein Exempel zu statuieren. Dadurch geriet Bacon unter Druck und unter Zugzwang. Der Fall eines erbosten Landpfarrers namens Peacham wurde zu einem Hochverratsprozess aufgebauscht. Der Pfarrer hatte in einer Predigt einige despektierliche Bemerkungen gegen den König geäußert. Jakob sah darin den Versuch zur Anstiftung einer Revolution und befahl, der Sache auf den Grund zu gehen. Bacon war als Kronanwalt dafür verantwortlich und ordnete an, den Pfarrer zu foltern, damit er seine Mitverschwörer preisgebe.

Als Marlowe davon hörte, stellte er Francis zur Rede.

„So weit ist es mit dir gekommen, dass du, um dem König zu gefallen, Menschen folterst. Du weißt doch genau, dass der Vorwurf des Hochverrats nicht zutrifft."

„Das kann man nie wissen", sagte Francis abweisend.

Marlowe war aufgebracht und holte aus:

„Ich weiß übrigens auch, welche Rolle du im Prozess gegen Essex gespielt hast. Es geht dir doch nur um deine Karriere und ich bin mir sicher, du wirst es weit bringen."

„Bislang ist das aber leider nicht der Fall und ich muss tun, was man von mir verlangt."

„Die Anordnung zur Folter hat du gegeben! Ach Francis, du bist von Ehrgeiz zerfressen. Schade, du könntest als einer der klügsten Köpfe Englands vieles in eine gute Richtung lenken."

„Das kann ich nur, wenn ich eine Machtposition erlange."

„Aber auf dem Weg dorthin verleugnest du deine Prinzipien. Du warst doch immer dafür, das Parlament zu stärken. Und nun ergreifst du nur noch Partei für die Allmachtsfantasien des Königs."

„Wenn ich mich gegen den König stelle, kann ich gar nichts erreichen. Erst wenn ich genügend Einfluss habe, kann ich meine Ideen verwirklichen."

„Und dafür ist dir jedes Mittel recht."

„Die Staatsnotwendigkeit geht allen Rechtssatzungen voraus. Wenn man durch die Tortur Schaden vom Staat abwendet, ist sie rechtmäßig."

Marlowe schüttelte stumm den Kopf und ging hinaus.

Jakob bestand auf der Verurteilung Peachams, aber bevor es zum Urteilsspruch kam, starb der Pfarrer an den Folgen der Tortur.

Marlowe war vom Verhalten Bacons angewidert. Francis hatte ihn großzügig unterstützt, auch in der Zeit, als er selbst nichts als Schulden hatte. Aber nun war es Marlowe nicht mehr möglich, in seinem Haus zu wohnen und von ihm etwas anzunehmen. Er nahm sich in der Bishopsgate ein Zimmer, nicht weit von dem Haus, in dem Anthony gewohnt hatte. Er konnte sich der Unterstützung von Tom sicher sein und er bekam auch regelmäßig Tantiemen für seine Stücke, die am Globe-Theater und neuerdings im Blackfriars aufgeführt wurden. Wenn er sich einschränkte, würde er über die Runden kommen.

Im Mai 1612 starb Robert Cecil, über den Bacon in seinem Nachruf sagte: „Er liebte es, alle Geschäfte stets unter dem Hammer zu haben." In der Tat war er ein Mann, dessen ganzes Leben auf Kontrolle aufgebaut war, auf dem Wissen, die Fäden in der Hand zu halten wie ein Puppenspieler. Cecil hatte insgeheim Bacons Aufstieg behindert, doch auch nach seinem Tod stieg zunächst Robert Carr auf.

Er war einer der jungen Männer, denen Jakob seine freie Zeit widmete und die nun zu ihrem eigenen Vorteil Einfluss auf die Politik nahmen. Jakob berief ihn in den den Staatsrat, machte ihn zum Viscount von Rochester und zum Grafen von Somerset. Carr verstand es, Jakobs Abneigung gegen den dienstlichen Verkehr mit Ministern für sich auszunutzen. Er schob sich mit sicherem Instinkt zwischen den König und die Welt der Geschäfte und bald wusste er es so einzurichten, dass die Minister bei ihm antichambrieren mussten, wenn sie etwas bei Jakob erreichen wollten.

Marlowe überlegte, ob er nicht langsam sein Inkognito aufgeben könnte, doch Tom beschwor ihn, dies nicht zu tun: „Gerade, weil Cecil nun nicht mehr lebt und sich vor uns stellen kann, sollten wir die Geschichte weiterhin geheim halten. Immerhin habe ich einem vor dem Krongericht Angeklagten zur Flucht verholfen. Denk auch an Skeres, Poley und Frizer. Deinem Freund Bacon könnte es ebenfalls schaden, da er ja von dir eingeweiht wurde, er also davon weiß."

„Er ist nicht mehr mein Freund", sagte Marlowe schroff.

Tom war überrascht. „Du hast mir nur erzählt, dass du bei ihm ausgezogen bist. Was ist denn vorgefallen?"

„Er foltert Leute, nur um dem König zu gefallen. Er will um jeden Preis nach oben. Ich schätze seine Schriften und seine Intelligenz, doch sein Ehrgeiz macht ihn allmählich skrupellos."

„Wie du weißt, fand ich ja sein Verhalten im Prozess gegen Essex schon sehr abstoßend. Nun bestätigt sich sein zweifelhafter Charakter."

„Er kämpft gegen Trugbilder und Vorurteile, aber bei allem Scharfsinn besitzt er nicht die Fähigkeit zur Selbstkritik."

**Verhaftung**

Eines Tages bekam Marlowe eine schriftliche Aufforderung, sich bei dem für sein Viertel zuständigen Untersuchungsrichter zu melden, zwecks Feststellung seiner Identität. Ihn durchfuhr ein großer Schrecken, aber dann beruhigte er sich wieder in dem Gedanken, dass er seit seinem Gefängnisaufenthalt in Gatehouse beste Papiere und Referenzen hatte. Er ging zu der Behörde und legte die Papiere vor.

„Sie heißen also John Matthew. Nicht William Vaughan?", fragte der Coroner.

„Nein, das ist doch nach meiner letzten Verhaftung geklärt worden. Ich hatte diesen Namen angenommen, um im Auftrag Lord Butzenvals in Valladolid die Jesuiten auszuspionieren. Also im

Dienste Englands", antwortete Marlowe heftiger als er eigentlich wollte.

„Und was ist mit dem Namen Le Doux?"

Marlowe bekam Herzklopfen, versuchte jedoch einen kühlen Kopf zu bewahren und zuckte mit den Schultern. „Keine Ahnung."

„Dann wissen Sie wohl auch nicht, wer Christopher Marlowe ist?"

Marlowe durchzuckte tiefes Entsetzen, spielte jedoch das Spielchen weiter und sagte keck: „Gewiss weiß ich, wer das ist. Ein genialer Stückeschreiber, der mit seinem *Tamerlan* großes Aufsehen erregt hat."

„Und wann gestorben?"

„Keine Ahnung. Man hört jedenfalls nichts mehr von ihm."

„Dann will ich Ihrem Gedächtnis auf die Sprünge helfen. Er wurde 1593 ermordet. Angeblich!"

„O", sagte Marlowe, „bedauerlich."

Marlowe überkam das untrügliche Gefühl, dass der Coroner alles wusste, dennoch packte ihn eine wilde Lust, das begonnene Spiel weiterzutreiben.

„Sie leugnen also, Christopher Marlowe zu sein?"

„Natürlich. Sagten Sie nicht soeben, dass er seit zwanzig Jahren tot ist. Was soll das?"

„Das werde ich Ihnen sogleich mitteilen: Marlowe wurde nicht ermordet. Er floh aufs Festland, nahm verschiedene andere Namen an und besaß die Unverfrorenheit, 1603 nach London zurückzukehren, obwohl man ihn wegen Hochverrats angeklagt hatte."

Marlowe schwieg.

„Nun gut, Sie mögen leugnen so viel Sie wollen. Ich werde Sie ohnehin an Sir Francis Bacon überstellen. Er ist als Ankläger in Hochverratsverfahren zuständig. Aber Sie kennen ihn ja ziemlich gut, soviel ich weiß. Doch machen Sie sich keine falschen Hoffnungen, er ist bekannt dafür, bei verstockten Delinquenten recht nachdrückliche Verhörmethoden anzuwenden."

Marlowe wurde übel, seine Knie waren so weich, dass er seine ganze Kraft aufwenden musste, sich aufrecht zu halten.

Er wurde in den Tower gebracht, wo er nach kurzer Wartezeit in einen Raum geführt wurde. In der Mitte stand ein großer Schreibtisch, rechts und links daneben befanden sich ebenfalls Tische, an denen zwei Schreiber Platz genommen hatten. Die Wachen nahmen Marlowe die Fesseln ab und drückten ihn auf einen Stuhl vor dem Schreibtisch. Eine Tür auf der rechten Seite des Raumes stand offen und Marlowe hörte halblaute Stimmen, die erregt miteinander sprachen. Dann betrat Bacon im Talar des Ersten Kronanwalts den Raum und setzte sich Marlowe gegenüber. Er lächelte unsicher und bemerkte: „Du siehst blass aus." Er öffnete die Akte und warf einen Blick hinein.

„Da ich deine Identität kenne, können wir es in einem Punkt kurz machen. Ich nehme nicht an, dass du mir gegenüber leugnen wirst, Christopher Marlowe zu sein."

Marlowe schüttelte den Kopf. Bacon wandte sich an einen der Schreiber und diktierte ihm: „Der Delinquent gibt zu, Christopher Marlowe zu sein, der angeblich am 30.5.1593 von Ingram Frizer in Notwehr ermordet wurde. Siehe dazu Akte Nr. M23/93."

Bacon seufzte. „Der zweite Punkt wird nicht so einfach abzuhandeln sein. Wie dir bekannt ist, wurdest du kurz zuvor vor dem Kronrat der Ketzerei beschuldigt. Deine Freunde, die dir zur Flucht verholfen haben, haben sich also schuldig gemacht, indem sie einen möglichen Hochverräter der Gerichtsbarkeit entzogen. Ich selbst habe mich ebenfalls nicht korrekt verhalten, denn ich hätte dich, da ich deine eigentliche Identität kannte, anzeigen müssen. Du siehst, in welchem Dilemma ich mich befinde."

„Ich wurde der Ketzerei und des Atheismus angeklagt, jedoch nicht überführt."

„Richtig. Auf eine erneute Verhandlung vor dem Kronrat wolltest du es aber nicht ankommen lassen, sonst wärst du nicht geflohen."

„Willst du jetzt das alte Verfahren wieder aufrollen?"

„Nicht, wenn ich es vermeiden kann. Ich muss den Fall sowohl Erzbischof Bancroft als auch König Jakob vorlegen. Dir ist ja bekannt, der Ketzerei oder des Atheismus bezichtigt zu werden, ist gleichzusetzen mit Hochverrat. Es geht dabei nicht nur um Glaube und Unglaube, sondern um das Recht des Königs bzw. der Königin, Kirche und Reich zu regieren. Vielleicht lässt sich die ganze Angelegenheit aus der Welt schaffen, indem du einen Treueeid auf die Kirche schwörst. Wärst du dazu bereit?"

Marlowe zuckte mit den Achseln. „Meinetwegen."

„Ich weiß nicht, ob wir damit durchkommen, aber wenn es dazu kommt, wirst du etwas überzeugender sein müssen."

Bacon sah Marlowe eindringlich an.

„Wie ist man mir denn überhaupt auf die Spur gekommen?"

„Dazu darf ich nichts sagen."

Bacon wandte sich von Marlowe ab, diktierte dem Gerichtsschreiber einige Sätze in die Feder und verließ dann den Raum. Marlowe wurde in eine Zelle gebracht.

Am nächsten Tag besuchte ihn Bacon. Marlowe saß mit angezogenen Knien auf der Pritsche. Bacon fuchtelte nervös mit den Händen herum und sagte: „Ich dürfte eigentlich nicht hier sein. Aber ich möchte mit dir sprechen. Die Angelegenheit kann sich hinziehen, da höchste Stellen involviert sind. Das Krongericht muss einberufen werden." Bacon legte die Hände ineinander, dann fuhr er fort: „Baines ist dir auf die Spur gekommen. Dieser Kerl ist wie ein Hund, der nicht von einer Fährte ablassen kann, die er einmal verfolgt."

Marlowe seufzte tief und Bacon ergänzte:

„Ich habe die Aussagen gelesen, die er damals zusammengetragen hat. Massive Anschuldigungen. Es muss eine richtige Kampagne gegen dich gegeben haben."

„Das bedeutet, ich sitze mal wieder im Gefängnis. Und wie du sagst, kann niemand sagen, wie die Sache ausgeht und wann ich hier rauskomme!", rief Marlowe verzweifelt und legte seinen Kopf auf die Knie.

„Es tut mir wirklich leid. Ich werde meine Stellung nutzen, dir hier herauszuhelfen. Inzwischen will ich dafür sorgen, dass du ein paar Vergünstigungen erhältst. Soll ich dir Papier und Tinte bringen lassen? Etwas Wein?"

Marlowe sah gequält auf, nickte und murmelte: „Ja, danke!" Er lehnte seinen Kopf gegen die rauen Steine der Kerkerwand. Bacon betrachtete Marlowe hilflos und ging hinaus.

Wenig später hörte Marlowe das Schaben des Riegels, die Tür wurde geöffnet und ein Wärter brachte ihm die versprochenen Dinge. Dazu Decken, Kissen und warme Pies. Er hatte keinen Hunger, doch gerade die Pies hatten etwas seltsam Tröstliches. Er nahm sie in die Hand, roch an ihnen und brach ein Stück ab.

Am nächsten Tag erhielt er erneut Besuch von Bacon. Der Kronanwalt hatte etwas Gehetztes, als er sagte: „Ich habe die damaligen Akten gründlich studiert. Du bist aufgrund der Aussagen von Kyd vor das Krongericht zitiert worden. Aber jemand hat euch zuvor beide denunziert, sonst hätte man nicht Kyds Zimmer durchsucht, in dem dann diese ketzerische Schrift gefunden wurde. Kyd hat nach deinem vermeintlichen Tod zwei Briefe an Lord Puckering geschrieben, in dem er versucht, sich selbst vom Vorwurf des Atheismus reinzuwaschen - allerdings auf deine Kosten. Er entwirft eine wenig schmeichelhafte Charakteristik von dir."

„Kyd wurde gefoltert. Wahrscheinlich hätte ich unter der Folter auch alles gesagt, was man von mir hätte hören wollen. Die Folter ist keine gute Methode, die Wahrheit herauszufinden."

„Zu diesem Zeitpunkt war Kyd bereits aus dem Tower entlassen."

„Konnte er da überhaupt noch schreiben? Soviel ich gehört habe, hat man ihm sämtliche Finger gebrochen."

Bacon rieb sich die Stirn und antwortete: „Man wollte auf jeden Fall über Kyd an dich herankommen, soviel ist sicher. Baines hat Aussagen über dich gesammelt und an Lord Puckering weitergegeben."

„Das weiß ich ja alles", sage Marlowe matt.

„Ich wollte das nur ansprechen, weil es vielleicht doch nicht mit dem Loyalitätseid getan sein wird. Vielleicht müssen wir auch die Vorwürfe von Baines Punkt für Punkt entkräften."

Marlowe starrte Bacon an. Ihm kam eine furchtbare Erkenntnis, die er aber nicht äußern wollte. Er räusperte sich und fragte: „Wie kann ich es widerlegen, wenn Baines behauptet, ich sei ein Ketzer?"

„Man müsste Leute finden, die dir ein anderes, besseres Zeugnis ausstellen."

„Die Freunde, die mir zur Flucht verholfen haben, kommen da ja wohl nicht in Frage. Andere kennen meine wahre Identität nicht. Leute wie Sir Henry und Sir Walter sitzen selbst im Tower. Wieder andere sind bereits verstorben, wie z.B. dein Bruder oder Essex. Die

Geistlichkeit der Stadt kennt mich nicht, da ich selten die Gottesdienste besuche. Was kann man da tun?"

Bacon konnte nicht umhin, zu grinsen, als er erklärte: „Du bist ein hoffnungsloser Fall."

Es entstand eine unbehagliche Pause. Marlowe rang mit sich, dann sagte er:

„Francis, man wird sich fragen, warum du bei mir nicht die Tortur anordnest, um herauszufinden, ob die Vorwürfe von Baines gerechtfertigt sind."

Bacon sah zu Boden. Wieder entstand eine ungemütliche Pause. Bacon murmelte in die Stille hinein: „Ich denke, das ist nicht nötig. Es gibt nur zwei Leute, die das einfordern könnten: Oberrichter Coke oder der König."

„Oder ein Beschluss des Kronrates", ergänzte Marlowe.

„Ich werde alles in meiner Macht stehende tun, dass es dazu nicht kommt."

Marlowe schluckte weitere Entgegnungen hinunter. Er dachte bei sich: Nun ist er in seiner Karriere so weit aufgestiegen, aber er hat nicht die Macht, einen Freund vor der Folter zu bewahren. Stattdessen bat er: „Kann Tom mich besuchen?"

Bacon nickte. „Ich werde ihm eine Nachricht schicken."

Als Francis gegangen war, griff Marlowe nach Papier und Feder. Er wollte nicht darüber nachgrübeln, wie er die Folter ertragen sollte, die ihm möglicherweise drohte. Er schrieb schon seit einiger Zeit an einem Stück über Heinrich VIII. Ein Thema darin sollte die Machtvollkommenheit von Kardinal Wolsey sein. Und sein jäher Fall. Er begann zu schreiben, dachte dabei jedoch weniger an den Kardinal als an die Erzbischöfe Whitgift und Bancroft.

Richard Bancroft

*Mich wundert, wie solch ein Lump mit seiner rohen Art der segensreichen Sonne Licht darf hemmen, der Erd es vorenthaltend.*

*Denn nicht gestützt auf seine Herkunft, nicht fußend auf Taten für die Krone, nicht geknüpft an mächtge Helfer, sondern Spinnen gleich, aus seiner selbstgeschaffnen Webe, zeigt er, wie kraft des eignen Werts er sich den Platz zunächst am Thron erobert.*

*Man muss des Priesters Arglist stets mit seiner Macht zusammenreihen und wohl erwägen, dass - worauf sein wilder Hass auch brütet - ihm niemals ein Werkzeug fehlt. Rachsüchtig ist er und ich weiß, sein Schwert ist scharf gewetzt. Sehr lang zudem und es reicht weit. Und sollte es nicht reichen, so schleudert er's. Er ist die Klippe, die man mir riet zu meiden.*

*Der Fleischerhund trägt Gift im Maul und ich vermag nicht, ihn zu knebeln, drum ist am besten, man weckt ihn nicht aus seinem Schlaf.*

*Man soll dem Feind den Ofen nicht so glühend heizen, dass man sich selbst versengt.*

Die Tage vergingen und Marlowe quälten Ungewissheit und Angst. Die engen Kerkerwände drohten ihn zu ersticken. In Gedanken rief er in seiner Not nach Tom, als könne einzig er ihm helfen, ihn aus seinem Kerker befreien. Ob Francis ihn benachrichtigt hatte? Er hatte große Schwierigkeiten ihm zu trauen, was ihm gleichzeitig leid tat, da er sich ja um ihn kümmerte und versprochen hatte ihm zu helfen. Hatte er ihn nicht schon einmal aus dem Gefängnis geholt und ihn großzügig unterstützt?

Er träumte, dass er auf die Streckbank gebunden wurde, während Bacon dabei stand, mit klugen Augen, die ihn interessiert betrachteten. In einem anderen Traum sah er Tom, der Bacon daran hindern wollte, ihn der Folter auszuliefern.

Eines Nachmittags scharrte der Riegel zu einer ungewohnten Zeit. Der Wärter öffnete und Tom trat ein. Marlowe raffte sich von seiner Pritsche auf und taumelte Tom entgegen. Sie umarmten sich stumm. „Ach Kit", seufzte Tom schließlich, „dass ich dich schon wieder im

Gefängnis besuchen muss. Aber immerhin - ich darf dich besuchen."

Sie setzten sich zusammen auf die Pritsche und Marlowe begann zu weinen. Tom legte den Arm um seinen Freund und sagte: „Ich habe nichts über die Sache erfahren können, was du nicht schon weißt. Ich hatte aber bei einem Gespräch mit Bacon den Eindruck, dass er die Fäden in der Hand hat."

„Das sagst du nur, um mich zu beruhigen. Ich muss jeden Tag damit rechnen, dass sie mich abholen und in den Folterkeller bringen." Marlowe begann zu zittern. „Vielleicht hältst du mich für feige, aber ich habe solche Angst."

„Wenn ich nur etwas tun könnte", rief Tom aus.

„Das kannst du vielleicht. Bitte - " Marlowe brach ab.

„Nun sag schon!"

Marlowe wischte sich mit dem Handrücken die Tränen aus den Augen. Tom sah ihn eindringlich an.

„Bitte besorg mir Gift", raunte Marlowe. Tom fuhr zurück. Marlowe machte beschwichtigende Gesten mit seinen Händen. „Nur für den Notfall. Verstehst du? Für den Fall, dass sie mich holen."

Tom starrte vor sich hin. Marlowe sah ihn ängstlich an. Dann nickte der Freund und drückte Marlowes Kopf an seine Wange.

„Es tut mir so leid", flüsterte Marlowe, „dass ich dich in so eine Lage bringe. Vielleicht kannst du das Gift so wählen, dass kein Verdacht auf dich fällt ..."

Tom legte Marlowe die Hand auf den Mund. „O Kit, das ist nicht das Problem. Als ich dir damals zur Flucht verhalf, so schwer es auch war, so wusste ich doch dein Leben gerettet. Bei dieser Flucht wird es das nicht der Fall sein."

Marlowe hielt es für ein schlechtes Zeichen, dass sich Bacon so lange nicht sehen ließ. Doch endlich kam er. Kaum hatte der Wärter die Tür hinter ihm geschlossen, legte er los.

„Entschuldige, dass ich dich eine Weile nicht aufgesucht habe. Aber ich war nicht untätig. Ich habe diesen Baines in die Mangel genommen und ihm gedroht, dass seine Anschuldigungen auch auf ihn zurückfallen könnten, wenn sie sich als unwahr erweisen. Ich konnte ihn ziemlich verunsichern. Er meinte etwas kläglich, dass seine Beobachtungen schon sehr lange zurückliegen und er sich nicht mehr genau an jede Einzelheit erinnern könne. Ich wiederum habe ihm gesagt, dass seine Aussagen von anderen Zeugen bestätigt werden müssten."

„Es wird ihm vielleicht nicht schwerfallen, irgendwelche falschen Zeugen heranzuziehen", wandte Marlowe ein.

„Bei meinem letzten Besuch hast du ja deine Besorgnis bezüglich der Folter angesprochen, auch da kann ich dich beruhigen. Ich habe nochmal verschiedene juristische Schriften gewälzt, da steht ganz klar, dass nach dem geltenden Recht die Folterung eines Angeklagten unzulässig ist, nur Zeugen dürfen durch die Tortur zur Aussage gezwungen werden. Ich habe Baines klargemacht, dass ich dieses Mittel gegen seine Zeugen anwenden kann."

„Aber es wurden doch immer wieder Angeklagte der Tortur unterworfen, ich erinnere dich nur an den Fall Peacham, wegen dem wir uns ja überworfen hatten."

„In Hochverratsprozessen wird gelegentlich davon abgewichen, wenn es um aktuelle Vorgänge geht und der König glaubt, dass eine Gefahr für sein Leben besteht. Wie du weißt, hat er eine wahnsinnige Angst vor Attentätern. In deinem Fall werde ich aber nachdrücklich auf diesen Rechtsgrundsatz verweisen, falls jemand auf die Idee kommen sollte, eine peinliche Befragung anzuordnen."

„Auch dem König gegenüber?"

„Ja."

„Und wenn der König dennoch darauf besteht?"

„Werde ich mich ihm notfalls beugen müssen. Aber der König hat kein großes Interesse an deinem Fall, da er so lange zurückliegt und eigentlich vor seiner Thronbesteigung brisant war. Außerdem ist er ziemlich abgelenkt, da sein Favorit Robert Carr in eine Mordgeschichte verwickelt ist. Das beschäftigt ihn im Augenblick viel mehr."

Marlowe war nach dem tagelangen Kreisen um sein eigenes Schicksal begierig, sich mit einem anderen Thema ablenken zu können und fragte neugierig nach:

„Was? Somerset?"

„Ja, sein Mentor, Sir Thomas Overbury wurde im Gefängnis ermordet."

„Wirklich. Wieso kam er ins Gefängnis?"

Bacon setzte sich auf den Hocker und sagte: „Also gut, ich will dir die Geschichte erzählen. Einiges davon ist jedoch nicht öffentlich bekannt."

„Ich werde ja kaum die Möglichkeit haben, es herumzuerzählen!", merkte Marlowe sarkastisch an.

„Vielleicht kennst du Lady Frances Howard, die Tochter des Lordkämmerers Graf Suffolk?"

„Sie ist doch die Frau von Essex' Sohn."

„Genau. Sie wurde ja schon früh mit ihm vermählt. Nun verliebte sie sich vor etwa einem halben Jahr in Somerset und betrieb die Scheidung von ihrem Mann. Mit Erfolg. Eine Kommission von Bischöfen und Rechtsgelehrten erklärte die Ehe des Paares für null und nichtig, da Essex, wie die Lady angab, nicht imstande sei, die Ehe zu vollziehen. Sie äußerte die Vermutung, dass er verhext worden sei. Nun war der Weg frei für Somerset und Lady Frances zu heiraten."

„Was sie dann auch taten."

„Richtig. Carr erzählte Overbury in einer Stunde der Vertraulichkeit, mit welchen Mitteln seine Geliebte den Grund zur Nichtigkeit der Ehe herbeiführte. Sie hatte nämlich mit Hilfe eines Quacksalbers und einer Kupplerin dem ihr so widerwärtigen Gatten Tränke bereitet, die seine Zeugungsfähigkeit herabsetzten. Overbury hatte schon zuvor Carr die Verbindung mit der jungen Frau widerraten und verblieb nun erst recht bei seinem Widerspruch. Um ihn loszuwerden, überredete

Carr den König, Overbury zu einer Mission ins Ausland zu schicken. Als Overbury sich auf den hinterhältigen Rat Roberts weigerte, dem Befehl zu gehorchen, hatte man einen Anlass, ihn im Tower gefangen zu setzen. Somerset war vermutlich nur daran gelegen, den Berater, den er ungern entbehrte, für einige Zeit auszuschalten. Lady Frances wollte jedoch den Mitwisser beseitigen, der ihrem Glück im Weg stand. Sie bestach einen Apothekerlehrling, der dem erkrankten Häftling mit einem Klistier ein tödliches Gift beibrachte. Als man den Tod untersuchte, kam man sehr schnell auf diesen Lehrling, der jedoch aussagte, er habe im Auftrag von Graf und Gräfin Somerset gehandelt. Oberrichter Coke hat nun an den König appelliert, eine Untersuchungskommission einzurichten, um zu klären, inwieweit der Graf an der Sache beteiligt ist.

Der König ringt derzeit mit sich, ob er eine Untersuchung gegen seinen Favoriten zulassen soll."

„Traust du Somerset zu, an dem Mord beteiligt zu sein?", fragte Marlowe.

„Durchaus. Ich kann mir nicht vorstellen, dass Lady Frances hinter dem Rücken ihres Mannes gehandelt hat. Obwohl sie ziemlich skrupellos zu sein scheint."

Bacon stand auf. „Kannst du dich ein wenig mit Schreiben ablenken?", fragte er.

Marlowe nickte. „Ich schreibe an einem Stück über Heinrich VIII."

"Interessant. Gerne würde ich darüber mehr erfahren, aber ich muss leider gehen. Ich habe viel zu tun. Tom wird dich sicher wieder besuchen."

Marlowes Angst vor der Folter legte sich ein wenig. Er konnte sich zumindest zeitweise aufs Schreiben konzentrieren und hatte keine Alpträume. Aber die engen Gefängniswände erdrückten ihn schier. Er sehnte sich danach, den Himmel zu sehen und in der Gegend herumzulaufen. Er dachte an seine Schottlandreise, auf der er tagelang in der Natur unterwegs gewesen war. Das winzige vergitterte Fenster war so hoch, dass er auf den Schemel steigen musste, um hinauszuschauen. Selbst dann blickte er nur gegen eine Mauer. Wenn er den Kopf weit nach hinten legte, konnte er ein kleines Stückchen Himmel sehen.

Seufzend zitierte er eine Zeile aus dem neuesten Stück:

*Nichts hilft mir's, meine Unschuld darzutun, da ein solcher Schatten auf mich fiel, der selbst das Weiße schwarz färbt.*

Tom kam wenige Tage später und brachte ihm das Gift. Genauer gesagt zwei verschiedene Substanzen. Die eine war Schlafmohn, der beruhigen, einschläfern und vor den Krämpfen und Schmerzen schützen sollte, die das eigentliche Gift hervorrufen würde. Dabei handelte es sich um Aconitum, den blauen Fingerhut, der binnen kürzester Zeit zum Tod führen würde. Tom erläuterte seinem Freund genau, wie er die beiden Gifte einnehmen sollte.

"Der Schlafmohn war recht einfach zu bekommen, bei dem Aconitum war es schon schwieriger. Der Apotheker meinte, wenn ich Ratten bekämpfen wolle, solle ich doch Arsen nehmen. Mein Arzt hat mir schließlich das Mittel besorgt. Ich musste mir ein paar Erklärungen einfallen lassen, wofür ich es benötige. Von ihm weiß ich auch, dass es bei Arsen wesentlich länger dauert, bis der Tod eintritt."

Marlowe bedankte sich und redete dann über unverfängliche Dinge. Er erzählte Tom von seinen Erlebnissen in Schottland, von dort sprang er über zu Venedig und Paris. Tom war froh, dass sein Freund nicht mehr in so furchtbar trauriger Stimmung war, und ging auf alles ein. Als Tom gehen musste, händigte Marlowe ihm einen Brief aus. "Nur für alle Fälle. Falls wir uns nicht mehr sehen sollten", meinte er. Tom bekam einen großen Schrecken und ihm wurde bewusst, dass dies ja ein Abschied für immer sein könnte. Als Marlowe merkte, wie betroffen Tom war, betonte er: „Nur für alle Fälle. Man weiß ja nie. Du kommst mich sicher wieder besuchen." Marlowe gab sich heiter, als er Tom umarmte und sagte beruhigend: „Mach dir keine Sorgen!"

Sobald er den Tower verlassen hatte, entfaltete Tom den Brief Marlowes und las ihn mitten auf der Straße.

*Liebster Tom,*

*ich danke Dir für alles, was Du für mich getan hast. Deine Freundschaft war das Schönste, was ich in meinem Leben erfahren habe.*

*In der Tiefe der Finsternis sehe ich Deine Liebe wie ein Juwel leuchten und das macht mir die schwärzeste Nacht schön.*

*Ich bin aus der Gunst der Menschen und des Glücks gefallen und beweine mein Geschick. Doch dann denke ich an Dich und mein ganzes Sein erhebt sich wie die Lerche bei Tagesanbruch von der dumpfen Erde und singt Hymnen vor dem Himmelstor. Denn das Gedenken Deiner Liebe bringt mir solchen Reichtum, dass ich es verschmähe, mit Königen zu tauschen.*

*Lass Dich nicht nötigen, meine Verdienste zu rühmen, um Deine Liebe zu mir zu beweisen. Denn es gibt nichts Rühmenswertes, das nach meinem Tod erwähnt werden müsste.*

*Die Manuskripte von mir überlasse ich Dir. Tu damit, was Dir richtig dünkt.*

*Es umarmt Dich innig*

*Dein Kit*

Marlowe öffnete die kleine Kapsel und ließ die Gift-Kügelchen in seine hohle Hand fallen. Er betrachtete sie genau und überlegte, wo er sie am besten aufbewahren sollte. Die Kapsel hatte eine Öse, sodass er sie an einer Schnur am Hals tragen konnte. Aber das schien ihm viel zu auffällig. Wie schnell konnte jemand sie sehen und ihm wegnehmen. Er entschied sich dafür, sich ein kleines Täschchen im Bund seiner Hose einzunähen und die Giftpillen dort zu verwahren. Er nahm die Brustnadel, die seine Mutter ihm kurz vor ihrem Tod geschenkt hatte. Wehmütig betrachtete er die Nadel, die oben mit einer kleinen Perle versehen war. Er hatte sie seit dem Tod der Mutter stets an seinem Hemdkragen getragen. Es half nichts, er musste die Perle von der Nadel abbrechen, um damit nähen zu können. Schließlich hatte er aus einer Hosenfalte am Bund ein Täschchen zusammengenäht, in dem er die Giftpillen verstecken konnte. Die Perle seiner Mutter steckte er dazu.

Die Zeit verging in quälender Eintönigkeit. Nur das Schreiben bot ein wenig Abwechslung. Weder Tom noch Francis besuchten ihn. Doch eines Tages hörte er ein leises Scharren an der Tür. Sie wurde jedoch nicht geöffnet. Stattdessen wurde ein Brief unter der Tür durchgeschoben. Hastig griff er danach und entfaltete ihn. Er war von Tom. Er schrieb:

*Lieber Kit,*

*ich danke Dir für die liebevollen Worte, die Du mir geschrieben hast. Leider werde ich derzeit nicht zu Dir gelassen. Ich habe mit Bacon gesprochen. Er sagte mir, dass Du demnächst ins Marshalsea-Gefängnis überstellt werden sollst. Der Tower sei ja nur noch ein Untersuchungsgefängnis oder beherberge bekannte Persönlichkeiten. Zu denen gehörst Du ja für die Öffentlichkeit nicht. Da sich der Prozess hinziehe, sei es nun angeraten, Dich ins Marshalsea zu bringen. Bacon sagte mir auch, er wolle den König wegen Deines Falles lieber nicht bedrängen, Du weißt warum. Ob Du dort gewisse Privilegien und Bequemlichkeiten behalten wirst, konnte er nicht sagen, will sich jedoch dafür einsetzen. Möglicherweise kann ich Dich dann auch wieder besuchen.*

*Mit inniger Umarmung*

*Dein Tom*

Im ersten Moment wusste Marlowe nicht, wie er diese Nachricht zu bewerten hatte. War Marshalsea besser oder schlechter als der Tower? Man würde ihn ja sicher nicht wieder in so ein Loch stecken wie damals, als er mit Watson zusammen eingesperrt worden war.

Hatte Bacon ihm nicht Hoffnung gemacht, dass die Aussagen von Baines entkräftet werden können?

Marshalsea befand sich in Southwark. Hier wurden politische Gefangene inhaftiert, die des Aufruhrs angeklagt oder überführt worden waren. Er war etliche Male daran vorbeigekommen, lag es doch nicht weit vom Globe-Theater. Ein düsteres Backsteingebäude in der Borough-Street. Mit Säulen an der Vorderseite. Es war dafür bekannt, dass dort katholische Priester, vornehmlich Jesuiten inhaftiert waren. Poley hatte ihm einmal erzählt, dass er sich eine Zeitlang dort einquartiert hatte, um sie auszuhorchen.

Ihn schauderte. Er stellte sich vor, dass er in irgendeiner Kerkerzelle eingesperrt und einfach vergessen würde. Aber dann fiel ihm ein, dass Poley erzählt hatte, dass viele Zellen offen stünden und man im Gebäude herumlaufen konnte. Und wie im Newgate würde es wichtig sein, Geld zu haben, um sich Essen kaufen zu können.

Ein Wärter kam und forderte Marlowe auf, sich in den Verhörraum zu begeben. Sir Francis wolle mit ihm sprechen. Unsicher und ängstlich folgte er dem Wärter durch die düsteren Gänge. Ihre Schritte hallten laut an den Wänden wider, von irgendwoher wehte ein kalter Luftzug, in dem das Talglicht zitterte. Der Bewacher öffnete schließlich die Tür zu einem Zimmer, in dem Marlowe zu Beginn seiner Inhaftierung schon einmal gewesen war. Bacon lehnte am Schreibpult, begrüßte ihn und verkündete: „Ich habe leider keine guten Nachrichten."

Marlowe wurde bleich. Bacon beschwichtigte: „Keine Angst, nicht die Folter! Aber Baines hat einen Zeugen angegeben. Zwar wird er noch gesucht, aber Baines hat ein Dokument vorgelegt, in dem ähnliche Vorwürfe erhoben werden wie in seiner eigenen Aufstellung. Doch ich habe darauf bestanden, dass der Zeuge persönlich vorstellig wird. Das Papier ist fast identisch mit dem von Baines. Ich habe den Verdacht, dass er es selbst erstellt hat."

Bacon setzte sich und bot Marlowe ebenfalls einen Stuhl an. Ihm fiel auf, wie verwahrlost und schmutzig der Dichter war. Er nahm sich vor, ihm saubere Kleidung und Wasser zum Waschen bringen zu lassen.

„Wie heißt der Zeuge?", fragte Marlowe.

„Richard Cholmeley. Er arbeitete als Spion für Sir Robert Cecil. Im Juni 1593 war er im Gefängnis, weil er sich hat bestechen lassen. Er sollte Verdächtige in Arrest nehmen, ließ sie aber gegen Bezahlung unbehelligt. Da weiß ich schon, was ich von ihm zu halten habe."

„Ich kann mich dunkel an ihn erinnern. Er hat mich mal in einer Schenke angesprochen und mir gesagt, dass er mich sehr bewundere. Nicht nur wegen meiner Stücke, sondern auch für meinen Mut, meine Auffassungen offen zu vertreten. Es war ziemlich deutlich, dass er mich aushorchen wollte. Später habe ich gesehen, dass er sich in einer dunklen Ecke mit Baines unterhielt."

„Das Unangenehme ist, dass sich nun der Prozessbeginn verzögert. Niemand weiß, wo sich Cholmeley derzeit aufhält, selbst Baines nicht. Ein geschickter Schachzug. Wir können den Zeugen nicht ignorieren, aber wohlmöglich auch nicht ausfindig machen."

Marlowe rief verzweifelt aus: „Hätte ich mich doch bloß niemals in dieses Netz von Spionage und Gegenspionage eingelassen! Im Grunde eine Jugendsünde, die ich nicht mehr loswerde."

„Mit deiner Spionagetätigkeit hat das höchstens am Rande zu tun. Ich fürchte, dass du das Opfer einer Intrige geworden bist. Es wird schwer sein, das alles zu entwirren, nicht zuletzt deswegen, weil viele, die darin verwickelt waren, tot sind. Und ich denke da an höchste Kreise."

„Poley hat mir damals versucht klarzumachen, dass ich benutzt werden sollte, um Raleigh zu diskreditieren. Eine Intrige von Essex und seinen Leuten. Sie haben das alles eingefädelt, damit ich unter der Folter Aussagen gegen Sir Walter mache. Dabei war Raleigh zu dieser Zeit schon in Ungnade gefallen."

„Nach dem Motto: Was fällt, soll man auch noch stoßen."

„Ich hatte ja auch Wissen über weitere Vorgänge, ich hätte die Cecils ebenfalls kompromittieren können. Ich nehme an, dass Sir Robert sich damals dafür eingesetzt hat, dass ich nicht festgenommen wurde. Ich dachte zuerst, dass es Essex gewesen sein könnte, aber Poley hat mir am Abend meiner fingierten Ermordung einiges verraten."

„Was ich nicht so ganz verstehe: Warum treibt Baines die Intrige weiter, obwohl alle Strippenzieher tot sind?"

„Eben nicht alle. Ich habe mir in den schlaflosen Nächten darüber den Kopf zerbrochen und eine Antwort gefunden. Der jetzige Erzbischof Bancroft war damals der private Kaplan von Whitgift. Er war zugleich sein oberster Agent, damit beauftragt, Häresien auszurotten. Baines war ein Spion Bancrofts und Whitgifts, heute arbeitet er immer noch für Bancroft."

„Warum sollte Bancroft ein so hartnäckiges Interesse daran haben, dich zu vernichten?"

„Ich habe die Aufzeichnungen von Baines nie zu Gesicht bekommen. Ich kann nur mutmaßen, was er gegen mich vorbringt."

Bacon sah ihn überrascht an. „Ach wirklich, du kennst sie gar nicht?"

„Da es ja nicht zum Prozess kam, wurden sie mir nicht vorgelesen. Bei meiner Befragung vor dem Kronrat ging es um die Schrift, die man bei Kyd gefunden hat und um das Flugblatt gegen die holländischen Einwanderer."

„Dann wird es aber Zeit, dass du das erfährst! Baines schreibt, du habest behauptet, Maria sei eine Hure, Jesus Christus ein Bastard, der Heilige Geist ein Kuppler ..."

„Was!", schrie Marlowe so laut, dass der Wächter an der Tür einen Schritt vortrat. Bacon bedeutete ihm mit einer Handbewegung, wieder zurückzutreten.

„Höre weiter! Moses sei ein Gaukler gewesen - und überhaupt sei die Religion nur erfunden worden, um den Menschen Angst einzupflanzen, um sie dann besser beherrschen zu können. Er behauptet außerdem, dass du Leute zum Atheismus überredet hättest."

Marlowe schüttelte den Kopf. „Das Einzige, was ich möglicherweise gesagt haben könnte: Die Religion wird dazu missbraucht, um

Menschen Angst zu machen, um sie besser beherrschen zu können. Alles andere ..." Er zuckte hilflos mit den Schultern.

„Was weiß eigentlich Tom über diese Hintergründe?"

„Nichts, was er mir nicht gesagt hätte", versicherte Marlowe.

Francis rieb sich die Stirn. „Und womit hättest du Sir Robert kompromittieren können?"

„Ich wusste einiges über den Plan der Cecils gegen Lord Strange. Und ich hatte eine widerwärtige Mission in Schottland. Ich musste einen Brief befördern, mit dem die katholischen Lords von Schottland auf die englische Seite, nach Berwick, gelockt werden sollten. Dort sollten sie dann ergriffen werden, um ihnen den Prozess zu machen. Ich habe zu meiner Erleichterung kurz nach der Rückkehr von Schottland erfahren, dass es dazu nicht kam, da der Plan verraten wurde."

„Und was war der Plan der Cecils gegen Lord Strange?"

„Als sie von den katholischen Plänen hörten, Lord Strange als König einzusetzen, forcierten sie die Angebote der Verschwörer an den Lord, um seine Loyalität zu prüfen. Ich war einer der Spitzel, die auf Stanley angesetzt waren. Robert Cecil ließ ihm durch einen Boten einen Brief überbringen, der nicht von den Verschwörern stammte. Der Earl war ihm im Weg, er drohte ihm zu mächtig zu werden. Er wollte ihn als politischen Faktor eliminieren. Die Machenschaften liefen ganz ähnlich wie bei der Babington-Verschwörung, die angezettelt wurde, um Maria Stuart zu beseitigen."

„Das heißt der Brief, der die Verschwörung ankündigte, war lanciert?"

„Genau."

„Aha - und damit du diese Vorgänge nicht ausplaudern kannst, wurdest du außer Landes geschafft."

„Ja, bevor Essex sein Ziel erreichen konnte, mein Wissen gegen Raleigh einzusetzen und ich nebenbei auf der Streckbank auch noch andere Dinge verrate. Es könnte sein, dass dieses arianische Traktat, das man angeblich bei Kyd gefunden hat, ebenfalls lanciert wurde, damit man etwas gegen mich in der Hand hat. Dass ein Mensch, der gar nichts damit zu tun hatte, gefoltert werden muss, um mich zu belasten, war ohne Belang."

„Ich habe in den Akten gelesen, dass Phelippes Mitglied der Kommission war, die den Verfasser des Flugblattes gegen die holländischen Immigranten ausfindig machen sollte. Nachdem Sir Francis Walsingham gestorben war, trat er in den Dienst von Essex, nicht zuletzt auf meine Empfehlung hin."

Marlowe nickte und sagte nachdenklich: „Dem kann man alles zutrauen. Er ist mit allen Wassern gewaschen, erfahren in der Kunst des Dechiffrierens, aber auch des Fälschens und der Infiltration. Würde mich nicht wundern, wenn er das Flugblatt selbst geschrieben hätte, um zu provozieren und irgendetwas in Gang zu setzen."

"Wir kannten ihn recht gut, mein Bruder und ich. Vor allem Anthony hat zeitweise sehr eng mit ihm zusammengearbeitet. Er war ein fähiger Mann."

„Ganz ohne Zweifel. Für das Handwerk des Bespitzelns wie geschaffen. Mich gruselt, wenn ich mir vorstelle, dass er hinter der Intrige steckt, die gegen mich gesponnen wurde. Immerhin habe ich auch mit ihm zusammengearbeitet."

Bacon setzte den Ellbogen auf den Tisch, stützte sein Kinn in die Hand und sah gedankenverloren vor sich hin. Marlowe schlug vor: „Willst du ihn nicht vernehmen? Vielleicht plaudert er ja und entlastet mich. Da könnte er ein wenig wieder gut machen, was er mir angetan hat."

„Bislang ist es nur eine Vermutung. Es gibt dafür keinerlei Anhaltspunkte. Aber ich werde ihn befragen, vielleicht kann er Licht ins Dunkel bringen."

„Weißt du denn, wo er sich befindet?"

„Das letzte, was ich über ihn gehört habe, ist, dass er für die Howards gearbeitet hat."

Als Marlowe wieder in seiner Gefängniszelle war, rekapitulierte er, was er über diese Herren wusste. Henry Howard, der Earl von Northampton galt allgemein als Krypto-Katholik und stand verschiedentlich unter dem Verdacht, an Komplotten von Katholiken beteiligt zu sein. Er soll zusammen mit Robert Cecil daran gearbeitet haben, den schottischen König auf den Thron zu bringen, sie haben ihm sozusagen den Weg geebnet. Er war auch einer der Richter im Fall Raleighs. Er war mit dem spanischen Botschafter befreundet, äußerst spanienfreundlich und eine wesentliche Triebfeder des Friedensvertrages, der 1604 ausgehandelt wurde. Man munkelte, er habe die Absicht, England über eine Allianz mit Spanien wieder in den Schoß der Papstkirche zurückzuführen.

Ben Jonson hatte ihm erzählt, dass er von Sir Henry vor dem Krongericht angeklagt worden war, wegen seines Werkes "Sejanus". Die Klage wurde jedoch fallengelassen. Sir Henry musste inzwischen etwa 70 Jahre alt sein.

Thomas Howard, der Earl von Suffolk war ein Sohn des wegen Hochverrats hingerichteten Herzogs von Norfolk. Er stieg während des englisch-spanischen Krieges zum Admiral auf und nahm an der Eroberung von Cádiz teil. Er hatte die Pulververschwörung aufgeklärt und dem Gericht angehört, das Essex verurteilte. Unter Jakob wurde er Lordkämmerer. Seine Tochter Frances war kürzlich zusammen mit ihrem Mann, dem Earl von Somerset des Mordes an Thomas Overbury angeklagt worden.

Beide waren ziemlich zwielichtige Personen aus einer Familie von hohem Rang, aber auch der Hochverräter. Wenn Phelippes für die Howards gearbeitet hat, war er bestimmt in deren Machenschaften verstrickt. Die Sache wurde immer undurchsichtiger.

**Tod**

Francis Hopkinson Smith, Marshalsea Gefängnis

Etwa eine Woche nach dieser Unterhaltung brachten zwei Wachleute Marlowe per Boot nach Southwark. Er empfand es als eine willkommene Abwechslung, auch wenn es nicht lange dauerte, bis man die Kerkertür im Marshalsea-Gefängnis hinter ihm schloss. Solange sein Prozess sich noch hinzog, wurde seine Zellentür nicht wie bei den schon verurteilten Gefangenen tagsüber geöffnet.

Über Wochen hin geschah nichts. Marlowe fühlte sich völlig isoliert und vom Leben abgeschnitten. Zeitweilig lenkte er sich mit Schreiben ab. Ansonsten saß er tagelang trübsinnig vor sich hinstarrend auf seiner Pritsche. Im Halbdunkel seiner Zelle wanderten seine Augen stundenlang über die wenigen Einrichtungsgegenstände und die Wände, als suchten sie dort einen Halt. Die Eintönigkeit wurde nur dadurch unterbrochen, dass man ihm sein Essen brachte.

Langsam aber sicher zermürbten ihn Einsamkeit und Ungewissheit, bis ihn eines Tages eine schwere Woge der Verzweiflung überrollte. Die Dunkelheit des Kerkers sickerte in seine Seele und löschte alles Licht darin. Er spürte seinen Pulsschlag, spürte, wie dünn der Faden war, mit dem ein Mensch am Leben hing. Ihm wurde bewusst, dass er es in der Hand hatte, diesen Faden zu zertrennen. Er fühlte einen pochenden, quälenden Schmerz in seinem Kopf und die Versuchung, sich mit Hilfe des Giftes von allem zu befreien, wurde immer stärker. Der gähnende schwarze Abgrund der Verzweiflung entfaltete einen unwiderstehlichen Sog und verschlang ihn. Marlowe tastete nach den Giftpillen in seinem Hosenbund und nestelte sie hervor. Was hatte er noch zu verlieren?

"Wir sind aus solchem Stoff wie Träume sind, und unser kleines Leben ist von einem Schlaf umringt", hatte er unlängst geschrieben.

Er wusste nicht mehr, welches das Aconitum und welches der Schlafmohn war, er schluckte einfach beides gleichzeitig hinunter und wartete auf die Wirkung, die schnell eintrat.

Etwa zur gleichen Zeit wurde im Globe *Der Sturm oder die verzauberte Insel* gespielt. Prospero stand an der Rampe und sagte:

"Ich habe die Sonne verfinstert, die widerspenstigen Winde herbeigezwungen und zwischen der grünen See und dem azurnen Gewölbe heulenden Krieg erregt. Dem Donner gab ich Feuer und entwurzelte die Eichen Jupiters mit seinem eignen Keil. Ich machte die Grundfeste der Vorgebirge zittern und raufte die Fichte mit ihren Wurzeln aus. Gräber taten auf meinen Befehl ihren Rachen auf und ließen ihre Schläfer hervorkommen. Aber all dieser Zauberkunst schwöre ich nun ab. Wenn ich zuvor eine himmlische Musik befohlen habe, so will ich meinen Stab zerbrechen, ihn etliche Klafter tief in die Erde vergraben und tiefer als jemals ein Senkblei fiel, mein Zauberbuch im Meer versenken." Es folgte eine feierliche Musik.

Am Abend fand ihn der Wärter und meldete dem Gefängnisaufseher den Tod des Gefangenen. Dieser ließ sogleich Bacon rufen.

Francis hatte sich gerade angekleidet, um mit seiner Frau ein Bankett zu besuchen. Er eilte ins Marshalsea-Gefängnis und betrat die Gefängniszelle in seiner vornehmen Garderobe bestehend aus einem mit Edelsteinen bestickten Seidenwams mit doppelter Halskrause und einer Weste aus edlem weichem Leder. Marlowe lag auf seiner Pritsche auf dem Rücken, die Augen geschlossen, als ob er schlafe. Bart und Haupthaar standen zerzaust von Kopf und Gesicht ab. Er hatte eine Decke über sich gebreitet, ein Arm hing seitlich von der Liege herab und berührte den Boden. Bacon kniete sich vor Marlowe hin und betrachtete sein Gesicht. Er fühlte einen tiefen Schmerz aus seiner Brust aufsteigen und Tränen liefen über seine Wangen. Marlowe sah sehr friedlich aus, der Tod war gnädig gewesen und hatte ihn sanft mit sich genommen. Zitternd berührte Bacon Marlowes Stirn.

Seitdem der Dichter ins Marshalsea verbracht worden war, hatte er ihn nicht mehr besucht, weil er zu beschäftigt war, aber auch, weil er es vermeiden wollte, sich zu auffällig für ihn einzusetzen. Jetzt tat es ihm leid, sich um den Gefangenen nicht mehr gekümmert zu haben. Er richtete sich auf. Er musste den Tod und die Todesursache untersuchen lassen und schickte nach einem Mediziner.

Der Arzt tippte auf Fleckfieber, das wegen der schlechten Wasserqualität im Marshalsea mehrfach aufgetreten war. Er untersuchte Marlowes Zunge.

„Sie ist in der Mitte deutlich grau-weiß belegt und an den Rändern rot. Das ist typisch für das Fleckfieber."

Er öffnete Hemd und Hosenbund und betrachtete Marlowes Haut. „Flecken finde ich keine, aber die sind nicht bei jedem Krankheitsverlauf vorhanden."

Er fragte den Wärter, ob Marlowe hohes Fieber gehabt habe. Der Aufseher zuckte mit den Schultern und meinte: „Mir ist nur aufgefallen, dass er in den letzten Tagen sehr niedergeschlagen war und wenig gegessen hat."

„Ja", konstatierte der Arzt, "auch das ist bei der Krankheit typisch."

Er kritzelte seinen Befund auf einen Zettel und verließ die Zelle.

Bacon sah sich Marlowes Hosenbund genauer an. Ihm war während der Untersuchung des Arztes das eingenähte Täschchen aufgefallen. Er fand darin eine kleine Perle. Darauf konnte er sich keinen Reim machen. Er nahm Marlowes Manuskript, das auf dem Tisch lag, an sich und ging hinaus.

Dann schickte er einen Eilboten nach Scadbury zu Tom, der sich gleich am nächsten Tag bei Bacon einfand. Toms Gesicht war grau und seine Miene wie versteinert. Francis berichtete Tom, dass Marlowe an Fleckfieber gestorben war. Tom schüttelte gedankenschwer den Kopf. „Es schmerzt mich sehr, dass ich nicht mehr zu ihm vorgelassen wurde. Meine Eingaben sind alle abgewiesen worden. Hättest du dich nicht dafür einsetzen können?"

„Ich selbst habe ihn auch seit mehreren Wochen nicht besucht, ich wollte ihn nicht zu auffällig unterstützen, um zu vermeiden, dass man mir vielleicht den Fall entzieht mit dem Vorwurf, ich sei nicht objektiv. Das tut mir natürlich jetzt auch leid."

Tom war klar, dass Kit sich in seiner Verzweiflung mit dem Gift, das er besorgt hatte, umgebracht hatte. Möglicherweise hätte er es nicht getan, wenn er oder Bacon ihn besucht hätten.

Bacon hatte den Leichnam Marlowes in einem gesonderten Raum aufbahren lassen. Er ging zusammen mit Tom dort hin und ließ ihn danach mit dem Toten allein. Tom kämpfte eine Weile mit den Tränen, dann ließ er sie einfach fließen. Ihm war, als höre er die letzten Liebesworte seines Freundes durch den Raum wehen:

*In der Tiefe der Finsternis sehe ich Deine Liebe wie ein Juwel leuchten und das macht mir die schwärzeste Nacht schön.*

*Ich bin aus der Gunst der Menschen und des Glücks gefallen und beweine mein Geschick. Doch dann denke ich an Dich und mein ganzes Sein erhebt sich wie die Lerche bei Tagesanbruch von der dumpfen Erde und singt Hymnen vor dem Himmelstor. Denn das Gedenken Deiner Liebe bringt mir solchen Reichtum, dass ich es verschmähe, mit Königen zu tauschen.*

Heftiges Schluchzen schüttelte Toms Körper und er musste sich auf einen Stuhl setzen. Es dauerte eine Weile, bis er sich wieder ein wenig gefasst hatte. Er trat zu der Bahre und sah lange in Marlowes Gesicht, das fern und entrückt auf dem weißen Laken lag, die widerspenstigen Locken ringelten sich über seiner Stirn. Er hatte es nicht mehr ausgehalten und das Gift genommen. Bacon hatte von Fleckfieber gesprochen. Eine natürliche Todesursache, wie sie allenthalben vorkommt. Umso besser, da kam er nicht in Verdacht und Marlowe konnte in geweihter Erde begraben werden. Das Wissen, dass er seinem Freund weitere Qualen im Gefängnis erspart hatte, vermochte seinen Schmerz nicht zu lindern und sein Gewissen nicht zu beruhigen. Er fühlte sich mitschuldig an seinem Tod und würde mit dieser Schuld leben müssen. Es war zudem nicht möglich, mit irgendjemandem darüber zu reden, es musste in seiner Brust wie in einem Schrein eingeschlossen sein.

Als Marlowe am 29. Juni 1613 zu Grabe getragen wurde, folgten dem Trauerzug nur wenige Freunde. Zur gleichen Zeit versammelten sich Scharen von Menschen am nördlichen Ufer der Themse genau gegenüber von Southwark, um den Untergang des Globe mit anzusehen, das ein Raub der Flammen wurde. Es war ein Stück gespielt worden, bei dem einige Kanonen abgefeuert wurden. Dabei entzündete sich das Stroh des Daches. Innerhalb einer Stunde war das ganze Haus bis auf den Grund verbrannt. Die Zuschauer kamen unversehrt davon. Nur einem Mann gerieten die Hosen in Brand, das Feuer hätte ihn gewiss versengt, doch ein anderer löschte die Flamme, indem er geistesgegenwärtig ein volles Glas Ale darüber ausleerte

**Historische Personen:**

**Königin Elisabeth I.**, 1533-1603

**Maria Stuart, Königin von Schottland,** 1542-1587

**König Jakob I.**, 1566-1625

**König Henri IV. von Frankreich (zuvor von Navarra),** 1553-1610

**König Philipp II. von Spanien,** 1527 - 1598

**William Cecil**, 1. Lord Burghley, 1521-1598, Schatzmeister

**Robert Cecil,** 1. Earl von Salisbury, 1563-1612, Erster Staatssekretär

**Robert Devereu**x, 2. Earl von Essex, 1565-1601, Favorit der Königin, wegen Aufruhr hingerichtet

**Robert Dudley**, 1. Earl von Leicester, 1532-1588, Geliebter der Königin

**Ferdinando Stanley**, 5. Earl von Derby, 1559-1594, unerwarteter Tod, vielleicht vergiftet. War nach seiner Mutter der nächste in der Thronfolge.

**Henry Percy**, 9. Earl von Northumberland, 1564-1632, ‚The Wizard-Earl'

**Henry Wriothesley**, 3. Earl von Southampton, 1573-1624, Freund von Essex, Patron von Shakespeare (Widmung der Sonette)

**Thomas Howard**, Earl von Suffolk, 1561-1626, kämpfte gegen die span. Armada, nahm an der Eroberung von Cádiz teil, Flottenadmiral, unter Jakob I. Schatzmeister

**Henry Howard,** Earl von Northampton, 1540-1614, Kryptokatholik, in Komplotte verwickelt, unter Jakob I. Geheimer Rat, einer der Richter im Fall Raleigh

**Henry Herbert**, Earl von Pembroke, 1534-1601, Schirmherr von Shakespeares Theatertruppe, heiratete Mary Sidney (3. Frau)

**Lord Butzenval**, englischer Gesandter in Paris

**John Whitgift**, 1530-1604, Erzbischof von Canterbury

**Richard Bancroft**, Nachfolger von Whitgift

**Anthony Bacon**, 1558-1601, war für Essex Kontaktmann zu Heinrich von Navarra, baute ausgeklügeltes Netzwerk in Frankreich auf, Jurist

**Francis Bacon**, 1561-1626, Jurist, Politiker, Philosoph, Lordkanzler unter Jakob I.

**Thomas Walsingham**, Freund und Geliebter Marlowes, 1561-1630

**Francis Walsingham**, Chef des Geheimdienstes, 1532-1590

**Walter Raleigh**, 1552 (1554)-1618, Seefahrer, Entdecker, Soldat, Spion, Politiker, Dichter, Günstling der Königin.

**Thomas Harriot**, 1560-1621, Mathematiker, Naturphilosoph, Astronom, gründete die *English School of Algebra*.

**Walter Warner**, Alchemist, Sekretär und Bibliothekar im Dienst von Henry Percy

**Philip Sidney**, 1554-1586, heiratete die Tochter von Sir Francis Walsingham, zog sich 1578 auf den Landsitz seines Schwagers, des Earl von Pembroke zurück, Gouverneur von Vlissingen, in einer Schlacht gegen die Spanier tödlich verwundet.

**Philip Henslow**, 1550-1616, Theatermanager

**Edward Alleyn**, 1566-1626, Schauspieler

**Richard Burbage**, 1567-1619 Schauspieler, Theatermanager

**Thomas Watson**, 1557–1592, Freund Marlowes

**William Bradley**, Sohn eines Gastwirts, wird von Watson in Notwehr erstochen

**Thomas Kyd,** 1558-1594, Freund und Kollege Marlowes

**Ben Jonson**, 1572-1637, Theaterdichter

**William Shakespeare**, 1564-1616, Schauspieler, Theatermanager, Pseudonym für Marlowe

**Dr. John Dee**, 1527–1608, Alchemist, Hofastrologe unter Elisabeth I.

**Richard Baines,** 1568–1593, Denunziant, arbeitete für Erzbischof John Whitgift und Richard Bancroft

**Anthony Babington,** 1561-1586, Verschwörer gegen Elisabeth I.

**Robert Poley** 1568–1602, Agent im Dienst von Francis Walsingham

**Ingram Frizer**, + 1627, Agent, angeblicher Mörder Marlowes

**Nicholas Skeres**, 1563-1601, Agent

**Thomas Phelippes,** 1556-1625, Sekretär von Francis Walsingham, Spezialist im Dechiffrieren

**Frances Walsingham**, 1567-1633, Tochter von Francis W., verheiratet mit Philip Sidney, nach dessen Tod mit Essex.

**Mary Sidney,** 1561-1621, gelehrte adlige Schriftstellerin, gründete einen Künstlerzirkel in Wilton House

**Literatur (u.a.):**

Bastian Conrad, Christopher Marlowe. Der wahre Shakespeare, München 2011

Charles Nicholl, The Reckoning. The Murder of Christopher Marlowe, London 1992

Peter Ackroyd, Shakespeare. Die Biographie, München 2008


Im Großen und Ganzen habe ich mich an die historischen Fakten gehalten und mir nur kleine Abänderungen bzw. Ungenauigkeiten erlaubt. Ich weiß, dass die Marlowe-Theorie, die meinem Roman zugrunde liegt, nicht unumstritten ist, mir ist sie jedoch recht einleuchtend erschienen.

# Inhaltsverzeichnis

## 1. Teil: Ermordung

| | |
|---|---|
| Die Sternkammer | 6 |
| Die Schule der Nacht | 15 |
| Raleigh | 21 |
| Theater | 29 |
| Rettungspläne | 33 |
| Geheimagent (1584-86) | 36 |
| Zwischen Engel und Teufel | 43 |
| Einsatz in Frankreich | 45 |
| Die Verschwörung | 61 |
| Der Dichter | 70 |
| Schottland | 76 |
| Sein und Schein | 81 |
| Newgate | 88 |
| John Dee | 100 |
| Ein Feind | 107 |
| Aufbruch | 121 |
| Ermordung | 129 |
| Flucht | 134 |
| Die Untersuchung | 136 |

## 2.Teil: Überleben

| | |
|---|---|
| Unterwegs | 138 |
| Italienreise | 154 |
| Venedig | 158 |

| | |
|---|---|
| Rückreise | 183 |
| Bordeaux | 185 |
| Rutland | 189 |
| Abschied | 199 |
| Paris | 203 |
| Spanien | 222 |
| Hochverratsprozesse | 236 |

**3. Teil: Rückkehr**

| | |
|---|---|
| Der neue König | 243 |
| Raleigh | 268 |
| Die Pulververschwörung | 376 |
| Gatehouse | 280 |
| Schottland | 301 |
| Politik | 309 |
| John Dee und Prospero | 327 |
| Königsmord | 339 |
| Verhaftung | 347 |
| Tod | 374 |

**Biographie**

Rita Hausen wurde 1952 in Dernbach/Westerwald geboren, sie studierte Germanistik und katholische Theologie in Bonn und war von 1981 bis 2008 Lehrerin am Gymnasium in Walldorf bei Heidelberg. Danach widmete sie sich intensiv dem Schreiben und Malen. Sie schreibt Gedichte, Erzählungen und Romane, ist fasziniert von der Zeit des 18. Jahrhunderts, in der einige ihrer Erzählungen und Romane angesiedelt sind. Sie lebt in Walldorf, zeitweise auch in einem abgelegenen Haus in Mecklenburg. Sie ist Mitglied bei den „Mörderischen Schwestern" und bei den „Räubern77".

Veröffentlichungen:

Trazom, Mozartkrimi, 2009

3. Platz beim Putlitzerpreis 2009 (Kurzgeschichtenwettbewerb der 42er Autoren): Veröffentlichung in „Gans die Sieger", 2016

Schillercode, Krimi, 2012

Ein ungeratener Sohn, Roman über die Jugend Friedrichs des Großen, 2012

Der Fall Struensee, Roman über einen Arzt im 18. Jahrhundert, 2013

Das verschwundene Buch, 2016

Autorenwebseite: www.rita-hausen.de